"十三五"国家重点图书出版规划项目

Objectivity and the Rule of Law

客观性与法治

[美] 马修·H. 克莱默（Matthew H. Kramer） 著

王云清 译

ZHEJIANG UNIVERSITY PRESS
浙江大学出版社

总　序

　　当今世界,各国社会制度不尽相同,种族、民族构成不尽相同,历史文化传统纷呈各异,经济社会发展水平参差不齐,但都有自己的文明。在全球化时代,交流、互鉴是文明发展进步的必由之路,法治文明的发展进步也遵循着同样的规律。中国特色社会主义法治是前无先例、外无范式的事业,没有现成的道路可以遵循,没有现成的模式可以照搬,主要靠我们自己探索、实践和创造。因此,特别需要学术界围绕社会主义法治建设重大理论和实践问题开展研究,推进法治理论创新,发展符合中国实际、具有中国特色、体现社会发展规律的社会主义法治理论,为依法治国提供理论指导和学理支撑。但这绝不意味着自我封闭、自给自足,而必须在立足实践、尊重国情的前提下,全面梳理、认真鉴别、合理吸收西方发达国家的法治文明,包括其法学理论和法治思想。

　　近代以来,中国法治现代化的历史经验告诉我们:包括马克思主义在内的"西学东进",撬动了中国封建社会,推动了中国传统法治文明的现代化进程。西方法治文明,如同中华法治文明一样,有许多跨越时空的理念、制度和方法,诸如依法治理、权力制约、权利保障、法律面前人人平等、契约自由、正当程序以及有关法治的许多学说,反映了人类法治文明发展的一般规律。今天,我们认真甄别和吸纳这些有益的理念、规则和学说,不仅彰显中国特色社会主义法治的开放性和先进性,而且体现出中国法治建设遵循着"文明因交流而精彩、文明因互鉴而进步"的一般规律。

正是基于这种信念,我们策划了本丛书。丛书本着文明交流互鉴的宗旨,立足中国、放眼全球、面向未来,计划持续甄选、译介当代西方法治理论中的上乘之作。入选作品分别代表了法治的三个重要维度:法治理论、法治实践和法治模式。第一类作品属于元理论层次的学术研究,是一些位居理论最前沿、学术反响最强烈的理论性著述;第二类作品是针对民主、法治、宪法和其他具体法律制度设计及法律运作问题而开展的法治实践论题研究;第三类作品的研究主题是西方国家以及中国周边国家各具特色的法治模式。

在译介法治理论前沿丛书的同时,我们也致力于推进中国法治文明和法治理论走向世界。本丛书将推出一系列代表当代中国法学理论和法治思想研究水准的著作。当代中国的法学理论和法治思想既传承了中华传统法律文化的精华,又提炼了中国特色社会主义法治实践经验。被世界公认为五大法系之一的中华法系,曾广泛地传播到了周边国家并产生影响,并在相当长时间里居于世界法制文明的顶峰。在这个法治全球化的时代,我们应当特别注重提高中国特色法治理论和法治话语的国际融通力和影响力,建构一个既凝聚中国传统智慧和当代经验,又体现人类共同价值和普遍示范效应的法治理论和法治话语体系,以真正实现中西法学智慧的融合与东西方法治文明的交流互鉴。

是为序。

张文显

2017 年 5 月 18 日

献给我的四位兄弟：

史蒂芬、AJ、马克和戴维

序　言

　　围绕我所要讨论的问题,已经有了许多的论辩了。尽管我在这本书中努力想对这些论辩做出具有原创性的贡献,但我也试图对这些问题进行通俗易懂的概述。尽管我无法完全避免使用专业的哲学术语——毕竟这套术语对提炼复杂观点、避免冗长的大白话还是很重要的——但在这些专业术语或短语第一次或再次出现的时候,我会作一番解释。同样的,虽然我无法完全省略脚注,但已经尽量少用了。这本书所提出的观点有时很复杂,我会尽我所能向广大读者说清道明。

　　正如我将在第一章指出的,"客观性"是一个多面相的现象。"客观性"与法律,甚至人类思想和行动的其他领域相关联,因此可以表示好几种意思。这个概念是复杂多变的,但万变不离其宗。具体而言,客观性的每一个面相的定义都对应着主观性的一个面相。法律的客观性,就其诸多面相而言,标志着法治和人治的区别。

　　如果我们要全面讨论法律的客观性,就必须要反复思量几个重要的问题。但是,因为本书有篇幅上的限制,这些问题只能暂时不予讨论。这些没有探讨的问题之一,就是如下事实,即大多数法律制度都会涉及许多层级的决策；一些官员所做的决定必须服从更高层级的官员所做的决定。有一些分析可能会认为法律制度的运作方式具有客观性，但是司法权威和行政权威的位阶构造对这些分析提出了具有挑战性的问题。尽管那些问题不在本书所讨论的范围内，不过我会在将来的著作中予以讨论[其中一些问题在（Kramer 2004a）第四章有所论及]。本书还忽略了两个重要的问题，那就是以下两个现象：一是许多违反法律规定的行为并未被察觉；二是尽管许多违法行为被察觉了，但是违法者身份未明、尚未到案。第一章讨论过官员们在处置被察觉到的不法行为时先例裁量权的做法。若篇幅允许，我本应在第一章讨论如下问题，即法律的—政治的官员执行其所在体制的命令的能力应受到何种限制（违反法律规定的行为未能被觉察，可能会提出几个理论上的难题。在（Kramer 2001,65-73）中，我已经在努力解决其中的几个难题。另外，（Reiff 2005）也对许多相关的难题提供了富有启发意义的讨论）。

囿于本书篇幅，我不得不略去上述话题和其他相关的话题。尽管如此，本书还是足以概览标题当中所凝练的这两个现象的主要部分。它探讨了这些部分中许多（虽然肯定不是全部）错综复杂的关系。它的目标是揭示客观性和法治之间的关联的紧密程度；并且，往宽了说，它的目标是揭示这些关联所产生的哲学难题的深度和魅力。

本书写于我获得利华休姆基金重要研究资助（Leverhulme Trust Major Research Fellowship）的第一年里。我很感谢利华休姆基金会对我的大力支持。我也要感谢一些提出了相当有帮助的评论意见的人，他们是：理查德·贝拉米（Richard Bellamy）、博阿兹·本·阿米塔伊（Boaz Ben Amitai）、布莱恩·比克斯（Brian Bix）、杰勒德·布拉德利（Gerard Bradley）、亚历克斯·布朗（Alex Brown）、伊安·卡特（Ian Carter）、西恩·柯伊尔（Sean Coyle）、丹尼尔·厄尔斯坦（Daniel Elstein）、约翰·菲尼斯（John Finnis）、史蒂芬·格斯特（Stephen Guest）、肯尼思·希马（Kenneth Himma）、布莱恩·莱特（Brian

xii

Leiter)、乔治·雷特萨斯（George Letsas）、皮特·利普顿（Peter Lipton）、马克·麦克布莱德（Mark McBride）、萨拉丁·梅克利德-加西亚（Saladin Meckled-Garcia）、里兹·莫卡（Riz Mokal）、大冢（Michael Otsuka）、史蒂芬·佩里（Stephen Perry）、康妮·罗萨蒂（Connie Rosati）、吉迪恩·罗森（Gideon Rosen）、史蒂芬·史密斯（Steve Smith）和伊曼纽尔·佛伊基斯（Emmanuel Voyiakis）。理查德·贝拉米非常热情地邀请我将第一章的初稿作为2005年11月伦敦大学学院举行的学术研讨会的论文。劳拉·多诺霍（Laura Donohue）和阿玛利娅·凯斯勒（Amalia Kessler）非常慷慨地邀请我将第一章部分内容的修改稿作为2006年10月斯坦福大学法学院举行的会议的参会论文，趁此机会约安·贝里（Joan Berry）和德布拉·萨茨（Debra Satz）邀请我向斯坦福大学哲学系概述第一章的全部内容。我还要特别感谢威廉·埃德蒙森，以及原来研究计划的许多匿名读者所提出的宝贵意见，他们犀利的评论对我早期的写作弥足珍贵。

2006年6月于英国剑桥　xiii

目　　录

第一章

客观性的诸面相

一、简要的初步评论

对客观性和法治的关系的解释（account）若要令人满意，首先应该假定客观性的性质和法治的性质是显而易见的，唯一需要澄清的只是它们的关系。在前两章中，我将阐明客观性和法治是相当复杂的多面体。为了卓有成效地思考它们如何相互影响，我们需要解释它们各自的不同类型。

第一章将会厘清客观性的不同方面或者面相，然后下一章将会区分作为道德上中立的治理模式的小写法治（the rule of law as a morally neutral mode of governance）和作为道德理想的大写法治（the Rule of Law as a moral ideal）。[①] 最后一章将会仔细探讨客观性的各个方面和法律的道德权威性之间的一些关系（所有这三章都

[①] 考虑到作者的英语表达以及行文中的独特所指，为了避免引起误解，故未翻译成中文世界中更为人熟悉的"法制"和"法治"。——译注

1　将讨论客观性和小写法治或大写法治之间的诸多关系）。我的讨论
旨在对法律、道德和政治哲学家念兹在兹的一些主要议题提供概括
的综述，而不是巨细无遗的解释。若要对这个话题予以全面观照，则
必须虑及形形色色的复杂性。尽管概括的综述势必会忽视这些复杂
性，但这样做或许足以凸显出最重要的区分，而且上述复杂性也可根
据这些区分得到透彻的了解。

二、客观性的类型

在日常对话和哲学论辩中，人们倾向于以多种不同的形式使用
客观性这个概念（notion）。为了提供一个地形图（map of terrain），
本章将会详细解释客观性的六个主要观念（conceptions），以及一些
附带的观念。虽然客观性的主要面相大多数是相互重叠的，而且每
一个面相完全可以和其他面相兼容，但是没有一个面相可以完全化
约为其他面相。其中三个是本体论意义上的，两个是认识论意义上
的，一个是语言学意义上的。换言之，三个会影响事物的本质和存
在；两个会影响理性主体如何形成关于那些事物的信念；一个会影响
那些事物和表达主体信念的陈述之间的关系。要想充分解释客观性
这个概念，就必须要考虑到这些差异，同时还要考虑客观性的几个方
面之间的重要差异。客观性的种类见表 1-1。

表 1-1　客观性的种类

客观性的种	客观性的属
本体论的	与心智无关（Mind-Independent） 决断上的正确性（Determinate Correctness） 普遍的适用性（Uniform Application）
认识论的	个体间的可辨识性（Transindividual Discernibility） 中立性（Impartiality）
语言学的	真值性（Truth-Aptitude）

本章所要讨论的客观性的几个面相，其重要性已经超出了法律领域。实际上，其中一些面相在哲学领域而非法哲学领域得到了更加深入的研究，不少附带性的面相（被我放到了这一章的末尾）仅仅只适用于法律规范的内容。尽管如此，客观性的这六个主要方面不仅仅在许多智识探究领域中处在中心地位，在法律思想和对话中也是非常突出的。我们将会讨论在哪些意义上一种领域、探究（enquire）、判断或要求是客观的，但是这样做的目的恰恰是要辨别在何种意义上法律是客观的。而且我们需要发现在哪些方面法律不具备客观性，在哪些方面它又具备客观性。

1. 作为与心智无关的客观性

客观性的一种类型都相对于主观性的一种类型。最明显的相对关系，莫过于作为与心智无关的客观性了。客观性的第一个观念也许比其他观念更常被用到，不管是在日常对话还是在哲学争辩中。当某人的评论用到这个观念时，宣称某种现象具有客观性，就是在主张（assertion）该现象的存在或属性不取决于他人怎么想。在这种宣称普遍适用的领域内，与特定实体（entity）和事件（occurrence）有关的事实，并不取决于任何人的信念或认知。

为了准确理解第一种客观性，我们需要注意一些显著的区分。其中一种区分是：(1) 单独一个人的观点；(2) 在一个社群（community）或者在其他类似的集体事业中通力合作的个体们所共享的观点。① 有的时候，当理论家们坚称某些事情不依赖于心智时，他们只是在表明那些事情的事实问题超脱于任何个体的信念或者态度。他们的本意是承认，那些事实源于作为一个群体相互交流的个体们（比如法官和其

---

① 当然，我所提到的共享的观点经常不仅仅是被共享。通常，每个参与者持有这些观点的关键理由是，他知道其他参与者几乎都持有该观点，并且期待他也持有该观点。集体事业的参与者之间观点上的这种复杂连锁关系，在这一章中无须详述。

他共同操弄法律制度的法律官员)共享的信念和态度。这些理论家主张,虽然任何个体的观点都不足以决定争议中的事情的实际情况,作为一个群体进行交流,个体(比如法官和其他共同负责法律制度的运作的法律官员)所共享的理解(understandings)才是真正具有决定性的。理论家们认为集体性发挥了决定性的事实构成(fact-constituting)的作用,但又否认独立的个体有这样的作用。让我们将他们所坚持的这种客观性称为"弱意义上与心智的无关性"(weak mind-independence)。那种温和的客观性与"**强意义上**与心智的无关性"存在明显的反差。后者是指,某些现象的存在或者性质不取决于任何独立的个体的观点,也不取决于将这些个体拧成一股绳的共同观点或信念。如果强意义上与心智的无关性在某个领域中居于主导地位,该领域关于该事态的意义的共识,并非某一种事态的实际意义的必要条件或充分条件。事物的实际情况与人们怎么想无关。

在我们开始讨论上述两种与心智的无关性的第二个主要区别之前,需要先做一个简单的澄清。如果某些现象在弱意义上与心智无关,它的存在或本质取决于群体成员共享的信念或态度(以及由此引发的行为模式)。但是,上述信念或态度不需要被群体的**所有**成员所共享。在大规模的群体(association)或社群中,只有少数信念才会被几乎所有人共享。在弱意义上与心智无关的状态——这种状态同样也可以被描述成"弱意义上与心智相关"——当中经常会出现的情形不是某种难以企及的一致同意,而是群体成员**多数**同意。譬如,请考虑下在加拿大这个国家中由具备一定条件的英语使用者所组成的松散联合。如果大多数使用者认为,在正式的对话或写作中使用"ain't"这个词的做法都是不正确的(除非是为了达到喜剧效果而故意为之),而且大多数人因此拒绝在正式语境中使用这个俚语,那么加拿大人的英语就会包含一条弱意义上与心智无关的规则,这条规则禁止在正式的对话中使用"ain't"这个词。但很可能,在加拿大,有一些具备一定条件的英语使用者不会拒绝在正式的语境中使用

"ain't"。这样的事实——如果它是事实的话——和上述规则的存在是完全兼容的。实际上,如果实体 X 的状态代表弱意义上与心智无关的现象,实体 Y 的状态代表强意义上与心智**有关的**现象,那么二者之间的差异在于,X 的存在或本质(不像 Y 的存在或本质)不取决于任何特定个体的观点。相反,它取决于群体中大多数成员通行的观点或者行为。一般来说,群体多数成员的同意——不是所有成员的一致同意——就足以保证它的存在,或确定某些弱意义上与心智无关的现象的性质。甚至,如果群体成员对某些特定议题未能形成一致意见,或者因为缺乏一致同意导致某些弱意义上与心智无关的实体 X 无法存在(比如说禁止在正式语境中使用"ain't"的语言学规范),那么实体 X 的存在本身就足以证明它在弱意义上与心智无关。正是因为 X 是弱意义上与心智无关的,而不是强意义上与心智无关的,所以群体成员的观点是否存在一致性,才会关系到 X 的存在与否。

现在,在我们开始讨论法律规定是强意义上与心智无关还是弱意义上与心智无关(或二者皆否)这个问题之前,我们需要处理另一个重要区分:存在上与心智无关(existential mind-independence)和观察上与心智无关(observational mind-independence)。[①] 当且仅当某件事物的发生或继续存在不需要预设某些心智的存在或心理活动的发生,这件事物才是在存在上与心智无关的。不仅所有自然物(natural objects)在这个意义上是与心智无关的,笔和房子等诸多人造物也是如此。虽然如果没有心智或心理活动,那些人造物可能永远也无法像这样实物化(materialized)——也就是说,虽然从起源上来看,它们的存在与心智有关——但是它们的继续存在并未同时预设心智的存在和心理活动的发生。房子可以作为物质化的物体持续存在一段时间,即便所有拥有心智的人类突然之间不复存在。

5

---

① 许多作者曾经用各种术语来描述这一区分。对这个区分的一个比较好的、简单的表述,可以参见 Moore 1992,第 2443-2444 页;Svavarsdóttir 2001,第 162 页。

当且仅当某件事物的性质[包含它的形式(form)或质料(substance)或它的存在本身]并不取决于观察者的看法,某物才是在观察上与心智无关的。一件事物如果在存在上与心智无关,那么在观察上也是与心智无关的。但是,并不是所有在观察上与心智无关的事物,也在存在上与心智无关。例如,考虑一下有意图的行动(intentional action)。这种行动的发生预设了心智的存在,心智产生了意图,意图驱使行动的发生,但是行动的性质并不取决于观察者——包括做出这个行动的人——怎么看待该行动。即便所有的观察者都认为该行动属于某种类型 X,它实际上也可能是相反类型 Y。与心智无关的类型参见表 1-2。

表 1-2 与心智无关的类型

	存在上的	观察上的
弱意义上的	事物的发生或继续存在不依赖任何特定个体的心理活动	事物的性质不依赖特定个体的看法
强意义上的	事物的发生或继续存在不依赖群体成员(无论是个体还是集体)的心理活动	事物的性质不取决于群体成员(无论是个人还是集体)的看法

进而,在讨论法律与心智的无关性时,我们应该注意到强意义/弱意义,存在上/观察上这两对区分方式。对此略做思考就会发现,如果我们关注的是法律**存在上的**状态,那么一些法律[最概括的(general)法律规范]是弱意义上与心智无关的,而其他一些法律[最个别化的(individualized)命令]甚至连弱意义上与心智无关都算不上。最概括的法律规范至少是弱意义上与心智无关的,这一点是相当明确的。那些规范的存在与否并不取决于每个个体的心理活动。多种不同类型的一般法律规范也不会因为不同个体的生或死而出现或消亡,这些法律规范也不会因为人们没有赋予它们思想而消失。尽管人们的信念、幻想、态度、确信的存在取决于心怀它们的特定个

体的心智,但是,概括的法律规范的存在与前者的差别就在于,它们并不是极端主观的[在相当少见的情况下可能会有例外。在帝制国家,官员可能会遵守某种惯例,即现任皇帝的心理活动永久终止的情况下,一些概括的法律将不再存在。这种非正式制度(arrangement)可能是相当罕见的,但却是完全有可能的。然而,在流传后世的法律制度中,这种强意义上与心智相关的概括法律的出现都会受到严格限制]。

当我们将视线从概括的法律移开,将注意力放在个别化的命令上时,我们会发现后者并不具有存在上与心智的无关性。通常(如果不是总是的话),法官或其他法律官员针对特定对象发出的命令的效力,一俟命令发出者心理活动永久终止便会终止。通常而言,通过颁布个别化的命令所要实现的结果,借由其他方法也是可以实现的(也许是向其他人发布命令,让他们代替原来的命令接受方行动)。如此一来,针对个别人颁布的法律要求极有可能是在存在上与心智有关的;如果它要作为法律规定继续存在,就预设着某个人的脑海中有心理活动的发生。

相反,概括法律规范的影响力的继续存在,几乎总是超脱于任何给定个体的心理活动。即便如此,此类规范只是在弱意义上,而非强意义上,存在与心智无关。如果所有的心智和心理活动都不存在,那么它们就不能维系下去。只有当某些人(最明显的就是法官和其他法律官员)集体地维持关于这些法律规范的某些态度和信念,它们才会作为法律规范得到遵守。除非法律官员都倾向于将现行的法律看成是权威的标准,并且根据这些法律能够衡量人们行为的法律后果,否则那些法律就不复存在。确实,法律制度内有一些概括的指令(mandates)即便没有得到执行,也能够继续作为法律存在,比如禁止横穿马路。这些指令所施加的要求虽然并未发挥实际效果,但仍是法律上的义务。尽管如此,没有发挥实际效果的法律义务为什么会继续作为法律义务而存在,其理由恰恰是

7

许多其他的法律义务经常因法律官员的活动被赋予实效,他们都倾向于将那些义务当作具有拘束力的要求。法律制度之所以能够作为行之有效的制度存在,只是因为许多其他法律规定经常被赋予实效。如果大多数指令和法律制度中的其他规范都没有被赋予实效,那么这个制度及其各类规范都会被束之高阁。一言以蔽之,法律(包括没有发挥实际效果的法律)之所以能够作为法律继续存在,取决于法律官员的决定和努力。但是,因为那些决定和努力不可避免会涉及有良知的主体的信念、态度和倾向,法律之所以能够作为法律继续存在并不是强意义上与心智无关的。概括的法律规范只是在弱的意义上,存在上与心智无关。

在何种意义上法律规范在观察上与心智无关?是强意义上的,还是弱意义上的?我们马上就可以知道,就观察上的状态而言,概括的法律规范至少是弱意义上与心智无关的。毕竟,正如上文所述,存在上与心智无关的所有东西,在观察上也是与心智无关的。法律制度的存在所预设的心理状况和事件,也为许多相互影响的官员所共享。那些心理状况和事件是什么,显然和特定个体的看法无关。但是,如果我们不探讨法律规范是否在观察上与心智无关,而是转而探讨它们在观察上与心智的无关性是强意义上的还是弱意义上的,问题就会变得更加复杂。许多法哲学家,比如安德雷·马默(Andrei Marmor),坚信法律观察上与心智的无关性只是弱意义上的。马默首先指出,如果一个概念(concept)关联着某种在强意义上与心智相关的东西,"就应该有可能设想**整个说话者共同体**(whole community of speakers)误解了(这个概念的)真正所指,或者外延"。然后他宣称:"但是,就传统惯习所建立的概念(比如说法律制度的运作)而言,关于它们的所指却不可能存在此类理解上的(comprehensive)错误。如果一个给定的概念是由社会惯习所建立的,相关的共同体就不太可能误解它的所指。"他还强调:"就[我们的社会惯习的规范(norms of our social practices)①]内容而言，我们能发现的仅仅是我们已经知道的。"②但是实际上，事情比马默所想的还要复杂。他的评论未必都是错的，但太简单化了（附带一提，后面在讨论法律强意义上观察与心智无关时，我无须区分概括规范和个别化命令。对于二者而言，观察与心智的无关性都是强意义上的）。

在任何一个特定的法律问题（point of law）上，某些司法管辖区中的整个法律官员共同体确实可能会犯错。他们可能会共同持有（针对某些法律问题的）一套态度和信念，但他们可能会集体犯错。在那些共同持有的信念、态度的意义（substance）和寓意（implication）上，他们也可能会集体犯错，因此在这些信念和态度所维系的某些法律规范的性质方面，他们也可能会集体犯错。如果假定他们不会犯错，那就没有办法区分：（1）他们所持的一阶的（first-order）态度和信念；（2）他们对一阶心理状态（first-order mental states）的内容的二阶理解（second-order understanding）。官员们共享着关于某些法律规范的存在和内容的态度和信念，这个事实确立了该规范的存在，并固化（fix）了该规范的内容；但是他们共享那些态度和信念这个事实并不能排除如下可能性，即他们自己可能完全误解了该事实所确立、固化的东西。在人们的一阶信念和关于这些信念的二阶信念之间，误解总归难以避免。

确实，马默略去一阶/二阶的区别的做法，将会导致他的分析适用于许多可靠的情境时出现不融贯。假设，某个司法管辖地的法院宣布之前对特定的法律所做的解释是不正确的。法院现在认为，该法应该做另一种理解和适用（往后也会这样理解和适用）。如果司法机关的成员在对此解释问题进行宣告时并没有集体犯错，那么我们

---

① 马默原文说的是"象棋规则"（rule of chess）。——译注

② Marmor 2001，第 138 页，强调是作者所加。马默的立场的一个复杂变体乃是 Locke 1975(1689)，第四册第四章中著名的讨论。与马默的立场相当接近，但又略为温和的乃是 Greenamalt 1992，第 48 页中的简短讨论。

就必须做出如下结论，即，他们之前犯错了，因为他们之前支持的解释现在被推翻了。相反，如果他们当时并没有集体犯错，那么当他们现在认为自己犯错时，他们反而是在犯错。不管马默可能会如何分析这一情形，他最后都会得出这样一个结论，即法律官员在法律解释问题上集体犯错了。如果他坚持法律官员集体不会犯错，那就是搬起石头砸自己的脚。

因此，法律规范观察上与心智无关，是强意义的而非弱意义的。尽管如此，马默的观点并不全是错的。如果说一个司法管辖区域内的法律官员共享的信念和态度可以产生某些法律规范，但如果他们在理解这些法律规范的内容和含义时集体犯错了，而且如果他们没有纠正他们的误解，那么那种误解就会对相关的法律论点产生决定性的影响。它实际上可能会以某种（些）新的法律规范替代之前的法律规范。这种结果在英美法上的先例原则所构成的法律制度中是相当常见的，但是在其他法律领域中也会发生。新的法律规范和之前的法律规范也许只有少许差别——这种差别可能只是个别规范的寓意作了限缩——但是差别总是存在的，这些差别来源于法律官员对于被取代的规范的内容和寓意的误解。官员们后来根据新的法律规范所做的判断本身是没有错的，因为它们符合官员们集体误解之后所存在的法律。官员们将新的标准等同于之前的标准，这是错误的。但是，如果这种错误产生了新的标准，那么在这之后认为新标准具有拘束力的做法，就不能说是错的（这个概括的观点可能会有少数几个例外情况。假设在某些法律制度中，有一条规范要求官员们撤销任何错误的判断，只要他们在某个时间段内认识到了他们的错误。如果官员们遵守这条规范，并且在大多数应该适用这条规范的情形下都遵守该规范，那么他们在本应遵守这些规范的情况下拒绝遵守该规范，就可能导致因为他们原来的错误而产生的新法律标准暂时无效。但是，不遵守该规范这个新的错误——如果没有得到纠正——本身也会很快地和原来的错误一道被吸收进法律制度的运作方式之中,并对官员们产生拘束力)。

当然,因为官员们对之前存在的法律规范的集体误解而产生的新的法律规范,将来也可能会被错误适用。如果它确实以那种方式而遭到了曲解,那么这种曲解就会产生新的法律规范,转而取代这条规范。通过这个过程,官员们的集体错误会导致某些法律标准被其他的法律标准所取代,而这个过程可能会周而复始地发生。法律变革可以通过许多方式发生,一系列的错误也是其中一种方式。

因此,虽然马默的主张(法律规范在弱意义上而非强意义上观察与心智无关)并不正确,但他的评论还是足以提醒我们注意如下事实,即这些规范绝非在强意义上**存在**与心智无关。法律官员可能会集体地误解他们自己所共享的信念和态度所维系的法律的含义,但是他们的错误(除非后来得到纠正)很快就会成为那些法律的内容,并进而成为居于主导地位的标准之一。而且,我们应该指出——在上文所引用的评论中——马默一开始断言,整个共同体不可能对惯习性概念的所指外延产生误解。这样的断言虽说是夸大其词,但也不全是错的。下面这个命题还是有几分真理的:相比认识自然世界的现象,我们更擅于认识惯习的产物。虽然这个命题无法排除如下可能性,即人们的一阶信念和他们对该信念的内容及其意义的二阶信念之间可能会出现不一致,但这个命题还是可以表明,相比理解我们未曾塑造过的实体,我们有时更自信能够理解自己的思想。我们不能教条主义地以为,我们对自己的惯习的理解是一成不变的,因此,上文所说的自信程度是切中肯綮的。我们可以自信地理解象棋规则这类刻板、明确的约定,同时也可以自信地理解构成庞大法律制定的更加松散的约定。

总而言之,当我们仔细思考法律制度的概括规范是否在"与心智无关"这个意义上是客观的,我们的结论应该是复杂的。这样的规范在存在和观察上都是与心智无关的,但是它们在存在上与心智无关是弱意义上的,而观察上与心智无关却是强意义上的。强意义上观察与心智无关,会使认知和实际情况出现偏差,而弱意义上存在与心智无关,可以减少这种偏差。减少这种偏差的做法并不是纠正法律官员集体所犯的错误,而是保证他们没有得到纠正的错误能够被快速吸收进其所管辖地区的法律当中。换言之,我们可以通过不断重塑法律的实际情况,使之符合官员们的集体认知,从而快速消除二者之间的差距。而且,因为法律官员极为熟悉他们自己的惯习和那些惯习的产物,集体认知和实际情况之间的差距应该是相对罕见的。

在我们讨论其他问题之前,还得对一个可能的反对意见进行适当的反驳。我对"作为存在上与心智无关的客观性"的评论,预设了法律制度及其规范在特征上是约定俗成的(conventional)。因此,从表面上看,我的评论或许还预设了法律实证主义是一种正确的法律理论。一些读者可能会觉得不舒服。他们可能会争辩,不管实证主义是不是真的,对法律客观性的说明不应该将实证主义的真实性当作是给定的。他们可能会抗议,我自己的说明并没有持平地看待法律实证主义者和自然法学家之间的论辩。这一质疑是不恰当的。虽然法律实证主义者确实坚持法律的约定性,但所有最低限度上可靠的自然法理论亦是如此。法律实证主义者和大多数自然法学家有分歧的地方,并不在于法律是不是约定的,而在于法律是不是完全约定的。① 许多自然法学家认为,一切法律制度的规范都包括基本的道德

① 罗纳德·德沃金也许有点夸张过头了,他似乎否认后者的答案是肯定的。参见 Dworkin 1986,第 136-139 页。对德沃金的一种重要的答复,参见 Kramer 1999a,第 146-151 页。不管德沃金对美国宪法裁判的立场对错与否,如果要将他的立场当作适用于所有法律制度的所有主要的组成部分的一般法理学命题,那是极度不恰当的。德沃金认为,法律制度的运作不是通过约定,而是通过许多相互独立的道德确信,而且这些道德确信相互重叠。无论如何,即便我接受德沃金的这个观点,我也没有必要修改此处关于法律规范的存在在弱意义上与心智无关的表述。德沃金明显承认,法律的存在只是在弱意义上与心智无关。需要修改的仅仅是我的如下观点,即法律的存在在弱意义上与心智无关,源于它的约定性。德沃金的后继者可能坚持认为,法律的存在之所以在弱意义上与心智无关,是因为法律本质上是官员和公民所持有的道德确信重叠混合的产物。

原则,而这些道德原则作为法律规范的地位,并不依赖于官员们约定俗成的惯习(conventional practices)。许多自然法学家还建议,一些 [12] 规范虽然被某种法律制度内的官员归为法律,但它们并非真正意义上的法律;一些极端邪恶的(appallingly heinous)规范不算法律,或者至少我们是被这么教导的。自然法学家与实证主义者的分歧就在这里,而不是法律制度的大多数法律从起源上是不是约定的。所有人,或者几乎所有人,都承认后者的答案是肯定的。因此,在适用于那些可以被法律实证主义者和自然法学家归类为法律的所有法律规范的过程中——因此也是在适用于可以被法律实证主义者和自然法学家归类为法律的大多数法律规范的过程中——我对于这些规范在存在上与心智无关的说明,并未偏袒法律实证主义或自然法学说。而且,这个说明很容易就可以扩展开,从而包容自然法学家的独有主张。这些学者应该接受这个说明,并将如下主张加入这个说明当中:在强意义上而不是在弱意义上,某些概括的法律规范在存在上与心智无关,在观察上也与心智无关。更加具体地说,被自然法学家当作法律规范之典范(无论约定的惯习是什么)的基本道德原则,是在强意义而非弱意义上存在与心智无关的[当然,自然法学家不会主张,这些道德原则作为**某些特定的司法管辖区域**的法律的地位,是强意义上存在与心智无关的。倘若生活在这个制度之下的所有人的心智都停止运作,任何法律制度都无法持续存在下去,因此,自然法学家可能会承认,作为某些特定的司法管辖地区的法律的道德原则,只是在弱意义上存在与心智无关。 [13] 但是,他们可能会认为,那些原则作为普遍适用的(tout court)法律在强意义上存在与心智无关——而非弱意义上存在与心智无关。即便不存在任何心智,申言之,即便不存在任何法律制度,那些原则还是会被当作法律制度(如果有这样的制度)的一部分永远得到遵守。至少,自然法学家相信是这样的]。

2. 作为决断上的正确性的客观性

当法律的客观性存在争议时，也许最常成为关注焦点的客观性面相就是决断上的正确性。思考这些问题的哲学家和普通人经常特别关心如下问题，即特定司法管辖区域内人们行为的法律后果是否得到了主流法律规范的明确回答。反过来看，法律问题在多大程度上存在决断上正确的答案，和法律官员做出具体决定时在多大程度上享有裁量空间有关。如果法律问题存在唯一正解，那么裁量权实际上就会被消除（当然，所有法律官员还是会在辨认唯一正解的过程中行使他的判断权，并且在考虑如何实施该唯一正解时通常还是会有一定的裁量权）。即便法律问题存在一个以上的正解，正解的范围可能是很小的。如果是这样的话，那么留给法律官员的裁量权就是相当有限的。更概括地说，正如上文所述，裁量权的程度和正解的范围的宽度是直接相关的。

如果某些法律问题的可能答案没有一个是不正确的，那么在"并非不正确"这个意义上讲，每一个答案都是正确的。此时，法律官员的裁量权就没有受到限制。特定法律问题的答案和其他的答案是一样好的（或者一样差的）。在这种情况下，就会出现不确定性，也就是"作为决断上的正确性的法律客观性"的反义。要么法律制度中占支配地位的（regnant）规范没有涵盖特定法律问题所涉及的所有问题，要么——不管是出于何种原因——完全没有规定（open-ended）如何处理该问题。不管是哪一种情况，对于具体法律问题而言，都不存在客观的答案。每一个答案都是正确的（在"并非不正确"这个意义上），但是没有一个答案是决断上正确的。

就算与法律问题相关的不确定性只是广泛的（expansive），而不是彻底的（thoroughgoing），"法律问题存在客观答案"这个主张也是难以维系的。不确定性是一个程度问题，也就是说，它会以不同的程度存在。一个给定的法律问题可能是完全不确定的——如果这个问题的所有答案实际上和其他答案一样好——但是通常情况下,与一个引起疑义的法律问题相关的不确定性并不是彻底的。虽然这一问题的多种相反答案都可能是正确的,但是其他许多答案却是不正确的。譬如,假设一些具体的行为是否属于谋杀,这是一个不确定的问题。一个肯定的回答不会比一个否定的回答更好或者更差,因为适用和不适用禁止谋杀的法律都是相当的。不过,对这个问题的一些回答也有可能是错的。例如,如果有人回答说,某些行为可以归类为谋杀,当且仅当该行为发生于星期二,那么他或她的答案明显是不正确的。尽管如此,虽然这个将注意力放在星期二的答案和其他类似误入歧途的答案,都可以视为错误的答案而被排除,但却没有依据可供我们以最低限度的确定性在"谋杀行为是否发生"这个问题的肯定回答和否定回答之间做出决断。在这样的情形中,对那个问题所做的任何一种回答都不是客观上正确的。作为决断上的正确性的客观性并不存在,即便该问题所引起的不确定性并不是彻底的。不确定性的程度是相当大的——包括"是"和"否"——因此无法说哪个答案客观上正确。

(1)被高估的不确定性

那么,一个明显的问题来了。在多大程度上,法律具备作为决断上的正确性的客观性呢?也就是说,在多大程度上,法律规范决定了人们行为的法律后果?在多大程度上,法律问题存在决断上正确的答案?一些作者以一种怀疑论的悲观态度对这个问题(或一组问题)作出了回答。这种悲观态度在美国不少见,20世纪20年代和30年代的一些法律现实主义者,还有20世纪70年代和80年代的大多数批判法学者,都在大肆鼓吹这样一个观点,即法律从未真正约束过法律官员的裁量权。因为深深怀疑法律规范的融贯性和意义(meaningfulness),他们坚持认为任何法律制度都存在不受管束的不确定性。虽然一些与法律现实主义只有非常松散的联系的理论家的思想(philosophy)都很深邃,但是就法律不确定性进行著述论说的那

场运动的成员却不是。后来从批判法学产生的许多不确定性宣言甚
至更加粗浅,思想上也更加天真。这些思想流派展开了一场论战,并
在短期内赢得了大批追随者,但是它们很快就承受不了自己的教条
主义和夸张法的重压。确实,那些运动(特别是法律现实主义)当中
最佳的作品都很犀利(salutarily piquant),而且也影响了后来的法理
学思考。但是,这种空洞且思想上单纯的怀疑主义却是这些思想流
派的污点。所幸,这种怀疑主义已然消退。

对上诉审案件进行不恰当的概括。为什么法理学者时不时成为
"法律制度已经被彻底的不确定性撕裂了"这个观点的俘虏?在这种
困惑的背后,第一个且最明显的原因是,他们倾向于从上诉审案件出
发进行不恰当的推理,而且他们的法律教学和研究通常关心的就是
这类案件。来自下级法院的上诉案件通常都是疑难问题,而且正反
两方都有道理。法科生和法律理论家经常屈从于如下诱惑,即认为
这些有趣的棘手案件——相比无聊的常规案件,他们普遍更加关注
这类案件——乃是法律制度的运作所要处理的无数情形的典型。其
实,这样的案件既是有魅力的,但同时也是反常的。真正能够代表法
律制度所面对的情境的,乃是各种简单案件和未曾被提及的情形。
这些简单案件从来不会出现于法学院所研习的案例书中,这些情形
里人们行为的后果是相当明确的,从未产生争讼。法律制度的大多
数运作情况都是相当明白、平平无奇的,因此很大程度上被法律学者
所忽视了,因为他们习惯于关注那些有争议的上诉案件。学者们越
是关注这类案件,越容易夸大法律制度所遭受的不确定性。

不可证实性(indemonstrability)对不确定性。造成这种夸大的
感觉的第二个理由是,许多理论家未能充分地区分确定性和可证实
性。[①] 一个法律问题的答案可能是决断上正确的——也就是说,要么
是唯一正确的,要么在不同于其他所有答案的小范围答案中是正确

---

① 在 Tamanaha 2004,第 103-105 页的阐述中,这一区分就完全被省略(elide)了。

的——即便它的正确性无法让几乎所有理智的、对这个问题有过仔
细考虑的人都满意。如果说解决法律争议的某种方式是决断上正确
的，那么不管他人是否这样看，它都是决断上正确的。相反，一个争
议的解决方式是可证实的正确的（demonstrably correct），只有当几
乎所有仔细地考虑过支持这一解决方式的理由的理智人，都认识到
并且同意这一解决方式才是最恰当的。显而易见，决断的正确性并
不蕴含可证实的正确性。后者所涉及的要多于前者。同样显而易见
的是，对于疑难的上诉案件中的主要法律问题而言，最佳答案只有在
特别罕见的情况下才是可证实的正确的。但是，因为决断的正确性
和可证实的正确性之间不存在蕴含关系，不具备可证实的正确性并
不蕴含着不具备决断上的正确性。对于任何上诉审案件中的主要法
律问题（或复数的问题）而言，也许存在某些决断上正确的答案（或复
数的答案），即便这个答案（或复数的答案）很可能不是可证实的正
确的。

我们将在本章后面的小节中讨论这个基本观点。一些作者宣称
法律不可避免会受到不确定性的困扰，但他们经常忽视了这个基本
观点。这些作者经常只是指出疑难案件中所产生的分歧是难以解决
的，然后就断言那些案件中的关键问题不存在决断上正确的答案。由
此出发，他们得出了如下结论，即法律饱受不确定性的折磨。现在，即
便我们暂时不管如下事实，即这些作者不应该从疑难的上诉案件这类
个例推出关于法律的一般结论，我们也应该抵制他们前一个推论，即此
类案件不存在决断上正确的答案。虽然在一些上诉案件中，可能不存
在任何决断上正确的答案，但是如下事实并不足以证明没有一个结果
是决断上恰当的：法律官员（或者其他人）对于具体案件中什么样的结
果比较恰当会产生尖锐的分歧。分歧根深蒂固这个事实本身，与分歧
所指向的那个疑难问题是否存在唯一正确的解决方法，二者之间并无
任何关联。人们之所以会认为二者存在关联，是因为他们忽视确定性
和可证实性之间的区分。如果理论家希望凭借"官员们在疑难案件中

17

的分歧是持续存在的"来论证关于不确定性的主张,那么他必须提出相关的论据来支持他的立场。譬如,这位理论家必须证明,有可靠的理由认为,分歧之所以持续存在,是因为不存在决断上正确的答案,而不是因为相关人士性情上、智力上或意识形态上的局限。

与决断上的正确性和可证实的正确性这对区分密切相关的是确定性和可预见性的不可等价,以及不确定性和不可预见性的不可等价。在许多疑难案件中,后果是不可预见的,因为争议事项盘根错节,因而人们未能对这些争议事项达成一致意见。要事先确定法官和其他法律官员会如何处理引起激烈争论的问题,是极其困难的。但是,因为在这些情形中官员们决定的不可预见性,源于缺少任何可证实的正确的答案,且因为缺少可证实的正确的答案并不蕴含缺少决断上正确的答案,不可预见性和不确定性并不是一对等价物,甚至其外延也是不同的。当然,它们有时会同时存在,但并不总是如此。确定性和可预见性也是如此。从刚刚的主张中可以很明显地看出,确定性并不蕴含可预见性。反过来说,可预见性也不蕴含确定性。当法官或其他法律的—政府的官员面对同样的法律问题,而且这些法律问题不存在决断上正确的答案,他们会如何处理这些问题可能完全是可预见的,因为每位官员对于特定后果都有明显的偏好(也许可以预见到相关的官员持有对某种特定后果的偏好,或者他们不同的偏好是众所周知的,并使得他们在不同阶段对该问题的处理变得可以预见)。因此,正如我们不能从不可预见性得出关于不确定性的有效推论一样,我们也不能从可预见性得出关于确定性的有效推论。[①]

不确定性的过分简化。 在某些领域内过于强调法律的不确定

---

① 对后一种观点的一个可能的承认,参见 Greenamalt 1992,第 39 页。塔玛纳哈一开始抹去了不确定性和不可预见性的区分,但最后也承认这个观点,参见 Tamanaha 2004,第 87-90 页。

性,其背后的第三个理由是对不确定性本身的理解过于简单。一些理论家似乎认为,如果他们能够证明法律问题的所有主要的、可能的回答都有可靠的论点作为支撑,那么法律问题就会受到不确定性的侵扰。在证明一个合理的论点可以用来支撑问题的每个主要的、相反的答案(比如"是"和"否")之后,这些理论家立马下结论说不存在决断上正确的答案。不管这个结论在特定的案件中是否正确,如果它是在刚刚所说到的论据的基础上提出来的,那么这也太草率了。这一论辩逻辑没有注意到,不确定性不单单是因为相互对立的因素之间的碰撞而产生的。不确定性是因为相互对立的因素之间发生了碰撞,而且这些因素是同等强的,或者强度无法比较(incommensurably)。也就是说,只有当争议事项的双方所提出的相互对立的主张都有同等程度的说服力,或者无法通过比较排列它们的强度,才会出现不确定性。如果相互对立的主张同等重要,或者强度不可比较,那么其中一个主张和另一个主张是一样好的。只要存在其中任何一种情况,就会涉及真正的不确定性。但是,和这两种情况相比,更常出现的情况是存在相互抵触的因素(这两个因素不一定是同等重要的)。因此,从一个争议事项的双方观点都是合理的,推导出不存在决断上正确的解决该问题的方法,是一种相当明显的不合逻辑的推理(non sequitur)。"法律制度中充斥着不确定性"这种说法,经常就是建立在这类不合逻辑的推理的基础上的。

不确定性对不肯定性(uncertainty)。许多法律理论家倾向于夸大法律不确定性程度的第四个理由,与我们已经提到的一些因素是重叠的,即他们未能区分不确定性和不肯定性。[1] 不肯定性是一种信念不足的状态(一种认识论上的状态),而不确定性是一种势均力敌的(epuipollent)状态(一种本体论上的状态)。当某人无法肯定某些法律问题的正确答案是什么,进而无法肯定该问题是否存在决断上

---

① 这对区分在 Dworkin 1996,第 129-139 页得到了适当强调。

正确的答案时,他可能不是在说,此类决断上正确的答案是不存在的。他应该是暂时不对该问题及正确答案的具体内容下判断。他的信念并不足以对任何一方的观点下定论。反之,如果有人宣布,某些法律问题不存在决断上正确的答案,他所指的并不是不肯定性。他是认为,对该问题而言,不管是肯定的回答还是否定的回答,都不比另一方好(如果问题的答案不是"是"或"否"——比如,关于最低工资的恰当水平——那么否认决断上的正确性就相当于是在主张,该问题的任何主要的、对立的答案,都不比其他答案好)。为了证明一个人所坚持的每个答案都和相反答案一样好,他必须证明拿来比较的因素是同等重要的,或者它们没有办法拿来比较。这种证明不是不肯定性的产物,和任何旨在令人满意地证实某些特定的答案比其他答案要好的努力一样,这种证明(substantiation)必须建立在至少与之同等可靠的论据的基础上。不肯定性绝不是这种证明性论辩的理由。

如果引起争议的主要问题特别复杂,且每一方都有重要的证成理由,在这样的语境中,许多有见识的论者可能会觉得无法肯定该案件的正确处理方式是什么,同时也无法肯定是否可能获得决断上正确的答案(哪怕是在原则上)。但是,正如上文已经表明的,如果论者确实觉得相当无法肯定这两点,他并不是在说该案件不可能存在决断上正确的解决方式。他们应该暂时不要肯定也不要否定"案件应该如何解决"这个问题存在决断上正确的答案,直到他们的不肯定性被克服。他们的判断应该是不做决定。但是,当法理学家在检讨疑难案件,并且报告他们自己或者其他有见识的论者也不能肯定那些案件是否存在决断上正确的后果,他们经常认为那些案件中的法律是不确定的。像这样从不肯定性跳跃到宣告不确定性的做法,应该受到抵制。这显然是一个不合逻辑的推理,它也使得法理学家过分高估法律规制人类行为的不确定性程度。当然,如果理论家们犯下更进一步的错误,即把疑难案件中的法律概括为所有的法律,那种不合逻辑的推理的扭曲效果会更加严重(在某些情形中,从不肯定性滑向不确定性的理由之一是未能理解如下二者的相关关系：法律规范在弱意义上存在与心智无关，以及法律规范在强意义上观察与心智无关。许多作者似乎假定，如果一个给定的司法管辖区域的大多数或所有法律官员自身无法肯定某些法律问题是否存在决断上正确的答案，或者无法肯定这些答案的内容，那么该问题就不可能存在决断上正确的答案）。在这个逻辑背后的另一个假定就是如下二者是类似的：法律规范在弱意义上存在与心智无关，以及法律规范在强意义上观察与心智无关。但是，事实上，虽然法律规范之所以成其为法律规范，在构成上依赖于法律官员共享的一阶信念和态度，但是它们被赋予的内容和意义却超出了官员们自己的二阶理解。例如，想一想禁止施加极度残忍的刑罚的宪法条款或其他法律规范。法律官员需要仔细思考该规范的内容，才能够确定它对许多刑罚措施有什么样的影响。在此过程中，大多数或所有官员可能会觉得不能肯定此类或彼类刑罚是否正当。尽管如此，对于他们觉得无法肯定的问题来说，完全可能存在唯一一个正确的答案。法律规范的存在源于他们的造法行为，他们对这些法律规范的某些寓意的茫然不解，并不意味着这些寓意就是不确定的。

不确定性对终极性（ultimacy）。 过分高估法律不确定性的另一个理由，同时也是本章将要阐述的第五个且哲学上最重要的因素，乃是一些法理学家（特别是批判法学者）可能被某些深层次的哲学难题所迷惑。比如，这些理论家指出，路德维希·维特根斯坦（Ludwig Wittgenstein）和其他著名的现代哲学家已经强调，在明确说明哪些事实构成遵守规则的道路上存在着许多艰难险阻。[1] 简而言之，那些理论家所揭示的基本难题是任何特定的事实情节都可以符合无限丰

21

---

① 对其中一些阻碍和它们对法理学理论化的意义（或无意义），最近一些很好的说明，参见 Green 2003，1932—1946；Landers 1990；Schauer 1991，64-68；Greenawalt 1992，71-73；Coleman and Leiter 1995，219-223；Endicott 2000，22-29；Bix 2005；Patterson 2006。

富的复数规则,而非只是符合这些事实应该实例化或者构成的一条规则 R。我们确实很难说,既然这些特定的事实情节也符合其他无数的复数规则,那么为什么这些事实仅仅只是实例化或者构成了规则 R,而非其他规则。现在,尽管法理学家完全有理由认为这个问题很重要、很深奥,但如果他们认为这就使主张法律制度的运作充满了大量的不确定性,那就是误入歧途了。实际上,它绝不是任何有关不确定性的有效推论的基础。

首先,维特根斯坦难题不单单适用于法律中的规则遵守,同时也适用于其他任何领域的规则遵守。比如,它可以适用于数学、逻辑和日常语言中的规则遵守。因此,如果那个难题削弱了法律问题的所有答案在决断上的正确性,那对刚刚提到的领域来说也是如此。法理学家如果因为自己对法律规制中的不确定性的怀疑态度而自鸣得意,那么他们在支持"2+2 之和是不确定的"这个看法之前应该会犹疑不决。

更重要的是,维特根斯坦难题实际上与法律问题的答案(或者其他领域的问题的答案)在决断上的正确性是没有任何关系的。它所揭示的谜题对于许多活动中真实的规则遵守来说并不构成任何阻碍,但对为规则遵守提供一种全面的哲学分析来说却是一个阻碍。

22 维特根斯坦对遵守规则的见解究竟意欲表达什么样的意思,研读他作品的专家依然莫衷一是。但是,在这些专家中,没有人或者几乎没有人会认为,他只是想揭示在所有活动中遵守规则都是不可能的或者是虚假的。他并不是在说这些活动是不可信的,或者通过这些活动得出的妥当的判断是不可信的。相反,他在这个领域内的贡献,最好理解为是在挑战关于那些活动和判断的某种哲学思考。具言之,它是在挑战如下观点:哲学的任务是为那些活动和判断提供依据,而这些依据又以自身为依据。

如果以这种方式来理解维特根斯坦,我们可以认为他的主要任务是证明遵守规则的观念是基本的。换言之,如果我们要对这个观念进行条分缕析，不需要参考任何更深层次的、更加明白的东西。在此，可以举两个简单的类比。假设有人想要为矛盾律（the Law of Noncontradiction，一种逻辑规律，即某个命题和反命题不可能同时为真）提供一种非循环论证的哲学上的依据。任何这样的工程都是徒劳无功且没有意义的，因为它的论点必须要预设矛盾律在每个阶段的真实性，那些论点的融贯性本身依赖于这一预设。对于矛盾律的真实性来说，最深层的依据就是如下事实，即与这条规律相矛盾的全部事物都是自相矛盾的。任何用来支持这条规律的其他依据，不可避免地要依赖于刚刚所说的这一最终依据。这个最终依据就是矛盾律所需的唯一依据，同时也是唯一完全充分的依据（因为任何其他的表面依据都是从这个最终依据中推演出来的），这完全是一个循环论证，而且是没有问题的。矛盾律是基本的，因为它不需要证成，也不需要参考比它更加深层的其他东西来解释。

与之相关，还可以考虑大卫·休谟（David Hume）对归纳法（从过去的规律性中推导出未来的规律性）的批评。[①] 休谟为何要批评归纳法，和维特根斯坦为何要批评遵守规则一样，在专家当中也引起了不少争议。但是，休谟的论辩当然也证明了一件事，那就是对归纳法的任何完整的证成都是循环的。能够支持"从过去的规律性中可以推导出未来的规律性"这个命题的任何可能的依据，自身都必须预设这个命题为真，因而就是虚假的依据。和矛盾律一样，支持归纳法的恰当性的概括原则（在可观察到的规律性本身所指明的限度内）就是它自身的依据。除了它自己之外，它不需要依托于其他更深的或者更牢固的依据。

我们最好认为维特根斯坦是在揭示，遵守规则这个观念，与矛盾律及支持归纳法的恰当性的概括原则是类似的，因为它是基本的。

---

① 关于休谟的批评所引起的一些争议，参见 Stroud 1977,51-67。

如果我们想要解释,为何一些特定的事实实例化或者构成了某些特定的规则,就必须预设我们想要证明什么。按照这种理解方式,维特根斯坦对于遵守规则这个观念的批评暗示着,哲学没有办法通过参考比这个观念本身更深刻的事物来分析这个观念。这个观念没有办法进行非循环的哲学分析。但是,维特根斯坦的批评很难说是在暗示,任何一种形式的规则遵循都是不可能的或者有困难的。从他的批评中,我们无法有效地得出任何关于不确定性的推论。规则能够适用于一些领域,和许多命题是否符合矛盾律一样,一定可以得到决断上正确的答案。构成或者实例化任何具体规则的事实将会继续存在,即便无须借助更深入的哲学解释来阐明它们的如斯地位。那些事实构成或实例化的规则调整人们的行为,而那些事实将会继续要求人们做出某种决策,否定相反的决策。那些事实无法进行哲学上的分析,但这丝毫不会损害它们对决策的影响力(decision-prescribing force)。维特根斯坦的批评并没有揭露出法律制度的运作活动都是不确定的,他的批评仍然使得这些活动中的所有事物一切如旧。否则,下面这一点就无法理解了:惯习的基础要素是不可分析的。虽然这些基础要素不可分析的特征妨碍了哲学上的解释,但这丝毫没有损害这些基础要素在该惯习中的可运作性(operativeness)。这种可运作性并不取决于我们是否能够为它提供一种非循环的哲学解释。

执行方面的裁量。 前面的几个段落已经检讨了一些法理学家大肆鼓吹不确定性背后的一些哲学上的重要原因,而此处将要简短讨论的最后一个原因是法律(以及其他具有非常类似的制度性结构的领域)所独有的。几乎所有先进的法律制度都会包括体制性的特征,这些特征会使得这个制度的规范实施变得很复杂。我在这里的讨论将集中于其中一个特征,这个特征诱使一些批判法学家和其他法理学家假定,在法律制度的运作过程中存在着普遍的不确定性。这些理论家可能会认为,法律规范本身在决断上可以适用于或者不可适用于一定数量的情形,但是他们随后会指出这些规范要落到实处或者发挥实效,经常取决于某些官员[最明显的就是负责治安和监控的官员,以及某些检察官之类的官员,后者负责启动和批准(sustain)以治安和监控为依据而采取的执法程序]相当程度的裁量权。这些法理学家做出结论说,执行法律规范的过程中所存在的裁量性因素足以支持他们关于法律不确定性普遍存在的判断。①

　　之前提到的官员所能行使的法律裁量权是受到一般政治道德原则左右的。在任何特定情形中,那些道德原则很可能会要求相关官员采取特定的行动(course of action)。在这个意义上(pro tanto),官员们的法律裁量权并不是和道德裁量权相伴相生的。但是,关于道德裁量权的这一观点并不足以构成对批判法学家的成功回击,因为他们的宣言是关于法律不确定性而不是一般意义上的、规范的(normative)不确定性。除非政治道德性原则已经作为一种法定的要求被吸收进一个司法管辖区域的法律之中,并且官员们在道德上不恰当的执法行为违反了这一法定要求,否则官员们缺少道德裁量权本身并不会减少他们的法律裁量权。因此,如果他们拥有法律裁量权,会影响法律制度运作的客观性,那么坚持他们缺少裁量权本身并不会维护那一客观性。进而言之,我们不应该关心官员们是否在道德上受到了约束,我们应该单刀直入地询问,对于他们所在的法律制度内的法律问题而言,他们的法律裁量权是否会削弱这些问题的答案在决断上的正确性。

　　让我们(以非常抽象的水平)将注意力集中在官员们如何在某些司法管辖地的刑事司法制度中行使裁量权。怀疑主义的法理学家可能需要证明,这种裁量权的存在使得可适用的刑事法律条文所规定的法律后果的发生变得不确定。那些怀疑主义者会提出如下事实:

① 对这类论辩的一个反驳,参见 Greenawalt 1992,53-56。我的反驳观点和格林沃尔特的不同,但是这两种反驳是互补的。

因为警察、检察官或其他法律官员拥有法律裁量权,许多人犯下的罪行虽然可以被察觉到,却没有被定罪或处罚。怀疑主义者认为,刑罚后果一而再再而三的缺位——或者,更加准确地说是如下事实,即这种后果的缺位是因为法律允许官员们行使裁量权——足以证明他们的如下观点,即法律官员可以不理会刑事法律条文所规定的法律后果。因此,他们认为,"人们的行为会有什么样的法律后果"这个问题的答案,不具备决断上的正确性。如果我们关心的不是抽象意义上的法律规范的内容,而是实施过程中被赋予实效的法律规范的内容,我们就会发现法律后果是悬而未决的(up in the air)。至少怀疑主义者是这么认为的。

在思考为什么这种怀疑主义的论辩不合理之前,我们应该指出,它并不一定混淆了不确定性和不可预见性(本章已经讨论过这两对属性的区分)。怀疑主义者并不是在断言,在法律规范的实施过程中,官员们拥有和行使裁量权必定会使得法律规范的实施变得无规律可言(erratic)。他们承认法律官员在大多数语境中以一种可预测的、有章可循的方式行使他们的裁量权。这种可预测性虽然很难保证,但却是完全有可能的。尽管如此——怀疑主义者可能会继续主张——官员们对许多问题的处置方式之所以具有可预测性,是出于共享的心理倾向这类超法律的因素,而不是出于法律的义务性规定(requirements)或授权性规定(entitlements)。义务性规定和授权性规定怎么说是一回事,是否实际影响人们行为却是另一回事,即便偏离这些条款的做法是有规律可循的且可预测的。最重要的是,上文提到的偏离行为都是出于法律可以允许的、裁量权的行使,而官员们决定不偏离(进而偏向于实施相关法律的条款)同样也是法律允许的。因此,当法律适用于人们的行为时,它是不确定的,因为存在两种不同的适用方式。既然任何一种决定都可能是正确的,那么不管是决定执行法律,还是决定不执行法律,都不是**决断上**正确的。这就是怀疑主义的论辩所得出的结论。

虽然那种怀疑主义的论辩并没有混淆不确定性和不可预见性，但是它却仰赖于对法律条文和法律制度的一种简单理解。具言之，根据一个法律制度的条文或其他规范，人们的行为应当承担一定的法律后果，但怀疑主义的论辩却依赖于对这种法律后果的简单理解。在此，我们可以将注意力放在刑法的禁止性规定上。怀疑主义者提醒我们注意如下事实，即有些人被发现违反了这些禁止性规定，但是因为警察和检察官等官员行使了法律允许的裁量权，结果那些人没有受到处罚。怀疑主义者认为，免于处罚与禁止性条款是冲突的。但事实上，那些条款比怀疑主义者所认识到的还要微妙。

一切刑事法律条文的必备要件并不是所有违法者都受到某种处罚，而是所有引起法律责任的人都受到处罚。这里的"责任"（liability）一词，是在美国法学家韦斯莱·霍费尔德（Wesley Hohfeld）赋予该词的意义上使用的。也就是说，它指出了一个人的法律地位可能会发生改变（Kramer 1998，20-21）。这种变化可以经由他自己或别人行使某种（些）法律权力而产生。在此处的情形中，相关的权力掌握在负责对违法者进行制裁的法律官员手中（这些权力一般可以经由一系列复杂的步骤来行使，例如逮捕、庭前程序、审判和判决程序）。如果相关官员行使他们的权力，对某个违反刑法规定者 P 采取刑罚，那么就引起了 P 服从刑罚措施的法律义务。P 的法律地位之所以会发生改变——经由施加新的法律义务——是因为他违反了法律上的命令，所以才要承担责任。但是，他违反命令的行为所引起的主要后果，并不是随之而来发生的刑罚（这取决于相关官员有没有行使执法权），而是他所引起的、需要承担这种刑罚的责任。即便后来义务的施加实际上并没有发生，这一责任还是会被引起。如果警察或者某些相关的法律官员行使裁量权，拒绝启动处罚程序，那么 P 就不需要承担服从随着这些程序而来的制裁的义务。同样的，因为 P 违反了法律，所以 P 就有责任承担上述义务。他之所以要承担这一责任，是从他违反了刑罚上的法律规定而必然地（ineluctably）推导出来的。

不管他是否遭受了刑罚措施,这种责任都会发生。

相反,P之所以要受到刑罚未必是因为他违反了刑法上的法律规定,即便我们暂时不考虑如下事实,即刑罚程序有可能会因为缺少可靠的证据而出错。但是,因为法律制度当中决定他是否有责任受到制裁的规范,将裁量权赋予了相关的官员,所以他**不一定**就会受到处罚。由于这些官员被赋予了这一裁量权,所以他们有权力选择是否要对P适用刑罚措施。如果他们选择不适用这些措施,也不会违反法律制度中规范的规定。他们明显并没有因此就违反了那些授予他们裁量权的规范的规定。比较不明显的是,他们也没有违反P所违反的那一条文的规定。毕竟,正如刚刚所评论的,P的行为违反该条文,只会造成一个重要后果,即他引起了受到刑罚的责任。那一责任确实是在他的违法行为之后降临到他身上的,即便他之后并没有遭受任何刑罚。换言之,官员经过裁量不对P采取处罚措施这种法律情境,根本就没有违反可适用的法律条文,恰恰完全符合那些条文。P引起了一项责任,这个责任正是他所违反的条文所规定的,然后官员们做出了一个决定(不予处罚决定)。法律规范将与这些事项相关的裁量权授予了他们,根据这些规范,他们有权力做出上述决定。

怀疑论者争辩说,法律规范在实际适用于人们的行为时是不确定的,因为官员们在实施法律规定方面享有裁量权。此时,怀疑论者并没有注意到前面两个段落强调的重要区分:受到处罚的责任和实际受到处罚之间的区分。一旦我们注意到这个区分,我们将会看到,官员们在实施法律规定方面虽然享有裁量权,但却不会使得人们行为的直接法律后果变得不确定。那些后果正是施加这些要求的法律命令所规定的。也就是说,任何人只要违反了这些命令,就会引起承担处罚的责任。不管实施这些命令的官员是否拥有、行使裁量权,这一后果都会发生。也就是说,"违法行为的法律后果并不确定"这个观点过于简单化了。

　　所以，由于忽视了前面几个段落所强调的区分，怀疑论者误入歧途了。因为他们没有注意到这个区分，所以他们未能意识到以下两种确定性并不矛盾：抽象意义上（*in abstracto*）法律条文的确定性，以及法律条文实际适用于人们的法律观点时的确定性。官员们在执行法律规定的过程中被赋予了裁量权，这虽然是一个事实，但这个事实并不足以削弱他们所在的法律体制（regime）的运作情况的客观性。尽管如此，虽然怀疑主义的论辩是肤浅的，倒也有几分道理。此处的关键是这些官员被授予的裁量权的性质。

　　假定在某个治理制度中，官员们有权在实施该制度的命令时恣意行事。如果发生了违反这些命令的行为，官员们完全有权力启动或免除处罚执行程序。支持或者反对启动这一程序的决定在该治理制度的规范内都是有效的（efficacious）、可以允许的，无论该决定的做出基于何种理由甚或压根没有理由。官员的个人喜好即可作为此类决定的充分依据，所有官员都没有被要求尽量做到相似情形相似处理或不同情形不同处理。所有的官员都不必考虑其他官员的决定或者他自己过去的决定。现在，在这样的治理制度中，人们的违法行为的大多数法律后果确实是不确定的——而且，正如我后面的章节将要指出的，它们因此可能不是真正意义上的法律后果。虽然每一种违法行为的直接法律后果（比如，引起遭受制裁的责任）是不确定的，但是任何这种行为更进一步的法律后果都是极端不确定的。罪犯是否真的受到刑罚，是由任何相关官员的一时兴起所决定的。根据该制度的规范，在被正式处刑或免除刑罚之前，对于"是否应被处刑或免除刑罚"这个问题而言并不存在决断上正确的答案。即便官员们以一种相当有规律的、协同一致的方式实际行使彻底的裁量权，一旦他们被授予这种空白的裁量权（blank discretion），就足以导致大多数情况下人们的违法行为的法律后果变得不确定了（请注意，这个段落所提出的观点的一个更强的版本，与极不公正的治理制度有关。在这个制度中，官员们也获得了空白授权，并被允许对那些并未违反该制度任何规范的人采取制裁手段。我在这里并没有讨论这一情况，这仅仅是因为我要反驳的怀疑论者并没有提及这种情况。他们虽然极力想要通过提醒大家注意官员们在执行法律的过程中拥有裁量权，进而论证关于不确定性的主张，但是这些法律确实被违反了）。

就前面的段落所描述的那种治理制度而言，怀疑论者的论辩还是过于简单了（因为它忽略了一个人承担处罚的责任和实际承担处罚之间的差异），但是大部分论辩还是正确的。如果官员们在执行法律方面所享有的裁量权完全不受限制，那么大多数情况下，人们的违法行为的法律后果将是不确定的。法律制度的运作情况是由那些后果组成的，但法律制度的运作情况只具备相当微不足道的确定性。尽管如此，我们还是有相当好的理由质疑，怀疑论的主张是否会对西方国家的法律制度（怀疑论者主张他们的论述针对的就是这种法律制度）构成挑战。为了证明这个论辩确实与那些法律制度有莫大关联，怀疑论者必须要证明，在这个制度下，官员们所拥有的裁量权完全或者几乎不受限制。很显然，裁量权可以有多种形式，受到限制的程度也有不同。如果说在一些或所有西方国家的法律制度下，官员们所拥有的裁量权和我在上一段所描述的官员们的裁量权大致上一样宽泛，那么怀疑论者就可以理直气壮地质疑那些制度的运作情况的客观性。相反，如果在那些法律制度中，官员们的裁量权更为中性，而且受到了相当严格的限制（在处置各种情形的过程中必须保持一致性），那么怀疑论者的主张也就不成立了。这个论辩揭露的法律制度的运作过程存在的不确定性，将会是相当有限的，而非俯拾皆是。

那么，我们是否有强的理由认为，在民主的治理制度中，官员们在实施法律条文方面所享有的裁量权几乎不受任何限制？或者我们是否有可靠的理由认为，该裁量权是更加中性的呢？对这些问题的任何一种妥当的回答,都必须建立在大量经验研究的基础上,而且这种经验研究的规模还要做得比怀疑论者更大。当然,本书无法开展这种研究,但我们可以简单讨论下,为何这类研究会证伪怀疑论者的观点。首先,很显然,在西方国家中,法律不可能授权并且允许法律官员将执行法律的决定建立在单纯的一时好恶的基础上。如果没有可靠的理由支持一个官员所做的决定,并且这个问题引起了上级权威的注意,那么这个官员就很可能会被投诉,决定很可能会被撤销。而且,在西方国家中,官员们在决定对违法者处刑或者免刑时,可以考虑哪些类型的因素,也受到各种法律的限制。例如,除了极少数情形之外,这种决定不允许基于违法者或受害者的宗教、人种、性别、民族、政党、社会经济地位。而且,过去和现在的决定对将来允许做的决定构成了限制。一致性的要求,例如法律平等保护这一美国宪法原则,或者类似案件类似处理这一古老的程序正义原则,就对其他情况下的执法决定的有效性和可允许性构成了限制。类似地,有些违法行为虽时有发生,但相关法律规定早已不被执行,"法律不用即废止"(desuetude)①规则剥夺了官员执行这些规定的法定权力。对于法律条文的执行过程中所涉及的裁量权而言,上述限制当然并没有完全消除裁量权,但却可以严格限制裁量权,而且其限制的程度比怀疑论者针对西方国家的法律制度运作情况的宣告所设想的还要严格得多。

也就是说,怀疑论关心的是官员的裁量权在实施法律命令方面的角色,但在一些方面这种怀疑论却是肤浅的。这样的论调并没有证明(而且也无意证明),对于绝大多数情形而言,以抽象的形式规定

①　按照《元照英美法词典》的解释,desuetude 主要是指,"如果一部法律或一项条约久未实施或适用并达到足够的时间,则即使其并没有被废除,法院也不再认为其具有法律效力"。这种"法律不用即废止"原则的适用极为有限且须谨慎为之。罗马法、古苏格兰及国际法中都会承认这一原则。英格兰并不承认这项原则,英格兰法不会仅因为长久不用而失效,其废止需明令废除,但也可用新法令废止旧法的方式进行。——译注

的法律命令并不具备确定的寓意。而且,怀疑论者没有区分有责任承担处罚和实际承担处罚,这使得他们忽视了违法行为的直接法律后果的确定性。再者,怀疑论者没有充分地注意到,在西方国家的法律制度中,官员们在实施法律命令过程中所享有的裁量权是有限的,因而怀疑论者明显高估了裁量权的程度。出于这些理由,怀疑论者通过观察官员们在执法过程中所享有的裁量权所得出的结论是夸大其词的。确实,对于这些问题还有许多可以说的并且应该说的地方(例如,为什么违反法律规定的行为没有被察觉,还有,为什么许多违法行为虽然被察觉到,但违法者的身份依旧是个谜? 如果我们要讨论这两个事实,就必须要进行一番彻底的分析)。但是,我们已经有相当强的理由相信,批判法学家和其他怀疑论者虽然大肆鼓吹法律不确定性,但他们所提供的辩护并未准确说明法律适用在西方国家中所呈现出来的裁量性现实。

32

法律制度的实体性规范会产生一定的裁量权,但程序性规范可以限制上述裁量权。如果我们注意到这一点,那么上一段对怀疑论的批驳就会更具说服力。例如,许多终止辩论规则(rule of closure)——比如说,如果法院在审理民事案件的过程中发现关键争议点不存在决断上正确的答案,那么被告方胜诉——可以填补一个社会的法律原本可能存在的一些不确定性的漏洞。当然,这些机制并不全是合理的。而且,它们并不能完全消除不确定性。例如,法院审理的特定案件中的关键争议点是否存在决断上正确的答案,这个问题本身就不存在决断上正确的答案(这类难题会涉及二阶的不确定性)。尽管如此,借助终止辩论规则和其他程序性措施,法律决策者可以在更多的情形中得出唯一正确的结论。怀疑论者关心的是,法律制度的行政活动和司法活动如何减少该制度的义务性规定和授权性规定的确定性。倘若他们能够注意到为什么这些运作会增大这一制度的确定性,他们就不至于夸大他们的怀疑论调。

(2)被低估的不确定性

如果批判法学者确实过分夸大了在运作良好的法律制度中不确定性的程度,那么一个需要处理的关键问题是,在多大程度上我们应该拒绝他们的怀疑论主张。我们应该遵循罗纳德·德沃金的看法,认为某些特定司法管辖区出现的所有法律问题或几乎所有法律问题都存在唯一正解吗(Dworkin 1997;1978,279-90;1985,119-45;1991)? 德沃金的立场绝不像一开始看上去的那么奇怪。他主张——至少在任何一个与美国相对接近的法律制度中——法律问题的答案不仅仅是由制定法、司法裁决、行政规章和《宪法》等众所周知的法律资料(material)所决定的,而且也是由内在于这些资料之中的、最具有吸引力的道德原则所决定的。就算普通法律资料中的明确表述本身无法对一些疑难的法律问题给出唯一正解,隐含在这些资料中的最具有吸引力的道德原则也可以做到这一点。这些原则可以弥补法律的开放性造成的问题,因为对于所有的疑难问题来说,唯一正确的道德答案同样也是唯一正确的法律答案。

33

德沃金坚持认为主要的道德原则应该被吸收进特定司法管辖区的法律之中,这相当于是认为,法律上的决断性标准(legally dispositive standards)的范围,不仅仅局限于一些人只关心的制定法、规章、法令、司法原则、合同条款和《宪法》条文等明确的表述。因为德沃金所理解的法律制度中的决策依据是如此简单,所以承认下面这一点并非完全不合理:这种制度中的所有法律问题一定存在唯一正解。而且,德沃金关于补充性法律标准(supplementary legal standards)的重要性的看法是可以普遍化的。在一些法律制度中,道德原则可以发挥这种补充性的角色,它可以成为官员们所做决策的具有法律拘束力的理由。但是,另一些法律制度未必将许多正确的道德原则吸收进它的法律之中,可即便如此,在这样的法律制度中,一些补充性标准仍在沿用。那些标准或许是约定俗成的道德律令,而且是社会中居于主流地位的道德律令。或许在极端邪恶的法律制度中,补充性标准可能是一些不体面的原则,这些原则关心的是官员们如何汲汲营营地利用这些原则攫取权力。而且,在运作良好的法律制度中——不管是良性的还是恶性的——官员们都会诉诸各式各样的假设,这些假设有的和人类典型的欲望、意图和倾向有关,有的和日常语言的一般意义有关。标准可以充当司法决策的规范性依据,虽然这些假设的内容本身不是标准,但却可以极大加强标准的确定性。也就是说,它们非常有助于解决如下问题,即一些司法管辖地的制定法、规章、法令、司法原则和其他的法律标准能不能适用于某些情形。道德原则和其他原则可以被吸收进一个司法管辖地的法律当中,作为衡量人们行为的法律后果的决定性尺度。和这些原则一样,上文提到的常识性假设的内容有助于填补明确表述的法律规范的语言所留下来的、造成不确定性的漏洞。法官和其他法律官员在解释复杂的法律语言的意义时,也会使用专门的解释技术,这些技术同样发挥着这种功能。德沃金坚持认为所有法律问题都存在唯一正解,我们在判断这个观点是否合理时,应该牢记上述要点。

德沃金还支持不确定性和不可证明性之间的区分,这个区分我们已经简单讨论过了。当德沃金坚持认为法律问题存在唯一正解时,他并不是在暗示,法官和其他法律官员(不说一般公众)会对那些答案形成一致的看法。相反,他一再强调疑难的法律问题肯定会存在难以解决的分歧。在他的法学理论化(jurisprudential theorizing)过程中,决断上的正确性和证明上的正确性(demonstrable correctness)的区分极为重要,因为他主张,在任何一个道德上权威的法律制度中,正确的道德原则同时也是该制度的法律规范。正确的道德原则同时在两种强的意义上与心智无关,一种是在存在论意义上,一种是在观察意义上。正因为如此,虽然德沃金主张疑难的法律问题存在唯一正解,但这不能推导出他也主张对于那些问题而言存在普遍同意的答案。也因此,虽然后一个主张是荒谬的,但前一个主张却不是。

　　另外，德沃金坚持所有法律问题都存在唯一正解，虽然这个主张并不荒谬，但也太过冒失了。尽管前面三个段落说了那么多，但是并没有令人信服的理由让我们支持德沃金的看法。正统的（而且颇有说服力的）观点认为，许多疑难的法律问题不存在决断上正确的答案。他对这个观点的挑战虽然正确，但并不全是成功的。虽然出现在法律之中的道德原则作为具有法律拘束力的决策依据，可以填补许多造成不确定性的漏洞，但是"道德原则可以消除所有或者几乎所有漏洞"这个观点却是不合理的。毫无疑问，在许多争议中，相互对抗的理由要么是完全势均力敌的，要么是无法通约的。德沃金对这个问题所持的立场和他对道德哲学中的不可通约性、价值多元主义的反对态度之间，存在紧密的关系，前者认为势均力敌的道德因素不可通约，后者则认为基本道德价值观在某些方面会相互冲突，因而有时必须要相互让步。确实，他对道德哲学领域中的不可通约性和价值多元主义的怀疑，在某种程度上是有道理的。人们有时会简单地认为，调和某些愿望之物（desiderata）之所以是困难的，是因为根本就不可能做到这一点。尽管如此，他的立场是自负的，因为他认为这种立场可放之四海而皆准。没有可靠的道德理由可以认为，道德原则能够给法律制度所应对的**每一个**问题都带来唯一正解。尽管德沃金努力证明道德的和政治的价值观确实是相互吻合的，因而可以克服不可通约性和价值多元主义，但在这个过程中他也不得不采取某些牵强附会的论辩方式（Williams 2001，13-14）。当然，这个问题值得花费比此处所投入的更多的注意力，但我们依然可以做出如下结论——按照德沃金的观点——任何运作良好的法律制度，包括将正确的道德原则看作规范的法律制度，都会遇到一些引起法律问题的情形，而这些问题不存在决断上正确的答案。

　　如果我们承认许多法律概念存在无法消除的模糊性，那么这个结论就会得到强化（Endicott 2000，63-72，159-167）。虽然我们将会

35

在"作为真之条件的客观性"一节简短地回到模糊性这个话题,但本书无须对这个话题面面俱到。暂时来说,简单描述下生活中有关这个问题的一个常见例子就够了。假设对于批改考卷来说 6 个月太长,3 天是一个较短但合理的期间。不过,如果 6 个月长得不合理,那么 6 个月减 1 秒也不合理。认为前一种在长度上不合理的理由,也可以适用于后一种。相反,如果 3 天是较短但合理的,那么 3 天加 1 秒也是合理的。在这些时间长度之间所做的任何合理性或不合理性的区分,是没有依据可言的。在这个语境中,在时间长度 L 和时间长度 $L+1$ 秒或时间长度 $L-1$ 秒之间的区分,也是这样的。不管变量"L"的数值是多少,在 L 和 $L+1$ 秒或者 L 和 $L-1$ 秒之间的合理性或不合理性的区分肯定是专断的。但是,即便如此,如果有人希望在"短但合理"和"长得不合理"之间做出区分,他也不确定 3 天加上多少秒算不合理,同样也不确定 6 个月减去多少秒——直到 0——算合理。我们无法停在某个时间点上,并以此划定一条不专断的线,标示前一种长度到这里为止是合理的,后一种长度从这里开始是不合理的。因此,我们似乎不得不得出这样一个判断,即 6 个月(或更长)这个时间太短了,而 3 天(或更短)太长了。

这个悖论从古代开始就为人所知,而且导致合理性或不合理性之外的其他二分法必须相应地做出修正(Sainsbury 1988,25-48)。为了解决这一悖论,我们应该承认,所有诸如此类的二分法都关联着许多由边际情形组成的灰色地带。在这个灰色地带之内——这个地带的界限本身就是模糊的——特定的边际现象究竟属于这对二分法的这一边还是另一边,这个问题并不存在确定的答案。法律制度当中的许多主要概念,也是这类产生灰色地带的模糊概念。这些法律概念的模糊性程度(还有它的实际重要性程度)各有千秋,但全都可能产生一些不存在决断上正确的答案的问题。这种问题的可能性是无法根除的,因为模糊性可以表现为一种或多种形式,而且任何一种解决模糊性的手段都必须要从概念

入手,但是这些概念却不是上一段所说的数值性概念。虽然法律
制度中的模糊性通常会有所减少,而且它经常会从一个兴趣点转
向另一个兴趣点,但是它从来就无法被完全克服。

　　因此,法律制度确实存在不确定性,尽管不确定性的规模远比批
判法学派所想象的要小。甚至那些以抽象标准的形式呈现出来的法
律规范,也会有这种不确定性;而且,那些实际上被法律官员们援引、
实施的规范,也会有这种不确定性。尽管如此,不确定性的准确程
度——还有产生不确定性的问题的具体类型——当然也会因为法律
制度的不同而不同。对于作为整体的每个法律制度而言,作为确定
性的客观性是程度问题,而不是一个全有或全无的问题。

3. 作为普遍适用性的客观性

　　客观性的另一个突出的方面或维度是普遍的适用性,它和客观
性的其他方面或维度有重叠的地方。如果法律普遍适用于司法管辖
区内的人,那么它们就应该以类似的方式适用于那里的所有人。要
理解法律规范的普遍适用性,我们可以将之和几种差别适用
(differentiated application)进行对比。首先,普遍适用性存在于绝对
强制性(categorical imperativeness)之中。就是说,它存在于一些法
律规定的强制性(mandatoriness)之中,这些法律规定适用于所有人,
不管他或她的偏好或意愿是什么。例如,"不得谋杀"这条法律规定,
以同等效力适用于那些天生拥有和平主义倾向的人和天生拥有暴力
虐待癖的人。虽然遵守这条规定对前一种人来说不费吹灰之力,对
后一种人来说则是相当令人讨厌的事,但两种人同样被严格禁止实
施谋杀行为。类似的,这个规定以同样的方式适用于那些特别害怕
被囚禁的人,和那些因为完全不关心他们所处的环境和未来所以几
乎不怕被囚禁的人。一旦有人犯下了谋杀罪,那么等待他的就是刑
罚,不管我们是否认为那些刑罚具备威慑力。

"法律规范都是一条绝对命令"这个提法还应该附带一些重要的限制条件。需要说明的是,"不得谋杀"这类法律规范是一条绝对命令,并不必然意味着一个人违反这类规范所造成的一切法律后果和其他人的违法行为所造成的法律后果是相同的。其中一些后果,比如说引起遭受处罚这一直接后果,确实对每个人来说都是一样的。但是,其他的法律后果可能会有相当大的差异,而且这种差异可能部分是或者完全是因为人们的意愿或者愿望的差别。拥有邪恶的欲望并且出于穷凶极恶的理由犯下谋杀罪行的人,相比拥有基本良好的品行并且出于不那么卑劣的理由犯下谋杀罪行的人,前者的量刑一般比后者要重得多。诸如此类的加重处罚或减轻处罚情节——与人们的嗜好和性情存在直接关系——或许会要求对某些杀人犯判处比其他人更重或更轻的刑罚。这些差别完全符合"不得谋杀"这条法律规范的绝对强制性。这条规范之所有具有绝对强制性,是因为它们规定某种行为模式在法律上是错误的,不管人们是否喜欢或厌恶这种行为模式。这条规范所施加的规定是针对所有人的。它作为规定的地位,并不依赖任何人的目的或者欲望。在这个关键方面,一条法律规定就是一条绝对命令。它不允许某些具体类型的行为,因此对于所有处在类似情境的人来说,这类行为都是不被法律允许的,即便违反该命令所产生的法律后果的严重程度对每个人来说可能不一样。

之所以说并非所有法律都具有绝对强制性,第二个重要的理由在于法律规范的异质性。一些法律规范——比如"不得谋杀"这条规范——显然具有绝对的强制性。诸如此类的规范都要求所有人以某种方式行事,或者不以某种方式行事,不论他的目标是什么。其他的规范本身并不会产生这样的效果。在这个语境中最重要的区分在于义务性规范和授权性规范(Hart 1961,27-41)。正如法理学家数十年来所强调的,授权性法律——比如授予人们订立合同或者遗赠财产

38

的权利的法律——和义务性法律的差别，就在于它们并没有绝对地
要求人们采取某种特定的行为模式。相反，它们向人们提供了实现
某种期望的机会。人们可以根据他们的目标选择利用或者不利用这
些机会。当然，授权性的法律使得某些结果成为可能，而任何人如果
想要产生这些结果，就必须要遵守法律所规定的行使这些权利的条
件或程序。但是，授权性的法律本身并没有强制任何人努力产生任
何它允许的结果。一个人必须要遵守法律所规定的行使权利的条件
或程序，和一个人试图行使该权利之间并不存在必然的关系（确实，
人们有时在法律上有义务行使赋予他们的权利。这样的义务在法律
的—政府的官员的公共权力方面特别常见。尽管如此，任何这样的
义务都是由义务性规范所确立的，而义务性规范又伴随着授权性规
范，官员们正是依据后一种规范才享有他们的权力。授权性规范本
身并不强制性地要求执行某种特定的行动或功能）。

　　在法律的绝对强制性方面，还有第三个需要注意的地方。虽然
绝对的强制性是普遍适用性的一个类型，但是这两种属性绝对不能
简单地等而视之。例如，虽然授权性法律并不是绝对强制的，但一般
情况下是普遍适用的（至少在西方国家中），因为它们一般会以相似
的方式适用于司法管辖区中的所有人。正常情况下，诸如此类的法
律都会设定一些程序，想要行使法律所授予的权利（或复数的权利）
的人都必须遵守这些程序。明确规定这些程序并不是绝对强制
的——因为它们并不要求所有人以法律规定的方式行事，除非他希
望获得某种结果——但是它们却是附条件的强制，它们的规定是针
对司法管辖区内的所有人的。

　　相反，正如不具有绝对的强制性不能推导出在其他方面缺少普
遍的适用性，在其他方面不具有普遍的适用性也不能推导出不具有
绝对的强制性。

39

40

（1）普遍适用性对个别化（Individualization）

从最后两个段落来看很明显，普遍适用性完全超出了绝对强制性。实际上，普遍适用性确实不同于差别适用性。适用性中有一些类型（比如种族或宗教差别对待）在大多数语境中是有害的，而其他类型——在法律客观性的讨论中经常被提及——的道德意义则略显隐晦不明。① 也许在这些类型中最著名的莫过于根据能力或智力进行差别对待。在英美法中，这样的差别对待经常是要避免的。例如，在英美侵权法中，过失标准（standard of negligence）大体上是根据一个理智的人所能尽到的注意水平来界定的，并且适用于因为缺乏智力或者身体不便而无法尽到这种注意程度的人。法学家经常指出那个标准是"客观的"，进而将它和另一种进路区分开来，后者可能会将个体被告的特殊缺陷纳入考虑范畴中。应该承认，年幼的孩子、精神病或有严重的身体障碍的人可以列为例外。尽管如此，英美侵权法的正常做法是，要求人们为他们的过失所造成的损害结果承担法律上的责任，不管他的能力或者无能力（inability）是否满足合理注意标准。英美法还有许多其他的领域基本上也是类似的，即偏向于作为普遍适用性的客观性，而不是关注个体弱点的较为主观主义的诉讼程序。

任何法律领域是否**应该**借由不考虑个体的身体或者精神缺陷维持普遍适用性的外观，乃是一个没有实际意义（moot）的问题。一方面，按照这些缺陷对人们进行差别对待的做法并不像种族、宗教或人种等偏见那样特别招人不快。有一些人因为身体或精神有缺陷因而没有办法遵守一种要求更高的标准，对他们适用一种较为宽容的违法标准，从某些显而易见的方面来看对这些人要公平得多。哪怕"'应该'暗示着'能够'"这个原则作为一种道德观念并不总是对的（Kramer

---

① 对于其中一些问题——特别是刑事法律——的细致讨论，参见 Greenawalt 1992，100-119。

2004a,249-294;2005),但它常常是对的。一些人虽然引发了不良事件，但是他在当时的情境下没有能力避免,调集法律的—政府的机构的强制力来针对这样的人,多少有点让人不痛快。另一方面,有一些因素可以支持英美侵权法(和其他相当类似的法律领域)的当前立场。

这样的因素关心的就是公平性问题。虽然要求倒霉的被告承担损害赔偿责任无疑对他来说是相当沉重的负担,但是对于被告不合标准的行为产生的无辜受害人不予赔偿却是——在其他条件不变的前提下——更加不公平的。也许在这种情景中,民事赔偿制度的替代品是适当的。例如,对被害人的赔偿应该来自公众支持的基金(publicly maintained fund)。但是,为什么纳税人应该承担因为某人的粗心行为而导致的损害后果的救济责任,这个问题的答案并不是非常清楚的。民事赔偿制度的批评者可能会援引一个众所周知的论辩来回应,这个论辩和一种表面上的同情心有关,即不应将不幸之事的成本分摊给众人。然而,这种论辩很容易遭到下面这种推理思路的反对:这样做可能会损害人们的经济动机,从而使得他们不愿参与那些他们没有办法安全行事的活动。无论如何,比公共赔偿基金更缺乏吸引力的,可能是这样一种制度,在这个制度中,他人粗心行为的受害者必须要依靠保险抵御风险(也就是,潜在的受害者可以购买保险来补偿因他人的行为而遭受的损失)。任何可持续的保险计划,如果它自己的主要资助来源不是公共补助金,那么这样的计划会具有两个不合理特征的其中之一:要么越来越多因为他人的疏忽大意而蒙受损失的人,会为他们的投保项目支付更昂贵的保险费;要么所有购买保险的人都会支付更高昂的保险费来补偿因为疏忽大意所导致的意外成本。因此,虽然民事赔偿制度确实是不完美的,但作为一种补偿疏忽大意的后果的机制,却不见得比其他的替代性制度更加乏善可陈。同时,因为他人的疏忽而引起的损害无法得到赔偿,对无辜的受害者来说并不公平,所以英美侵权法的法官不愿放智力有缺陷的人一马,也就在情理之中了。

　　上文还简单地提到了另一个支持这种不情愿态度的理由。因为笨手笨脚或粗心大意而导致的事故本是可以避免的,只要不去做某些事情。例如,如果有人因为身体缺陷而无法以大家认为安全的方式开车——也许是因为糟糕的视力,也许是因为身体不够灵活——但他还坚持开车,那就是做出了错误的判断。如果这种违规的驾驶行为产生了不幸的后果,那么在认定司机的过失时,就应该综合考虑他对行车安全的判断和直接导致撞车的不恰当的驾驶行为等因素。司机本来是可以避免这一引起损害结果的事故的,只要他不开车就好,所以如果他还坚持开车,就没有理由要求宽大处理(当然,在一个不太可能的事件中,如果是因为发生了一件特别紧急的事情,他不得不开车,那么反对宽大处理这个论点就会丧失它通常具有的说服力。在这样的情形中,他的违规驾驶行为可能不会被认为是过失)。

　　另一个支持当前英美侵权法这一立场的理由是,根据人们的身体缺陷或精神缺陷进行差别化对待的做法可能会产生滑坡效应(slippery slope)。毕竟,积重难返的不良秉性也是一种缺陷或无能。不幸遭遇此等境遇的人本就无法遵守正常的社交标准。但是,如下观念是相当不合理的:侵权法甚至刑法的诉讼程序应该对他特别宽大处理,只要他的错误行为源于积重难返的不良秉性。确实,刑事司法制度在量刑阶段可能会考虑造成他的不良性格的原因——比如不幸的童年。但是,原谅极端邪恶的性格,免除他所有的刑罚,这种观点却是相当荒谬的。然而,假如在过失案件中被告长期以来存在智力缺陷或身体残疾,可作为依据认定他的粗心行为满足合理注意标准,那么我们似乎没有强的理由拒绝以大致相同的方式对待天生坏人脸的被告。在过失案件中,任何一个不具备行为能力的被告人都可以通过强调他没有能力满足正常的合理注意要求来为自己做辩护。也就是说,如果一个相当邪恶的被告人被指控实施了故意侵权行为,那么他可能会通过强调他没有能力避免形成邪恶的意图并将这个意图付诸实践来为自己做辩护。被告人可能会辩称,既然意图的形成完全不在他的控制范围内,那么他就不应该赔偿因为实施了这样的意图所造成的损失;既然意图是不可阻挡地从他根深蒂固的性格中产生的,那么他就不应该赔偿因为根据这样的意图行事所造成的损失。同样的,既然一位粗心大意的被告人没有能力改善他的粗心行为,那么他就不应该赔偿因为这样的粗心行为所造成的损失。如果我们想要反驳这位邪恶的故意违法者所做的上述结论,那么我们就必须同时拒斥他的论辩的大前提。也就是说,我们应该反驳下面这个命题:如果有些人反应迟钝或身体不便,使得他们没有办法像正常人一样满足侵权法的合理注意标准,那么这个标准对他们应该有所降低。

质疑刚刚提到的命题的另一个理由是,虽然对那些精神或身体状况不佳的人予以特殊对待并不会招致人们的强烈不满,但却很可能让这些人蒙羞。他们可能不会像其他人那样被当作能够为自己行为负责的完全行为能力人,而是低人一等的特殊人群,法院对他们的宽大处理就像是一种赏赐。虽然他们当中有一些人或所有人都可能会觉得,和规避强制性义务的好处相比,这种待遇所引起的耻辱感无 44 关紧要,但是无论是对他们本人,还是对于他们与其他人交流时所处的社会,这种耻辱感确实是一种不利。只要法院按照恰当的水平设定合理注意标准,那么法院以此标准来对违法者做出裁判,就体现出了他作为一个完整的社会成员的尊严。

影响英美侵权法上过失检验的普遍适用性的另一个原因是该检验的执法(administrative)成本的降低。如果法官和其他法律官员为了权衡在多大的严格程度上适用过失标准,必须要调查被告人的身体缺陷或精神缺陷,那么实施过失原则(doctrine)的成本就会大大上升。而且,这种执法成本的增加可能会伴随着被告说谎可能性的增加。应该承认,更大的成本和更频繁的不诚实这类担忧本身并不是最重要的。但是,和上文几个段落所讨论的因素一起,它们足以保证过失标准还是能够保持不妥协的(unaccommodating)客观性。虽然在许多刑事案件的量刑阶段或之前的阶段,基于身体上或精神上的缺陷的差别化适用无疑是合理的,但是将差别化适用引入过失法律当中也许弊大于利。

(2)普遍适用性对中立性

在我们结束这个话题的讨论之前,我们应该指出,对英美侵权法上过失检验的"作为普遍适用性的客观性"的这些讨论,可以提醒我们注意一个重要的区分。至少正如这整个小节所阐释的,普遍适用性并不等同于中立性。在普遍适用性的情境下,所有人都适用相同的标准。如果按照相同的标准来评判所有人的行为,有些人的待遇显然会比别人好。普遍适用性将会产生不同的结果,例如,适用于神志不清和神志正常两种人的合理注意标准,理所当然会对后者更有利。

中立性又是另一回事了。它并不是指普遍适用性,而是指法律影响的统一性(uniformity of impact)。如果某部法律 L 是完全中立的,那么哪怕 L 并不存在,所有的利益和负担的分配也是完全一样的。也就是说,很显然,任何一部法律都不可能完全中立——除非它只是纯粹名义上的,并且完全没有产生实际效果。如果法律并不是纯粹名义上的,那么它最多只能达到某个方面的中立性。比如,税法的变革是税收中立的(revenue-neutral),那么在这个变革发生前后,政府所收到的税收总额都是一样的。但是,尽管税收总额不变,税收负担在不同纳税人之间的分配却会发生改变。

某些方面的中立性可以通过违反特定的普遍适用性来实现。例如,要实现税法变革中的税收中立性,可以提高某些纳税人的税款并减少其他纳税人的税款。这样一来,之前适用于所有纳税人的应付税款现在就只适用于某些人,而且还要严苛得多。

现在,虽然普遍的适用性和中立性肯定不是一回事,但是任何一种普遍适用的法律有可能在某些方面是中立的,但是在其他方面却不是中立的。正如我已经指出的,那些能够落到实处的法律,肯定会

改变现有的利益和负担的分配格局；反过来说，现在必须加上的一点
是，任何一部法律或者一系列法律都不可能改变所有事物。法律的普
遍适用性可能会相当引人注目，而法律的中立性则更加平平无奇、更不
重要、更不明显，但是法律在一些方面肯定是中立的。因此，虽然我们
关注普遍适用性和中立性之间的区分，但这并不意味着这两个属性完
全不存在重叠。其中一种属性的**某些**形式不可避免地会与另一种属性
的**某些**形式发生重叠。我们应该承认这一点，同时也承认"以相同的标
准判断所有人"和"对所有人产生相同的后果"之间存在重大差别。

4. 作为个体间的可辨识性的客观性

在讨论法律在哪些方面在本体论意义上是客观的之后，我们现
在将转向客观性的一些认识论方面。换言之，我们现在将开始探讨，
辨别或试图辨别法律现象的人（既包括法律官员也包括普通公民）的
心智之间的关系。对于任何研究领域而言，判断它是否在认识论意
义上是客观的，主要标准就是，处在这个研究领域内的事物具有个体
间的可辨识性。换句话说，当且仅当有能力调查某一个研究领域的
事物的人，能够对其中每个事物的性质或细节形成一致意见，这个研
究领域在认识论意义上才是客观的。如果所有或者几乎所有有能力
的调查人员都能对那些事物形成一致意见，那么——在由这些事物
组成的领域内——个人的口味和癖好就不是判断那些表述是否为真
的决定性标准。如果个人的口味和癖好真的是决定性标准，那么这
个研究领域就是高度主观的（从认识论的角度而言）；相反，如果那些
口味和癖好从属于许多人共享的观念，而且这些观念使得人们能够
对与之关联的事项形成几乎一致的意见，那么那些事项就是认识论
上客观的。总而言之，任何一种现象的认识论客观性，取决于个人是
否明显有可能形成与那些现象相关的一致信念。

显然，在方才那种意义上的认识论客观性是一个程度问题，而不
是全是或全否的问题。事物可以在很多种程度上拥有这种客观性。

从认识论上来说,一个研究领域可能比其他研究领域更客观或更不客观,而且在能够获得多大程度的同意方面,不同研究领域的议题肯定也会存在差别。而且,一些或者所有议题的认识论客观性也可能会因时而异。那些之前曾有争议的议题或许最终会得到人们的普遍赞同,而之前曾获得普遍赞同的议题也可能会变得相当有争议。因此,就认识论方面而言,一个议题可能会变得比过去更加客观,或者更加不客观。

方才所说的某些研究领域的认识论客观性会因时而异,并不是在暗示一个事物的客观性总是取决于当前是否存在与该事物相关的共识。如果对于某个问题的答案而言,存在普遍接受的、达成共识的恰当方法,并且使用这些方法最终确实可以就某种答案形成大体一致的意见,那么这个问题暂时可以归类为认识上客观的,即便在相当长的时间里无法达到大体一致的状态。只有当对于某个问题的答案不存在广泛的一致意见,而且对于在合理期间内解决该问题所需运用的技术也不存在广泛的一致意见,认识论客观性才是不存在的——或者被严重地减损了。

作为个体间的可辨识性的客观性并不能推导出作为强意义上存在与心智无关的客观性,后者也不能推导出前者。类似的,作为决断上的正确性的客观性也无法推出作为个体间的可辨识性的客观性,后者同样也无法推导出前者。这些要点对于理解法律的认识论客观性至关重要。因此,虽然它们有一些会和这一章前面几个小节所提出的观点相互重叠,但是我们还是应该仔细地讨论每一个要点。

让我们从认识论的客观性——个体间的可辨识性——和强意义上存在与心智的无关性之间不具有蕴含关系说起。当然,一方面,认识论客观性在某些领域当中也许是最突出的,因为这些领域内的事物无论在存在上还是观察上都是强意义上与心智无关的。作为自然科学的研究对象,自然世界的物质实体是认识论上客观的,同时也是强意义上与心智无关的(存在上和观察上)。虽然自然科学新领域中的实验和理论不可避免会引发争论,然而与自然实体相关的诸多问题的正确答案,却被所有或几乎所有处理这些问题的人所承认。自然物的大小和质料之类的许多基础问题并不会引起任何争议,而许多更复杂的科学问题对那些有能力理解它们的人来说也是完全没有争议的。即便是那些处在自然科学边缘并且备受争议的问题而言,应该运用何种恰当的方法来提出具有说服力的答案,经常也是存在非常广泛的共识的(在那些拥有相关专业知识的人当中)。简言之,在那些属于自然科学的研究领域内,现象在强意义上存在与心智的无关性,伴随着非常高水平的认识论客观性。

另一方面,我们不应该直接跳到如下结论:认识论上的客观性预设着强意义上存在与心智无关。正如之前所论证的,概括的条文和法律制度的其他规范在存在上与心智的无关性,仅仅是弱意义上的而不是强意义上的。那些条文和其他的法律规范之所以在任何具体的法律制度中都是这样运作的,只是因为这个制度下的官员都共享着某些信念和态度,这些信念和态度促使他们认为上述规范是权威的。但是,虽然概括的法律只是在弱意义上存在与心智无关,它们所构成的制度的独特之处就在于高度的认识论客观性。在任何运作良好的法律制度中,人们行为的法律后果在许多情况下都是清楚明了的。实际上,那些后果之所以在大多数时候都没有被人提及,恰恰是因为对于那些有能力讨论它们的人来说太过明显了。只有在相当少数的情况下,才会对许多行为的法律后果产生重大分歧(在那些具有相关专业知识的人当中)。应该承认的是,当分歧实际发生时,就解决专家分歧的恰当方法而言,经常不存在广泛的共识。法学家关于疑难的法律问题的分歧经常被证明是难以解决的。在这个方面,法律的认识论客观性可能会比数学和自然科学的认识论客观性更弱。尽管如此,法律的认识论客观性在大多数情境中都是显而易见的。共识(至少在专家当中)是典型,严重分歧是例外。正因为如此,同时也因为概括的法律规范在弱意义而非强意义上存在与心智无关,某些现象的认识论客观性本身显然并不预设着该现象在强意义上存在与心智无关。事物依赖于人们的心智,因为对于它们的发生和持续存在的意义而言,存在着普遍的共识。确实,正如"作为独立于心智的客观性"一节指出的,在相当少数的语境中,我们对这些事物的认识渠道可能是可靠的。相应的,在那些语境中,应该会存在较高程度的认识论客观性。

现在让我们简短地回到强意义上存在与心智的无关性和个体间的可辨识性之间不存在任何蕴含关系上。宇宙哲学(the discipline of cosmology)——处理宇宙作为一个整体的起源和运动的科学分支——所研究的一些问题很好地证明了这种蕴含关系是不存在的。虽然一些宇宙哲学问题的答案现在已经有了广泛的共识(在专家当中),虽然还有许多问题必须以高度严谨的数学来求解,但是宇宙哲学家对那些依旧存在的问题的答案还远远没有形成共识。他们已经设计了许多复杂的模型,每一个模型所产生的答案几乎与其他模型产生的答案都不一致。其中一些模型已经吸引了比另一些模型更多的追随者,但是目前为止还没有对任何一种模型形成共识;对于判断哪一种模型更好的恰当方法也还没有形成共识。所以,就许多宇宙哲学问题而言,这个学科的认识论客观性是相当低的。同样的,宇宙哲学的棘手难题所关联的事实或事件在存在上与心智的无关性,显然是强意义上的而不是弱意义上的。因此,那些还没有解决的宇宙学难题显然证明了一个一般观点。如果专业研究人员所研究的现象的发生或者继续存在是完全独立于研究人员的心智及其他所有人的心智的,那么研究人员之间肯定会发生无法消解的分歧。专家们和其他人无疑会得出许多相同的判断,但是根深蒂固的分歧不仅完全有可能,甚至时常会发生。

下面我们应该认真思考下决断上的正确性和个体间的可辨识性之间的非蕴含关系。作为一个必要的修正,之前的段落已经很明确地说过,许多问题存在唯一正解并不意味着对那些答案是什么存在共识(即便是在专家之间)。毕竟,每一个尚未解决的宇宙学难题都存在唯一正解——即便我们可能永远也不知道在每个情形中这个解是什么。鉴于目前对于这些未解之谜的唯一正解尚不存在一致意见(即便是在专家之间),我们完全可以推断,决断上的正确性并不意味着认识论上的客观性。但是,这个观点不仅仅适用于那些强意义上存在与心智无关的现象,同时也适用于那些仅仅在弱意义上存在与心智无关的现象(比如法律规范)。在这一章之前部分讨论确定性和可证实性的区分时,我们已经看到了这一点。

很多简单案件的法律问题都存在大家普遍接受的决断上正确的答案,但是上诉法院面对的疑难案件通常更有争议。然而,在特殊的法律制度中,如果官员们已经将正确的道德原则吸收进法律,以便填补常规法律渊源用尽(run out)后留下的漏洞,一些疑难案件的问题可能会存在决断上正确的答案。例如,假设在一个社会中存在着一种法律制度,这个社会的种族关系与美国 20 世纪 50 年代早期如出一辙。假设这个制度下的最高法院必须裁决,公立学校的种族隔离是否符合宪法上的平等保护原则。鉴于这一虚拟社会的种族关系的具体状况,"公立学校实施种族隔离是否符合《宪法》"这个法律问题可能会引起相当大的争议(正如美国联邦最高法院在 1954 年就此问题做出全体一致但又小心谨慎的决定一样)。法律专家之间可能会有很多分歧,这个问题的正反双方都可以提出各种推理过程。一些支持公立学校种族隔离的合宪性的论辩可能是种族偏见使然,但其中也有一些论辩担忧的是法院在西方社会中的恰当角色之类的因素,而且这样的担忧不无道理。不过,尽管专家们对这个问题有许多分歧,但"维持公立学校中的种族隔离是否符合宪法上的平等保护原则"这个法律问题却是存在唯一正解的。尽管一些相互对抗的因素是真诚的,但是对这个问题的唯一正解却是"否"。所以,对于处理这个问题的法院而言,只有不支持种族隔离才是恰当的裁判。但是,这样说并不代表当时做出这个裁判时,所有或几乎所有的法律专家都会对这个裁判拍手称快。决断上的正确性并不意味着个体间的可辨识性。

最后,让我们回到个体间的可辨识性与决断上的正确性之间不存在蕴含关系这个主题。在整个看似真实的(ostensible)知识体系中,不存在蕴含关系有时是显而易见的。假设智者和古埃及的巫师完全同意许多场合下最有效的咒语和仪式是什么。我们可能会认为,他们都同意,在此语境中这种咒语或仪式能够取悦神灵,在彼语境中其他咒语或仪式能够取悦神灵。那么,他们的智慧就表现在关于"何为取悦神灵的最佳手段"的各种问题的众多答案中。但是,实际上,对于那些问题而言,并不存在决断上正确的答案——除了一个"答案"之外,这个答案可能会表明,所有问题都是完全错误的,因为它们背后隐含的假设是完全错误的。只要埃及人提出了其中一个问题,比如说神灵更喜欢在葬礼上以山羊为祭品还是以绵羊为祭品,任何一个经过深思熟虑的回答都是错误的,因此不会比其他经过深思熟虑的回答更好或更差。总而言之,对于埃及人的问题而言,不存在决断上正确的答案;对诸如此类的问题都拒绝做出回答,才是唯一正确的回答。因此,虽然埃及的智者和巫师对于神的旨意都有一致的看法,但是他们的知识体系所涉及的话题在认识论上的客观性,和他们的主张在决断上的正确性并不相匹配。虽然那些主张的明显相关性具有个体间的可辨识性,但却是毫无根据可言的。

更为常见的是,个体间的可辨识性和决断上的正确性之间不存在蕴含关系,见诸某些实践或某些思想体系(body of thought)提出的命题,而非见诸整个实践(practice)或思想体系。例如,考虑这样一个法律制度,在这个制度中所出现的问题不存在决断上正确的答案(也许这个问题是不得进入公园的交通工具是否包括滑板。或者是一个与保障平等、自由或正义的宪法条文有关的更高层次的争议。

在这里,我们无须关心提出这个问题的争议事项或者案件属于哪一类)。现在,虽然上述问题不存在真正意义上决断上正确的答案,但是处理这个问题的所有或大多数法律官员和其他法律专家都倾向于一个观点。确实,由于法律官员对这个争议事项的决定可能会产生先例效力,所以从今以后他们所共享的观点可能会成为上述法律问题的唯一正解。就这个问题而言,他们所共享的观点可能会成为具有约束力的法律。但是,在官员们权威性地阐述该观点的时候,(根据假定)还不存在任何决断上正确的立场。某种立场的个体间的可辨识性并不能推导出它的决断上的正确性。

52

虽然我已经强调了个体间的可辨识性可以和强意义上存在与心智的无关性以及决断上的正确性区分开,但我显然无意于暗示那些类型的客观性一定是或者一般是不同的。它们经常会发生耦合。相反,这些评论只是想要强调如下持续存在的可能性:在此语境或彼语境下,认识论上的客观性不会和某些主要类型的本体论客观性发生耦合。本体论客观性和事物实际如何有关,而认识论客观性则和大家相信事物如何有关。因此,虽然有确实的理由期待认识论客观性和本体论客观性经常会在许多问题域发生耦合——这些理由关心的是演化性压力,这种压力将人类的心智塑造得与其他人相类似并且一般会对客观世界的实际情况做出回应——但这种耦合关系并不一定存在。事物实际如何以及大家相信事物如何之间总是可能存在不一致。

5. 作为中立性的客观性

客观性的另一个认识论类型是中立性[1],它由无私心(disinterestedness)和无偏见(open-mindedness)组成,同时也可以被

---

[1] 关于法律语境中的中立性,近期一个很好的讨论,参见 Lucy 2005;Marmor 2001,147-152。

说成是"超然性"(detachedness)或者"非人格性"(impersonality)。它可以和偏见或者党派性进行对比,也可以和冲动或者反复无常进行对比(虽然有的时候无法和真正的随机性进行对比)。在法律语境中,这种客观性维度可以适用于创设法律或者适用法律等阶段。和客观性的其他方面一样,它是一种可量化的属性,而非全是或全否属性;它可以在不同的程度上实现。

(1)区别于不偏不倚(Neutrality)的中立性

本章已经区分了普遍适用性和不偏不倚。此处对中立性和不偏不倚也可以做一个大致上类似的区分。诚如一些论者已经指出的(Lucy 2005,13),"中立性"和"不偏不倚"在日常交流中经常是可以互换的。这些术语全都表达一个人的超然性,也就是说,他的决定不受个人喜好的影响,也不受与决定事项相关的任何直接个人利益的影响。不过,这两个术语在日常交流中也会分开使用。"中立性"通常表示的是与做出决定的环境有关的属性,而"不偏不倚"则经常指与决定的后果相关的属性。正如我之前对它的讨论已经指出的,后一种属性表现为维持利益与负担在一个社会中的人民之间的现有分配格局。任何法律或执法程序不可能在各个方面都是中立的,但是所有的法律或执法程序在某些方面是中立的(虽然它在其他方面所欠缺的中立性可能会更加显眼、重要)。

不偏不倚则不同。通常,当某人问法律制度的运行是否不偏不倚时,他并不是在问它们的效果如何。相反,他是在问法律官员是通过什么样的程序做出和实施决定的。严格意义上不偏不倚的决定或许很显然并不是中立的。

(2)无私心(Disinterestedness)

显然,中立性是指不存在党派性。其中比较关键的是,一个人的决定不牵涉任何可感知的个人利益,或者一个人虽然知道自己是利害相关方,但仍有能力让他的决定不受影响。倘若做出某个决定而非相反的决定,会使得某人自己、他的近亲属或者朋友获得重大的利益,那么在做出决定的过程中某人就拥有重大利益。确实,如果说一个人在争议事项的两边都有近亲属或好友,那就不存在这样的利害关系。例如,如果一位母亲要决定她的两个孩子哪个可以玩布偶,那么就算偏向其中一方的决定会让其中一位孩子获利,她也还是不偏不倚的。正是因为这两位亲属的利害关系是相当的,所以母亲是中立的。但是,如果争议双方不存在这样一种均衡关系,那么明知她的决定会极大地影响一位近亲属或者朋友的利益,反而会损害决策者的不偏不倚。

54

如果任何一个针对某些问题做出判断的人的个人利益都不牵涉其中,这种情况下不偏不倚是最强的。但是,在创设法律乃至执行法律的时候,我们都不可能完全避免决策者的个人利益牵涉其中。例如,假设立法者必须要对一部法案投票,这部法案将会影响不同收入水平的人们的纳税负担分配。如果这部法案的法律效力适用范围非常广,那么投票结果对所有立法者都会产生个人的利害关系。当法官或者行政人员必须解释这部法案的核心条款,或者必须要得出可能会严重影响纳税负担的其他决定,同样也是如此。如果这些立法、司法和行政决定不牵涉个人利益,乃是决策过程不偏不倚的必要条件,那么这些过程就不可能是不偏不倚的。每个立法者、法官或者行政人员在上述决策(以及在实现立法、司法或行政的责任的过程中必须做出的决断)当中势必会牵涉个人利益。但是,我们不应该就此认为,与这些事项有关的中立性是不可能的。对一些决定而言,避免决策者的直接个人利益牵涉其中是不可能的——因为每个法律官员都会有这样的利益关系——对这些决定来说,每个牵涉其中的官员都应该在做出相关决定的过程中尽可能暂时不考虑(step back)个人偏好,努力做到不偏不倚。没有理由认为,人们无法在心理上暂时不考虑个人利益,从而对那些他们不得不应对的事项提出不涉及个人利益的看法。在一些特殊情形中,暂时不考虑个人利益的努力可能会失败,但并非注定失败。

决策者的个人利益会受到决策的重大影响,但又不得不做出决策,这种情况下不偏不倚虽然依旧是可能的,但可能性显然要低得多。决策者可能会因为以下两个方面而没有办法暂时不考虑个人利益:他可能还是偏向于个人利益,虽然他曾真诚努力地站在无私心的(disinterested)立场;或者更加微妙的是,他可能会对与他自己的利益相矛盾的立场展现出更多的同情心,借此对他在这件事情上的个人利益做出过度的补偿。总而言之,当负责对一些争议给出权威解答的每位官员都是真正意义上毫无私心时,才最能够实现法律决策不偏不倚之要求。若决策权可以交给那些个人利益不牵涉其中的官员,那就应该这样做。

当法律官员或政府官员必须做出决策的事项并不是像税收那样重大的公共政策问题时,也不是侵犯其他所有人或大多数人的利益的问题,而是侵犯到他自己的利益时,真正意义上的毫无私心尤为重要。例如,违反中立性的典型情况是,法官主审一起谋杀案,这起案件的被害人是法官的女儿。或者公共管理官员(public regulatory administrator)主持了一场指控某家公司的听证会,而这名官员又恰好是该公司的董事。而且,即便法律官员并不像其他人那样处在利害攸关的情形中,也应该在合理范围内努力实现真正的无私心。例如,假设公共管理官员主持了一场指控某家公司的听证会,而他在这家公司里有不少股份。进一步假设,这家公司其他所有人几乎都持有相近数量的股份。尽管如此,虽然公共管理官员在对这个公司的交易行为做出判断时,失去的或者获得的利益不见得比其他人要多,他也应该被要求表现出一种真诚的无私心的姿态。至少他应该把他的股份交给独立的第三方管理的匿名信托基金机构。也许,更加严格的做法是,他应该在进行这场调查听证会之前放弃他持有的全部股份。当法律官员或者政府官员面对一个严肃的问题,这个问题迫使他在相互冲突的主张和利益之间做出选择,并且当他可以采取某些手段放弃任何他在这个问题当中的利益且这些措施并不会造成不合理的沉重负担，那就应该强制要求采取这些措施。没有这些措施，中立性虽然仍有可能，但会更难以实现、更不稳定。

　　理想情况下，关于无私心的这些评论既适用于法律的—政府的制度中的立法机构，也适用于司法机构和行政机构。立法者在对公共政策问题做出判断的时候应该站在公众利益而不是个人利益的立场上。但是，在西方国家中——更不用说世界上其他独裁体制——无私心这个要求对立法者而非司法者或行政官员而言更加迫切。一方面，大多数立法者的投票经常是为了取悦他们的选民，这本无可厚非。如果立法者总是违背选民的希望和利益，他在下次选举时很可能会失利。除了实现连任的愿望之外，努力迎合选民也是立法者需要履行的一项主要职责。在西方国家中，每个立法机关的成员都应该履行代议职责和促进公共福利职责。因此，如果立法者追逐个人的利益，比如通过迎合选民的观点从而实现连选连任，那么他实际上并没有忘记自己应该做的事情（至少不考虑基本权利的话）。另一方面，虽然说立法者在公共政策问题上（和事关基本权利的问题不同）遵循选民倾向的做法确实违反了严格的中立性，而且这样做确实不对，但是在主要的西方国家——特别是美国——立法者违反严格中立性的做法通常已经超出了履行代议职责的范畴。很多大型的、资金充足的组织提供政治献金的目的主要就是要在一些事务上对立法者进行院外游说，从而对他们关心的公共政策问题发挥重要影响。这些组织虽然代表政治谱系中的各种观点，但它们发挥影响力的方式无非就是两种，要么对那些支持它们目标的政客提供经济上的支持或者其他选举方面的支持，要么威胁说要强烈抵制那些不支持它们目标的政客。面对这些"胡萝卜加大棒"，许多立法者必须按照这些组织的要求，而不是根据任何无关私心的因素进行投票（在某些问题上）。

我们是否可以通过更加严格的规制,减少立法者明显违反无私心的做法,这是一个可以讨论的问题。正如詹姆斯·麦迪逊在关于派系在政治中的角色的经典讨论中所承认的[Madison 1961 (1788),78],对派系的镇压弊大于利。而且,公民们参加高姿态的院外游说群体的做法,可能是唯一一种能够保证他们为可能值得的事业争取大量支持和尊重的有效方式。换言之,倘若立法者在对某个关键的公共政策问题做出决定时,追求公共福利而不是个人政治利益,他们可能会做出理想的行动,但是选举的压力可能会妨碍他们这么做,而且这种压力同样是巨大的。当然,立法者和其他法律政府官员们决不能从事某些违反无私心的行为(比如说腐败行为)。但是,要求立法者承担一种更加严格的无私心之要求——比如说,对那些一心想要进行游说的组织的政治献金行为和政治行为进行严格限制——对于民主的政治制度的运转来说,可能就不是完全有益的。

无论要求立法者保持更为严格的无私心是否合理,要求法官保持非常高的无私心的重要性几乎是无可争议的。我们将会简单讨论这一重要性的理由(在下一章中),但是我们首先要考虑作为中立性的客观性的其他主要部分。决策的一种中立性的视角不仅仅是无私心的而且还是开放的。

(3)开放性(Open-Mindedness)

开放性的一个明显的构成要件是不存在偏见(prejudice)和偏袒(favoritism)。如果某人 P 特别讨厌或特别喜欢某些人——尤其是基于种族、宗教和民族之类与一个人的品德和诚实无关的理由——那么 P 就缺少在那些使得这些人和其他人互相竞争的事项上做出中立的决定所必需的开放性。确实,对那些仅仅涉及他觉得特别同情或喜爱的人的事务,P 仍然可能会做出不偏不倚的判断。比如说,如果 P 的偏见表现为喜欢西班牙人,当他要对两个西班牙商人的合同法争议做出裁判时,他仍然可能会保持中立。然而,只要他的偏见确实影响他要决定的争议——也因此只要这些偏见有可能影响他对该争议的立场——他对这个争议的视角就不是开放的,也就不是不偏不倚的。

当然,偏见的程度是有不同的。如果 P 仅仅只是对某类人有温和的偏见(喜欢或不喜欢),那么在面对这些人时,他的开放性就不会受到太大的影响。而且,P 可能会为了对某些问题做出不偏不倚的判断而不考虑其中个人的利害得失,也可能没有办法将他的偏见态度暂时放到一边以便得出相对公平的决定。那么,比之 P 并不持有任何令人不快的偏见的情形,在这类情形中,真正不偏不倚的可能性远远要低得多。更为罕见的是,如果 P 的态度众所周知,他的决定可能会被认为是不偏不倚的。因此,无论是对一个法律制度的运作的实际客观性,还是外表上表现出来的客观性,法律官员没有心怀偏见是很重要的。

开放性的(同时也是不偏不倚的)另一个核心构成部分是不存在反复无常(whimsicalness)和一时冲动(impetuosity)。没有注意实际情况就闷头做事的人没有展现出开放性,受到偏见的影响而未注意到实际情况的人同样也是如此。在处理某些问题的时候是开放的,意味着必须要全面理解引发问题的实际情况的复杂性。虽然在特定的语境中,基于反复无常和揣测行事的人也可能会得出正确的决定——和那些基于偏见行事的人一样——然而得出这个结论的程序,其设计的初衷却不是避免武断地偏向或不偏向任何人。相反设计的程序或许可以保证决策者知悉他们能够以合理手段获取的所有相关事实。

(4)司法语境中的开放性

在一个法律制度中,法官和其他法律官员必须要利用一些技术才能够熟悉所有可以确认的事实,这些事实会影响他们必须要回答的法律问题。要满足官员们的开放性要求,当然不止一种信息技术。

59

尽管在英美法中,对抗制诉讼结构(the adversarial structure of disputes and prosecutions)涉及其中一类技术,但许多制定法国家却实行另一种诉讼结构,这个结构会涉及不同类型但同样合宜的信息收集技术。不管使用的是哪一种技术,如果法律官员想以一种开放的方式履行他们的职责,就必须尽可能地熟悉他们需要做出判断的情境的具体情况。也因此,重要的是,法律争议的当事人双方都参与到信息收集程序,不管这些程序是对抗制的还是纠问制的。如果当事人没有机会表达他们的观点,就可能会遗漏相关事实的某些关键方面,因此对于法律制度运作的中立性来说,规定这些机会的条文是不可或缺的。如果没有这些机会,那么法律制度的运作可能会让某些当事人处在不利地位,因为法律官员们不知道关键的信息。很显然,证人和其他拥有相关信息的人的参与机会同样也是不可或缺的。如果这些信息被排除在上述程序之外,而法律官员又必须根据这些程序来判断人们行为的法律后果,那么这些程序就只是猜测,而没有对复杂性表现出开放性。那些单凭猜测的官员很难避免武断。

当事人和证人充分参与决策过程,在不同的司法制度中会有相当大的差异。在大多数情形中,当事人应该有权获得专业的法律意见和援助(如果他们没有钱的话,司法体系有义务提供法律援助)。但是,提供意见和建议的方法可以有很多种,这可能会受到一些因素的影响,比如说特定司法制度中的法律制度究竟是对抗制的还是纠问制的。对当事人或证人提供语言方面的援助(如有需要),显然是不能忽视的(Lucy 2005,11)。如果这些人因为语言的障碍而完全不知所措,那么这些人所提供的信息就没有多少价值。在一些社会中,比起其他的社会,或许更需要当事人和证人有能力对法律决策过程做出令人满意的贡献,但只要这些条件是至关重要的,那就必须要实现这些条件。

这里有必要再做下说明。尽管在追求中立性的过程中，获取精确的、相关的信息一般是不重要的，但是有的时候只有将某些相关的、精确的信息排除在外，对中立性的追求才有可能成功。在英美刑事法中，一直以来都习以为常的做法是，如果对被告人的审判要做到中立、公平，那就应该回避某些真相。那些真相，尽管它们真的是事实，但却是有偏见的，并且这种偏见是不可接受的。也就是说，揭露这些真相会导致一种相当高的可能性，那就是陪审团会将注意力全部放在它们身上，而没有办法不带偏见（dispassionately）地获取其他证据。例如，在许多司法制度中，在量刑阶段之前，被告人的前科在大多数情况下都不能让陪审团知悉。关于这些前科的信息可能是准确的、相关的（因为过去犯过罪的人在当下和将来都比其他人更有可能犯罪），但是把这些信息告知陪审团的话，很可能会导致他们当中某些人减少对其他证据的注意。因此，为了维持作为整体的审判的中立性，允许隐瞒与被告人的前科有关的信息。

在一些具有一般意义上的统计学信息的案件中，不揭露准确的、相关的信息特别重要。例如，假定在某些国家中，70%的飞车射杀案件是年轻黑人制造的，而这些年轻黑人只占该国人口2%（并且只占该国全部年轻人的12%）。如果在一起涉及被控参与飞车射杀的年轻黑人的案件中，陪审团获知了这些统计学数据，那么某些陪审员很可能会过分关注被告人的肤色，而未能充分地关注无罪辩护方面的其他详细证据。因此，虽然这些数据可能是完全可靠的，而且并非与被告人有罪与否完全无关，但是承认它们的证据地位可能会违反整个审判的中立性和公平性。为了让陪审员的注意力集中在案件的具体情况上，主审法官必须要认定上述数据是不被采信的（当然，鉴于普通人没有足够专业的知识从这些数据中得出有效的推断，所以我们也不应该得出结论：所有的统计数据都应该排除在证据范围之外。如果这些数据是准确的、相关的、没有偏见的，将之援引为证据是无可厚非的,而且是合理的。即便它们可能是有偏见的,如果它们与被告人是否有罪的相关性,比之在这里所假设的案件还要直接、重要,那么援引它们作为证据可能是恰当的)。

还有第二个需要补充的说明。虽然任何严肃的决策过程都应该避免反复无常和冲动,有的时候偶然的(aleatory)程序还是有必要的(Duxbury 1999)。在有限的情境中,偶然性是可以与严肃性共存的。例如,请考虑下,在一个拥有国有医疗制度的国家中,稀缺医疗资源的分配问题。有一群患病的人,他们没有办法根据各种原本可以用于决定医疗优先级的标准——疾病的严重程度、为了治疗已经花费的等候时间、疾病是否可以治好或者减轻、年龄、一般的健康程度、合理的疗程的成本等——来进行区分,也许分配医疗资源的最佳方式就是采取类似抽奖的偶然程序。在这些人中所实施的程序可能并不是贬义上专断的,因为它无法提供任何决定性的、原则化的排序依据。这可能是严格意义上不中立的,因为这相当于是在承认没有可靠的理由来决定优先级(比如功劳、需要或社会成本)。然而,尽管在上文所述的情形中引入一种随机排列优先级的机制或许可以维护而不会损害中立性,但我对那个情形的描述已经推定,随机性在行政官员和其他法律官员的决策行为中几乎不会发生作用。在人们相互竞争的主张之间进行挑选,但又没有决定性的、原则化的理据的情况是很罕见的,要在那些主张之间进行挑选但却完全不存在原则化的理据的情况更是罕见。但是,既然只有当这些决定性的理据确实不存在时,偶然的程序才能实现中立性,那么要求那些程序的情形就是不常见的。这样的情形可能偶尔会出现,特别是当涉及两个或三个当事方时,但是它们并不会经常出现。正如本章稍早些时候已经提出的,真正的法律不确定性是例外而不是常态。而且,在某些情形中采取随机程序可能是不恰当的,即便在这些情形中不存在决定性的理由。在普通法国家中,在一种典型的裁判情形中,如果任务是要确认人们行为的法律后果,并且如果一种后果和它的理据会被赋予先例

62

效力,直到它被推翻,那么运用抛硬币之类的偶然方法可能是不恰当的,即便在那些法律问题恰好不存在决断上正确的答案的少数疑难案件中也是如此。法院应该要解释为什么那个裁判是唯一正确的。尽管如此,还是存在数量有限的其他情形——比如说本段提到的医疗情形——在这些情形中,行政管理人员或许可以并且中立地诉诸偶然的方法。如果我们把注意力从利益的分配移开,并转而关注某些负担的分配,那么我们会发现这种情况特别有可能发生。分配某些负担性责任(burdensome responsibility,比如说担任陪审员)的偶然程序一般来说是公平的。

还有一个更加详细的补充说明。尽管中立性确实表现为超然性,但它绝不蕴含着对人们的行为和意图缺少同情的理解。如果法律的一政府的官员必须要对不可胜数的他人行为做出判断,除非他们理解了人类行为典型的主要原因,以及某些人行为特殊的主要原因,否则他们经常没有办法充分地履行他们的职能。他们必须充分理解别人的观点,才能理解为什么那些人会如此行动。这种设身处地的做法本身并非对中立性表示认可,也就不算是违反中立性。尽管官员们很可能会赞同他们所遇到的某些与动机有关的行为模式,他们也很可能会同情其他行为模式。获得一种关于那些模式的同情的理解这种技艺本身,也就是在回应邪恶的行为以及回应值得赞赏的行为过程中发生的技艺,本身并无好坏之分。它完全符合中立性。其实,它经常是中立性的重要组成部分,因为官员们不能够抵抗专断,除非他们可以将决定建立在所有可以经由合理渠道获取的、准确的、相关的信息的基础上。在许多语境中,那些信息就包括可以经由同情理解所获取的信息。

(5)为什么是中立性?

在我们结束对中立性的讨论之前,我们应该回到之前暂时没有讨论的一个关键问题。为什么公共官员的决策过程必须要具有作为中立性的客观性?换句话说,要求这种过程不能有任何重大的偏见,必须基于所有可以合理获取的信息而不是基于猜测、反复无常。理由是什么？为什么法律官员（特别是在政府的司法部门和行政部门中的官员）在做出决定时必须是无私心的？这个一般性的证明问题将会在第二章得到更加集中的讨论，但是在此一些评论就可以巧妙地结束当下的讨论。①

中立性之所以是重要的，部分是因为它的认识论上的可靠性。也就是说，只要决策没有受到自利动机的影响，或者被偏见歪曲，被无知遮蔽，它就更加有可能产生一个决断上正确的结论。如果法律官员被要求做出一个决定或对法律问题做出回答，他们就会努力——或应该努力，至少在民主的法律制度中——做出可适用的法律规范所规定的决定和答案。他们会根据法律规范的条款来解释、实施那些规范。出于该目的，中立性的外观是很重要的。如果法律允许他们的讨论受到自己的私人利益、不恰当的偏见或不合理的冲动的影响，那些讨论最终产生正确答案的可能性就会大大减少。他们也会因此逃避实施法律制度、增进那些法律所体现的价值的法律责任。除非引起争议的法律是极端邪恶的，官员们同样有可能逃避他们的道德责任。

请注意，虽然中立的决策在认识论上具有可靠性，但这并未忽视本章已经讨论过的一个事实：在几乎所有的法律制度中，官员们都得到法律的授权或被允许在某些执行法律的活动中行使裁量权。无论将这一裁量权授予官员们的制度规范的表述是否明确，它们自己及该制度的其他法律都必须要由官员们来解释和适用。如果官员们对这些规范的解释方法违反了中立性而有污点，那么不正确地适用这些规范的可能性将会大大增加。如果法官们违反了中立性，那么如下风险就会大大提高：某些行使裁量权的方法和场合并不符合授权的内容。总而言之，中立性对官员们的裁量决

---

① 对这个证明问题的富有启发性的评论，参见 Coleman and Leiter 1995，242-245。

定的认识论可靠性而言,就好像它对其他法律决定的认识论可靠性一样重要。

　　申言之,提倡法律官员的中立性的一个主要理由,与他们决策的后果有关。中立性会相当明显地增加如下可能,即决策结果是正确的。支持中立性的另一个主要因素则主要与决策过程本身有关。官员们的中立性有助于保障法律规范在实施时符合它们的规定,同时也有助于保障一项法律制度的运转是公平的并且被认为是公平的。如果一项决策程序缺少中立性,那么它无疑会对每个人(例如 D)构成损害,因为 D 会因为这种程序的结果而处于不利地位。这是有害的,因为结果本身当然损害了 D 的利益,但同时也是因为整个程序意味着对 D 的蔑视——或者,至少,是缺少尊重。即便该程序的结果很幸运对 D 有利,第二种损害也是存在的。如果缺少中立性是因为相关官员们的自利动机居于主导地位,那么他们牺牲 D 换取自己的利益就是对 D 的一种傲慢无礼的贬低。这种贬低是一种有害的蔑视,它与官员们最终的决定所导致的不利地位是完全不同的。如果缺少中立性是因为对 D 的偏见,那么对他的不尊重甚至更加有害。如果缺少中立性是因为无知并且这种无知完全可以不费吹灰之力就被克服,那么官员们就没有认真考虑过公平对待 D。

　　上文所列举的损害始终会发生,不管 D 是否知情。而且,在许多语境中,因为官员们违反中立性而处于不利地位的人至少大致上知道他们受到了什么样的待遇。他们会感觉到,不管是模糊地还是清楚地,他们受到了低人一等的对待。也就是说,法律的—政府的官员采取一种可信的中立立场之所以是重要的,不仅仅是出于程序的实际公平性和正当性,也是为了让该程序的公平性和正当性被感觉到。无可否认的是,就算官员们在他们的判断中严格遵守中立性,也无法保证受到影响的人们会承认他们受到了公平的对待。即便我们暂时不考虑如下可能性,即,作出判断时适用的法律规范本身是邪恶的,

65

我们也应该承认,那些没有受到法律官员公平对待的人们经常会觉得委屈,尽管对他们境况的处理方式实际上并无不妥。虽然官员们确认法律和适用法律的努力实际上是中立的,但这并不能保证那些努力会被公民们认为是中立的、正当的。即便如此,这仍然是培养这种认知的最佳途径。在西方社会中,不存在控制人们的思想的集权主义。在这种社会中,如果官员及他们执行的程序实际上是中立的,那么他们通常能够有效地表现出一种客观性的印象。只要这种状态受到承认,那么正义也就得到了实施,并且是以一种看得见的方式得到了实施。

只要官员们违反了这种中立性的理念,他们也就贬损了制度的客观性,因为他们过于自负地把自己的观点强加到制度的运转过程当中。他们会歪曲那些运转过程,因为他们的决定受到了自利、偏见、偏袒、冲动和猜测的影响。因此,他们也就违反了根据可适用的法律规范的条款来衡量人们行为的法律后果的义务。他们在衡量那些后果的时候,只凭自己的喜好。也因为如此,他们增加了得出不恰当结论的可能性,并且损害了法律制度的运作在程序方面的公平性。他们没有尊重那些受到规则约束的人,而且可能会让那些人同样感受到对他们的不尊重。而且,正如下一章将会更加详细讨论的,他们使得法律制度无法作为一种制度正常运转,进而也会影响到该制度所保护的价值的实现。

最后,让我们注意,对中立性的这一讨论有一些不仅仅与西方国家中立法者的功能有关,也和法官、行政管理人员的功能有关。一方面,正如已经指出的,民选立法者的代议制角色在某种程度与以下因素存在张力,即关于他们的决定不存在自利性激励的可靠预期或严格要求。大多数立法者都会关心选举压力,并且,当基本权利和自由没有受到影响时,这种关心在道德上是正当的。另一方面,立法者的代议制角色并不会允许违反中立性,或支持无知或顽固。对于那些想要针对公共政策问题做出决断的立法者,以及那些想要对特定案件做出决定的法官和行政人员来说,因为无知和偏见导致的专断都是应该避免的。当然,因为立法者处理的是一般性的问题而不是这些问题所在的具体情境,他们评价相关事实的义务和法官、行政人员的义务是不同的。立法者关注的是那些可能从许多公共政策选择中产生的宽泛后果——这些后果经常可以通过统计学的公式表现出来。他们并不会将注意力仅仅放在特定个体之间特定争议的细节上。不过,虽然立法者正常情况下并不会将注意力放在那些与特定的情形有关的细节问题上,他们还是有义务熟悉不同公共政策选项导致的大致优劣。如果他们没有掌握那些一般的信息(只要这些信息是可以合理获取的),他们对这些选项的决定就可能是专断的。要获得一种能够避免专断的中立性外观,立法者必须要避免妄加猜测。他们应该努力知道他们到底在做什么。

在做出这种努力的过程中,立法者将会使程序的认识论可靠性最大化。也就是说,他们将会最大化得出他们所要处理问题的决断上正确的答案的可能性。当然,和那些试图实施法律规范的法官和行政人员所要处理的问题不同的是,立法者所面对的问题通常不是法律问题。换言之,那些问题与已经存在的法律的寓意无关。相反,立法者是在处理(或应该处理)道德争议,这些道德争议和他们计划要实施的法律的好坏有关。他们以决断上正确的方式解决那些道德争议的机会实际上是非常小的,除非他们在完成任务时不带有偏见,也不带有可以纠正的(rectifiable)无知。这种偏见和无知所引起的专断性不仅仅会影响程序公平——因为某些人的利益可能会因为偏执或反复无常的猜测而打折扣——同时也会损害立法讨论的可靠性,后者乃是对那些与政治道德性有关的重大问题提出正确答案的途径。从关注过程的正当性及关注结果的正确性两种视角来看,我们可以理解,无论是对立法性质的讨论,还是对裁判性质的或行政性质的讨论而言,中立性都是一种规制性的理念。它对立法者的要求,与对裁判者、行政者的要求并不完全一样,但是在西方国家中,如果没有了它,立法责任就不可能真正得到履行。

6. 作为真之条件的客观性

在讨论了客观性的某些本体论概念和认识论概念后,我们现在转向主要的语义学概念。正如本章开头不久提到的,语义学的客观性涉及人们的断言及这些断言所要讨论的事物之间的关系。这种客观性,正如在这里将要详细讨论的,是由具有真值的(truth-values,也就是说,"对"或"错")的陈述构成的。如果在某一个领域中可以提出有意义的陈述句(declarative statements),并且如果每个陈述句非真即假,那么这个领域在更高或更低的程度上是语义学客观的。相反,如果在某些领域中无法提出有意义的陈述句,或者如果在这个领域中可以提出的任何陈述句都不具有真值,那么这个领域就缺少语义学的客观性。

在我们将语义学的客观性与法律关联在一起讨论时,对语义学客观性的这种说明还需要做一些澄清。特别是,为什么这个说明只限于有意义的陈述句呢?"有意义"是一个附加条件,其目的是要排除某些没有意义的表述,比如说"Green ideas sleep furiously"(绿色的理念睡得很狂野)或者"The eyelashes of the number seven become triangular more rarely than a nonexistent baseball game"(数字 7 的眼睫毛比一个从不存在的篮球比赛更难变成三角的)。因为这些表述不具有任何可以理解的意义,所以它们也不具有真值。尽管这些表述可能会发生在一些言谈(discourse)中,但是这种可能性并不能算作反对这些言谈的语义学客观性。对于那些非陈述句而言也是如此。这些句子,最典型的是祈使句(比如说"关上门")和疑问句("你是在周几出生的?"),以及感叹句(比如说"你好"或"天啊!"),并不拥有真值。在某些研究领域中,这类句子显然是有可能发生的。但是这种可能性并不能当作是反对该领域的语义学客观性的原因。如果说,在一些言谈中,所有的或者某些有意义的陈述句有真假值,那么这些言谈就是语义学上客观的,无论在这些言谈中可以提出多少问题或祈使句。

在任何一种没有被人为限制的研究领域中,可以提出的某些有意义的陈述句可能缺少决断上的真值(determinate truth-values)。例如,每一个自相矛盾的陈述——比如说"现在的陈述不是真的"——都会缺少任何融贯的真值。因为这些陈述若为真,它就是假的;若它是假的,那它就是真的。还有一些有意义的陈述句也没有决断上的真值,比如说涉及预设失误(presuppositional failures)的陈述,在这些陈述中最重要的情况就是那些涉及严重的所指失误(reference failures)的陈述。"现在有一位法国的国王"和"现在的法国国王在不到 4 分钟的时间里完成了 1 千米的赛程"这个断言是不同的。虽然前一种断言直接地**肯定**现在存在一位法国的国王,但是后一种陈述只是**预设**了现在存在这样的一个人。因此,前一种陈述是拥有决断上的真值的——它是假的——而后一种陈述并不具有这类真值性。

法理学家特别感兴趣的是另一类虽然没有决断上的真值但是有意义的陈述句:这类陈述句包括某些使用模糊的谓词(Endicott 2000)。在这里,我们要回到"作为决断上的正确性的客观性"一节曾以一种略微不同的视角讨论过的话题。一个模糊的谓词,比如说"高""短/矮""薄""秃""堆",并没有完全涵盖它所指的现象的全部范畴。在那个范畴中,还有一些尚未明确的边界情形区域,这个区域的开端和结尾的界定本身就是很模糊的。在那个不确定的适用领域中,我们既没有办法正确地肯定,也不能正确地否定某些实体拥有这类模糊的谓词所指的那种属性。例如,我们对某位男性的身高,可能没有办法正确地肯定或正确地否定他高。同样的,谷堆的大小,可能会让我们没有办法正确地肯定或正确地否定它是谷堆(在这两种情形中,我们可能不知道,甚或没有能力知道,我们既不能正确地肯定也不能正确地否定相关的命题)。在法学中,这种现象比比皆是。在我之前对模糊性的讨论中,我们实际上已经遇到了这类例子了。如果说"合理的"这个法律上的谓词在上述意义上是模糊的,那么我们既不能正确地肯定也不能正确地否定某些行为是合理的。在那种情形下,断言或者否认任何这类边界行为的合理性的陈述,都不具有决断上的真值。

也就是说,如果我们试图确认在某些言谈或实践中提出的断言是否是语义学上客观的,那么我们就必须牢记,有许多的陈述必须要排除在我们的调查范围之外。我们必须把那些无法理解的陈述句或非陈述句放在一旁①,同样的,我们也可以把一些陈述句放在一旁,因为这些陈述句虽然有意义,但是因为自相矛盾、前提失灵或模糊性而缺少决断上的真值性。我们关心的是另一些有意义的陈述句(如果有),这些陈述句可能会出现在我们正在检讨的一些言谈或实践当中。这些陈述句是否都可以被赋予真值或假值呢? 如果我们想参考任何领域来回答这个问题,显然必须要借助某种真的概念。就司法的目的来说(也许不单单是司法,也包括其他),最佳的真之理论经常被贴上"最低限度"的标签。② 那个标签还包括许多与真有关的(cognate)进路,但是在这里我比较喜欢的一种是所谓的不加引号的(disquotational)说明。根据那种说明,真的性质是由下面的等式(equivalence schema)给定的:

命题"P"是真的,当且仅当 P。

---

① 对于法律言谈的语义学客观性的研究来说,排除非陈述性的表述是特别重要的,因为某些一般的法律或者特定语境的法律命令是可以正确地解释为祈使性的。

② 对真的最低限度主义的进路,最著名的论述是 Horwich 1998,虽然我并不同意 Horwich 在某些重要的问题上的复杂论证。最近对最低限度主义的比较好的讨论,参见 Holton 2000。

在这里，"P"代表任何命题，这个命题可以表达为一种有意义的陈述句。因此，这一真命题的等式的无数可能例证之一就是如下：

> "亚伯拉罕·林肯在 1865 年被暗杀"这个命题是真的，当且仅当亚伯拉罕·林肯在 1865 年被暗杀。

在法律命题的领域中，可以找到这一真命题的等式的许多例证。例如，请考虑如下：

> "谋杀在整个美国是一种被法律禁止的行为模式"这个命题是真的，当且仅当谋杀在整个美国是一种被法律禁止的行为模式。

根据不加引号的理论，假的性质是由如下等式给定的：

> 命题"p"是假的，当且仅当非 p。

鉴于我的讨论范围的限制，"非 p"这个表述在这里可以理解为"不是 p 这种情形"。因此，关于假命题的等式的无数可能例证之一就是： 71

> "亚伯拉罕·林肯在 1864 年被暗杀"这个命题是假的，当且仅当非如下情形，即，亚伯拉罕·林肯在 1864 年被暗杀。

这个例子同样可以表述为：

> "亚伯拉罕·林肯在 1864 年被暗杀"这个命题是假的，当且仅当亚伯拉罕·林肯没有在 1864 年被暗杀。

在法律命题的领域中，这个假命题的等式的无数可能例证之一是：

> "在公共街道上吹口哨在新泽西州是一种被法律禁止的行为模式"这个命题是假的，当且仅当在公共街道上吹口哨在新泽西州不是一种被法律禁止的行为模式。

现在，乍眼一看，对"真"不加引号的处理方式看上去是如此显而易见、枯燥乏味，因此是微不足道的。它似乎是完全没有争议的，因为根本就没有什么值得争论的。但是，事实上，这个进路充满了技术上的难题,其可靠性也会引起一些漫长的并且有启发意义的论辩。虽然它的支持者的目标实际上是保守性的(deflationary)——也就是说,虽然他们正确地将它的信息表述为"引人瞩目地去神秘化"(Horwich 1998,5)——不加引号的真之理论本身却是很复杂的。它直接导向了哲学逻辑和语言哲学的深水区。在这里我们没有办法进入这些专业领域。我们只需要注意,这种不加引号的进路得到了最能干的拥护者的热切辩护,并且在任何情况下我都已经避开了围绕这个进路的许多神秘莫测的难题。我之所以可以克服那些困难,是因为我故意在讨论过程中加入了一些限制。真的最低限度主义理论所面对的一些最艰难的、最棘手的问题,涉及它是否有能力处理在此处暂时不予讨论的那类有意义的陈述句。比如说,自相矛盾的陈述、所指严重不明的陈述和那些将模糊的谓词适用于边界情形的陈述。我们可以通过只关心其他有意义的陈述句来回避那些问题[在这里要注意两个简
72 单的补充说明。第一,我对某些有意义的陈述句不存在决断上的真值的评论,并不是完全没有争议的。从伯特兰·罗素(Bertrand Russell)以来,一些哲学家已经提出了各种各样的分析(比如 Horwich 1998,78)。这些分析指出,所指严重不明的陈述在决断论意义上是虚假的。第二,如果我想要解决在这里暂且不讨论的问题,那么在一些重要的观点上,我对"真"的最低限度的说明就会和其他哲学家所提出的最典型的辩护存在差异]。

所以,根据这种"真"的最低限度的说明,法律陈述的语义学客观性取决于这种不加引号的技术是否能够适用于它们。例如,"谋杀在整个美国都是一种法律上禁止的行为模式"这个陈述是真的,当且仅当谋杀在整个美国都是一种法律上禁止的行为模式;它是假的,当且仅当谋杀并非在整个美国都是一种法律上禁止的行为模式。谋杀实际上在整个美国都是一种法律上禁止的行为模式。我们可以通过经验研究和基本的法律解释的结合确认这一点。因此,对于谋杀的这

一具体的法律陈述是真的，并且我们完全可以知道它是真的。相反，"在公共街道上吹口哨在新泽西是一种法律上禁止的行为模式"是假的，因为吹口哨实际上在新泽西并不是一种法律上禁止的行为模式。同理，我们可以通过经验研究和基本的法律解释的结合确认这一点。因此，关于吹口哨的这个陈述具有决断上的真值，并且我们完全可以知道其真值为何。还有无数其他的法律陈述同样也拥有决断上的真值，虽然在许多情况中，确认这些真值的必要方法，比确认这里所挑选出来的陈述的真值的方法，还要复杂得多。总而言之，我们可以总结道——如果在某些限制下展开关于语义学的客观性的讨论——法律言谈是语义学上客观的。

(1) 缩略版（Deflated）的真理符合论

真理符合论认为，陈述是真的，当且仅当它们符合客观事实。真理符合论通常是作为最低限度理论的对手提出来的。但是，最低限度的说明完全符合缩略版的真理符合论。无论符合论是否可以持续地以一种非循环的方式适用于任何领域（比如说科学研究领域），这都不是我们需要担心的问题。很显然，对这种理论的缩略处理（rendering）很适合用在法律言谈领域。在适用于该领域时，这样的处理可以表现为两个命题：

①描述某个行为模式的法律后果的陈述是真的，当且仅当它的内容来源于法律标准——这些标准表现在制定法、宪法条文、司法原则、惯例、契约、行政规章，等等——在相关的司法制度中，这些标准实际上是可以运作的，并且适用于这类行为；

②确认某些法律标准的存在的陈述是真的，当且仅当这一标准所隐含的条件或者构成这一标准的条件是真实的。

正如大家所预见的，这两个命题并不会令"确认特定的法律陈述是否为真"这一任务变得更轻而易举。要判断一个描述某一行为模式的法律后果的陈述是否为真，我们必须要查明有效的、能适用的法律标准是什么,并且我们还要进行法律解释和法律推理,从而确定那些标准对于前述行为有何寓意。为了判断一个司法制度中是否存在某些法律标准,我们必须要查明那类标准存在的条件是什么,并且我们还要确认这些条件是否满足。换言之,如果我们用"S"代表一项法律陈述,那么确认或者否认"陈述'S'为真"所必需的程序,和证实或者证否"S"本身所必要的程序,应该是一样的。例如,确认或者否认"'谋杀在新泽西是被禁止的'这个陈述为真"所必要的程序,和证实或者证否"谋杀在新泽西是被禁止的"所必要的程序,应该是完全相同的。理所当然的是,与缩略版的真理符合论相关的认识论后果,与不加引号版本的最低限度理论相关的认识论后果,二者应该是相同的。每一个理论都强调,"S"是否为真与 S 是否存在是不可区分的。

74

(2)有人怀疑法律言谈的语义学客观性吗?

面对前面所提到的对法律言谈的语义学客观性的辩护,一些读者可能会奇怪,为什么这样的辩护实际上是有必要的。怎么会有人质疑法律言谈中的有意义的陈述句不具有决断上的真值性呢?实际上,一些极端到荒唐可笑的法律现实主义者——特别是那些法律现实主义的斯堪的纳维亚学派中的某些早期思想家①——所质疑的是,在法律言谈内部是否会发生任何真正有意义的陈述。采取这种极端立场的理论家们已经主张,为了看清法律陈述的真正内容和功能,我们必须要超越法律陈述的肤浅语法。我们被告知,虽然那些陈述可能看上去是有意义的并且是陈述性的,但是它们实际上是感叹句(类似"哎哟!""砰!""快!""哦,不!""哇!")。它们的功能就是要表达或者表现出情感,而不是要传达真实。所有的法律命令和其他法律规范都被这些理论家理解为感叹句或者赤裸裸的祈使句(类似"不要踩

---

① 对斯堪的纳维亚法律现实主义的一些入门级的讨论,请参见 Harris 1997,103-108;Freeman 2000,855-872。

踏草坪！"），它们的功能就是要引起服从态度。这些理论家没有给法律命令或其他可以正确地理解为陈述性规定的法律规范留下任何空间。现在，正如我们已经指出的，感叹句和祈使句并不具有真值性。类似"砰！"和"坐下！"的表达并无真假之分。因此，如果大多数狂热的斯堪的纳维亚现实主义者对所有的法律规范和法律陈述的分析是正确的，那么司法言谈就完全缺少语义学的客观性了。因此，对于那种客观性的辩护并不是毫无意义的、浮于表面的事业——虽然应该承认，斯堪的纳维亚法律现实主义已经"失宠"了很长一段时间。

　　让大多数狂热的斯堪的纳维亚法律现实主义误入歧途的是一个错误的假设，对这个假设而言最好的解药就是对真的最低限度的说明。根据该假设，任何不是套套逻辑的、不是自相矛盾并且可以赋予真值的陈述，都是和某实体或事件有关的，而该实体或事件的存在或发生（如果有）就处在客观世界当中，并且可以被自然科学所探究。如果说某些东西无法作为自然的物质世界和精神世界的组成部分而存在，那么关于它的任何陈述就不是真正有意义的、陈述性的。这样一种陈述，如果它可以发挥任何作用的话，是无法发挥传递信息的（informational）作用的。总而言之，极端的现实主义进路所隐含的是一种粗糙的真理符合论版本和一种极端的自然主义本体论（即，唯一实际存在且能够存在的实体，必须处在物理世界中并且可以被自然科学探究）。

　　真理的最低限度主义进路的支持者可能会毅然决然地抛弃极端的斯堪的纳维亚现实主义者提出的假设，但是他所采取的策略不是和后者来一场形而上学的辩论，而是证明这样的辩论完全是没有必要的。最低限度主义既不会赞成也不会反对斯堪的纳维亚现实主义者所嘲弄的形而上学命题。相反，它揭示了在对法律言谈的语义学客观性的完全令人满意的辩护中，绝对不可能提出这样的命题。它之所以能够揭示这一点是因为，它表明在任何一个特定的社会中，需要回答的关于法律命题是真或假的问题,是法学的、道德的、经验的问题,而不是形而上学的问题。通过消解证明某些法律陈述"S"是否为真和证明 S 是否存在之间的区分,最低限度主义的方法(和缩略版的真理符合论)很清楚地指出,将真值赋予法律陈述并不取决于形而上学的支持。要赋予真值要求的是法学的知识和道德的洞察力,而不是哲学的敏感。

(3)两个补充说明

这里的讨论应该以两个警告性的观点结尾。首先,虽然我对斯堪的纳维亚法律现实主义的如下建议持怀疑态度,即,法律陈述不过就是表达或引发情感的一种方法,但是任何人都不应该否认,法律陈述经常会扮演一种表达性的或倡导性的角色。而且,一般的法律命令的某些表述,以及个别法律命令的许多表述,可以正确地理解为是祈使性的。我的观点当然并不是要贬低那些表达性的、倡导性的、祈使性的功能。相反,我已经试图强调,一个人对那些功能的承认,应该要和他的强烈的知觉关联在一起,那就是,在这个或那个司法制度中,有意义的陈述性表述的核心作用是表达关于事实的信念。虽然这个核心作用经常被那些希望为他们的行动或决定提供理据的法律官员们拿来服务于司法目的,但是它确实有一种事实报告(fact-reporting)的作用。关于法律的陈述性表述就是它们所呈现出来的那样。它们的内容和语法形式都是一种有意义的陈述性表述(请注意,当我说法律陈述的角色是表达关于事实的信念时,我并不是在引入所谓"事实"的某种新的、神秘莫测的实体。事实,和真理一样,在这里都可以根据最低限度主义来理解。当且仅当无正当理由的攻击在新泽西是被法律禁止的行为模式,无正当理由的攻击在新泽西是被法律禁止的行为模式才是一个事实。同样,在我现在的讨论中,事实并不是和规范相对的。法律陈述所表述的信念及其报告的事实,一般来说在内容上是规范性的)。

其次,一些读者可能会担心,本节对司法言谈的语义学客观性的最低限度主义辩护,可能会为那些声名狼藉的言谈大开方便之门。毕竟,如果对真理的最低限度主义的解释会影响司法言谈,那么它想表达的一个关键意思就是,法律陈述的真假评价,必须要参照特定司法制度中流行的法律标准来判断。那么,对于其他所有的言谈来说,难道不也是如此吗? 比如说,对于基督教科学派、创造宇宙说、德鲁伊主义和纳粹主义,不也是如此吗? 也就是说,当人们用这样的信条自欺欺人时,他们是不是在某种程度上有权坚持,他们在其荒谬的言谈中所阐述、维护的标准,决定了在这些言谈中所提出的各种主张为真还是为假?

这样一种指摘严重地误解了这一讨论的关键,特别是忽视了如下事实,即语义学的客观性仅仅是客观性的其中一个类型。一方面,让我们假设发生在基督教科学派、创造宇宙说和德鲁伊主义当中的许多表述是有意义的陈述性表述。让我们进一步假定,那些陈述中没有不融贯的自相矛盾、因模糊性导致的不确定性或严重的所指不明,等等。如果是这样的话,那么与那些行为各自关联的言谈或多或少都是语义学上客观的。每一个这样的研讨都包含某些陈述,而且真值可以正确地赋予这些陈述。另一方面,我们说这些言谈全都具有语义学的客观性,完全是符合如下观点的:前面提到的、能够被赋予真值的陈述,全部或几乎都是假的——实际上是被这个观点所预先假定的。我们不能前后一致地指摘基督教科学派或其他有害的教义的核心命题是错误的,除非我们假定它们在语义学上是客观的。

（4）内在标准原则

一旦我们适当注意语义学的客观性和与心智无关性、决断上的正确性等客观性的其他方面,那么我们就可以看到,说某些言谈具有语义学的客观性本身并无褒奖之意。但是,上文倒数第二个段落所提出的批评,并不仅仅是针对这种说辞的。相反,它关心的主要是这种观念,即我们可以根据某个实际的标准,来衡量这个实践当中所表达出来的陈述的真值。关于衡量真值的那个观点,在这里可以称为"内在标准原则"(internal standards doctrine)。如果这个原则被理解为是可以反驳的,那么它就和这个讨论当中的许多表述相矛盾;但是,我们也可以将之理解为是我们已经提出的表述的必然推断,并且这个推断是完全不能反驳的。

上文提出的批评是,根据我对法律言谈的语义学客观性的最低限度说明,任何特定实践的参与者全都可以正确地判断该实践所提出的断言是真或假。对我的主张的此类批评无疑是错误的。这个批评中的两个主要错误当中比较轻微的错误,在我讨论"作为独立于心智的客观性"一节中的观察上与心智无关性时,就可以很明显地看出来。虽然在任何一个法律制度中,程序上的标准和内容上的标准都是惯习性的,进而这些标准在存在上与心智的无关性只是弱意义上78 的,但是它们的内容和寓意在观察上与心智的无关性却是强意义上的。那些标准被官员们共享的信念和态度所激发并得以维系,但是官员们关于那些一阶信念和态度的二阶信念并不能保证在任何给定的情形中都是正确的。应该承认,我们并没有任何理由可以认为,他们的二阶信念经常并且明显是不准确的。但是我们当然也没有理由认为,那些信念永远是不准确的。法律官员可能集体将规范看作是法律上具有约束力的标准,但是他们可能会集体误解那些规范的意义。这样一种误解可能会具有先例的效力,并且可能是终局性的——换言之,在发生这种误解的法律制度中,他们可能不会向任何更高的权威提起上诉——但这确实是误解。当然,一个同样重要的观点也适用于其他的机构和行为。主要负责管理机构或进行某种行为的人在解释那些构成该机构或行为的规范时可能会集体犯错。因此,即便语义学的客观性的最低限度主义的进路使我忠诚支持如下命题,即任何一个实践中的陈述的真值性只有参考该实践自身的标准才能够确定,也不能由此推导出我支持其他有问题的命题。也就是说,不需要额外支持如下荒唐的命题:任何一个实践的参与者在判断他们作为参与者所提出的陈述的真值性时,个人或集体都是不会犯错的。

在现在的语境中,更加重要的是另一个错误,这个错误会削弱上文所假设的批评。那个批评,将注意力放在内在标准原则上,完全低估了运作于法律制度这类复杂实践当中的正确性标准的多元性。在任何一个法律制度的运作过程中,官员们所提出的许多权威表述都是和经验问题有关的。为了判断人们行为的法律后果,司法者和行政人员必须要自己评价该行为的性质(包括它的主要成因和后果)。在这样做的过程中,他们必须要做出无数经验判断,这些判断将会表现在许多官方陈述中。其中一些经验性的调查结果与事件、执行的简单细节有关,而其他的调查结果则和更加复杂的问题有关,比如统计学分析中推导出来的因果关系。就所有的这些调查结果来说,表述这些结果的陈述的真值性,是由客观世界的事实所决定的——并且,是由数学和统计学的规律所决定的,如果这些规律可以适用的话。参与这些经验调查的法律官员和自然科学、社会科学人士一样都必须要服从相同的精确性和充分性要求(当他们参与部分经验性的任务,如确认他们的司法制度当中的法律是什么,他们也必须要服从那些要求)。如果官员们在经验性的调查结果中出错,并且如果他们的错误会影响法律规范对他们所要处理的情形的适用,那么表达那些适用的裁判就会被认为是错误的,因为官员们在不知不觉间歪曲了原本在经验上可以辨别的事实。那些适用是错误的适用,即便官员们对于相关法律规范本身的解释可能是无懈可击的。

之前提到的各种骗子学派同样也必须服从经验上的精确性和充分性要求,因为它们都包含一些经验性的断言。例如,当纳粹分子主张种族优越论时,那些主张的真值就是由人类遗传学、骨相和生理学的实际情况所决定的,而不是由纳粹分子对那些实际情况的愚蠢信念所决定的。同样的,当创造宇宙论提出他们教派的宇宙观时,那些

79

观点的真值是由物理世界的实际情况所决定的,而不是由内在于创造宇宙论的任何东西所决定的。在许多情境中,当创造宇宙论者、纳粹分子或其他江湖郎中提出经验性的断言时,这些断言是真还是假必须参考某些基本因素来衡量,衡量某位普通的科学家所提出的任何经验主张是真还是假同样也是如此。按照这一尺度来评价的话,之前所提到那些流派的荒唐可笑的命题就站不住脚了。

　　不单单任何法律制度中的官员会提出无数经验性的主张,在大多数法律制度中,官员们经常也会提出道德性的主张。在一些法律制度中,如果官员们在解决疑难案件时将正确的道德原则吸收进法律中,那么这样的表述就会特别明显。如果官员们将正确的道德原则吸收进法律中,那么这些原则就成为具有法律拘束力的(同时也是具有道德拘束力的)标准,通过参考这些标准,官员们可以衡量人们行为的法律后果。如果处在这种法律制度中的官员援引并适用道德原则,那么衡量他们所提出的道德断言是真还是假的标准,和适用于普遍的道德断言的标准,就是完全一样的。官员们的道德判断同样也是法律判断,这个事实丝毫不会改变决定那些判断的真值性的道德正确性标准。而且,即便官员们没有为了解决疑难案件而将正确的道德原则吸收进法律,在这种制度中,他们通常也会倾向于提出许多道德性的宣言。例如,他们通常会谴责犯罪是法律不允许的,同时也是道德上不可接受的。虽然对法律的道德义务的这种宣言并不等同于为司法决定和行政决定寻找法律上的依据,但是它们对这些决定来说绝非仅仅是附带性的。它们可以被归类为司法上的陈述,并且这样的归类是正确的。但是它们的真值性——和那些官员们援引道德观念作为疑难案件的决定理由的司法陈述的真值性一样——取决于正确的道德原则而不是官员们所共享的信念。我对法律言谈的语义学客观性的说明是完全承认这一点的,所以这个说明在某种程度上认定官员们不可能犯错的说法是完全没有依据的。

道德主张,尽管经常是严重被误导的道德主张,是上文提到的所有奇怪的教义的核心。例如,纳粹分子就赞成一种令人反感的道德一政治原则,这些原则导致他们支持大屠杀。宇宙创造论、基督教科学派和德鲁伊派没那么血腥、邪恶,但是它们同样也向追随者和一般意义上的人类散播许多道德原则。它们的道德原则的真值性,和纳粹分子提出的反动的道德原则的真值性一样,仅仅取决于它们是否符合道德实际要求的那些原则。它们的真值性并不取决于那些愚昧的信条的支持者所赞成的正确性标准。

总而言之,说某些言谈具有语义学的客观性并不等于说这一言谈在智识上是可靠的。对某一个研究领域在知识上是否值得尊重而言,这样的客观性可能是一个必要条件,但却不是一个充分条件。虽然对法律陈述的一种最低限度主义的进路完全可以证明大量的此类陈述是具有真值性的,并且虽然它表明此类陈述拥有真值性并不预设任何神秘莫测的实体的存在,但是它本身并没有证明,法律制度的运作在任何更加富有雄心的意义上是客观的。它本身也没有办法让我们区分法律言谈和基督教科学派(或宇宙创世说,或我们讨论过的其他荒谬的思想流派)。要得出这样的区分,我们必须要求助本章讨论过的客观性的其他方面。

7.客观性:某些更深入的类型?

到目前为止,我们已经检讨了六种主要的客观性:三种是本体论的,两种是认识论的,一种是语义学的。在客观性的哲学文献中,更进一步的概念经常会浮出水面。本章只会粗略地提出剩下的概念中的其中一种。在大多数案件中,这种讨论的简洁性是因为,客观性的这些额外的面相都可以归入我们已经讨论过的那些面相当中。但是,我们将会从客观性的两个方面开始,只简单地讨论这两个方面,因为它们与法律的内容没有多少相关性。

（1）作为理性的绝对要求（Requisiteness）的客观性

在道德哲学的传统中，特别是在宽泛的康德主义的传统中，道德的客观性经常被理解为道德要求的理性必然（rational compellingness）。也就是说，那些要求被看作是客观的，因为任何道德主体（agent）都不能违反它们，除非它们会产生彻底的非理性。违反一项道德原则，就是将某人置于逻辑矛盾当中。这样的行为模式不仅仅是错的，还是不融贯的。所以，道德义务和非矛盾律一样是客观的。遵守道德义务对于维持一个人的实践理性来说是不可或缺的，就好像遵守非矛盾律对于维持一个人的理性来说是不可或缺的一样。

82

我曾经在其他地方对这种将道德义务的强制力和逻辑的理性必然等量齐观的做法提出批评（Kramer 1999b，174-199）。违反这些义务是道德上的错误（failing），而不是逻辑上的错误（lapses）（Hills 2004）。确实，在道德言谈中经常会犯逻辑上的错误（error）。如果某人认为，无正当理由的攻击一定是被禁止的，并且如果她同时还认为无正当理由的攻击在星期二是可以允许的，那么她就是在采取两个逻辑上不一致的立场。同样的，如果她断言 Joe 在道德上有义务探访某些生病的朋友，并且在道德上有自由不去探访他们，那么她就是自相矛盾的。在道德领域中，诸如此类的严重非理性的情形当然是可能发生的。但是，它们绝对不是普遍的。大多数违反道德要求的行为并不会涉及此类逻辑上的错误。某些哲学家一心想要揭露出这些违反行为当中更加微妙的逻辑错误，却徒劳无功。

因此，尽管作为理性必然的客观性之概念绝对不应被低估——换句话说，虽然它明确了"一种可以理解的、充分的客观性的意义"（Williams 1985，206）——但是这个概念并不能说明道德的本质。道德在许多意义上是客观的，但却不是在如下意义上，即所有违反道德要求的人都犯下了自相矛盾的错误。在法律领域中，作为理性必然

性的客观性的相关性甚至更加有限。法律制度的运作在许多意义上
是客观的，但却不是在如下意义上，即所有错误理解或违反法律命令
的人都展现出了严重的非理性。一方面，逻辑错误可以发生在法律
领域中，也可以发生在道德讨论的领域中，人们在进行法律推理时有
时会做出严重的谬误推理（paralogisms），他们在对非法律问题进行
推理时也会如此。另一方面，对法律规范的大多数错误适用或违反，
并不涉及此类逻辑上的错误。如果一位法官或外行人误解了法律规
范的内容和寓意，或者当他选择为了做出不合法律的行为而无视那
些规范，那么他通常并不是在某种意义上自相矛盾。相反，这只是表
明他的解释或决定本应基于通盘考虑这些因素之后做出，但他未能
充分考虑到这些因素。那种挫折并不算是未能尊重基本的逻辑规
律。因此，当我们询问一项法律制度的运作是否是客观的，我们并不
是在问——或者不应该问——每个轻视或误解其命令的人是否都陷
入不融贯的泥淖之中。没有任何法律制度在那个方面是客观的。

　　应该承认的是，在每一种言谈中，"非理性的"这个术语在用法上
经常是相当宽泛的（正如"不合逻辑的""疯狂的""没意义的"一样）。
例如，人们有的时候会将这个词用于特别严重的错误行为、非常严重
的误判和顽固不化。但是，这种用法很少意图表明，需要为错误行
为、误判或顽固不化负责的人是自相矛盾的。相反，"非理性的"这个
词语在适用于特别严重的错误行为时，是想要表明导致那些错误行
为的不受限制的野蛮，完全不在那些可以为任何体面的文明人所理
解的（以一种最低限度的同理心）动机范围之内。当这个词语被用于
愚蠢的误判时，它意图表明那些误判所表现出来的愚蠢程度，比那些
平均智力水平的人在正常情况下应该表现出来的愚蠢程度更甚。当
"非理性的"这个词语被用于形容某人顽固不化时，它意图表明这个
老顽固所表现出来的不屈服的程度是如此巨大或者难以忍受，可能
会损害他自己的利益。这个词语同样也经常适用于现代科学嗤之以
鼻的研究领域——比如占星术和巫术。在我现在的讨论中，"非理性

83

的"这个概念的所指更加狭隘、精确,它所指的就是逻辑不融贯。当我主张违反或者错误理解法律要求的做法基本上并不是非理性时,我只是在主张它们很少会支持逻辑上不融贯的命题,不管它们是否经常在某些更加松散的意义上是非理性的,这都不是我在这里需要回答的问题。

因为我在这里的评论所关注的是非理性这个概念,对客观性的这一方面的任何讨论,都得益于非理性和不合理(unreasonableness)之间的区分。① 尽管非理性表现为自相矛盾,但是不合理表现为道德或知识上应受谴责。如果说某些行为或判断是不合理的,那么它就没有达到道德上可以减轻过错或知识上可以信赖等门槛要求。说这种情形"不合理"是非常恰当的,因为采取这种行动或判断的人,没有看到支持相反行动或判断的更加压倒性的理由,或对此视而不见。未能充分注意那些理由——不管是因为不知道还是轻视它们——都意味着某人的行为或观点是不合理的。

非理性和不合理之间的区分在此之所以值得一提,是因为只有一小部分违反道德要求或法律要求的行为是**非理性的**,而大多数违反道德要求和许多违反法律要求的行为是**不合理的**(或多或少)。如果一个人有义务做某行为 X,但却没有同等严或更加严格的道德义务不做 X,而且没有非常重要的审慎因素反对他做 X,那么他就有一个决定性的理由去做 X。② 因此,不做 X 就是不合理的,不做 X 表明他未能充分地注意到他本来应该考虑到的相关因素。当然,不合

---

① 我对非理性和不合理之间的区分,和帕斯卡对类似术语的区分存在相当大的差别,参见 Paske 1989。与我的区分更加接近的,是格林沃特简单的理性和基本的合理性之间的二分法,虽然格林沃特的讨论前面几页有点难懂。参见 Greenawalt 1992,176-179。

② 在这里及这个段落的其他地方,"同等的"(equally)应该被解释为"同等的或者不可比较的(incommensurably)"。请注意,如果说某道德义务被一种相反的道德义务所压倒,或者与之同等重要,那么违反该道德义务就不是不合理的。但是,违反该道德义务仍然是错误的,因为违反该义务的人可能会触发以某种方式进行补救的道德义务。关于这一点,请参见 Kramer 2004a,249-294;2005。

理性的严重程度可能会因为义务的重要性、未能履行该义务行为所导致的错误后果的严重程度而有所不同。但是，任何一种违反道德义务的行为在某种程度上都是不合理的，除非这个义务被同等重要或更加重要的道德义务所抵消，或者被一种相当重要的审慎因素所抵消。关于法律义务，情况更加复杂，但是大体上是类似的。即便是在西方国家中，也不是所有的法律义务都会产生服从该义务的道德理由（Kramer 1999a，204-209，254-308）。因此，并不是所有违反法律义务的行为都是完全不合理的。事实上，在某些语境中——即便是在西方国家中——**履行**一项法律义务可能是完全不合理的。尽管如此，许多法律义务事实上还是施加了道德上的服从义务（虽然这一道德义务有可能被相反的、更加紧迫的道德义务所压倒）。在西方国家中，大多数法律义务都会产生这样的效果，事实上，这些法律义务所产生的道德上的服从义务比道德上的不服从义务或特别有分量的审慎因素更重要。因此，在西方国家中，许多违反法律义务的行为是不合理的。即便是在大多数专制国家中，很多此类行为也是不合理的。

因此，虽然作为理性之必然的客观性并不是法律制度及其命令的客观性的一个方面，法律要求和理性（reason）之间仍然存在着某种关联。任何人都可以违反法律命令，但又不是非理性的——也就是说，不会卷入逻辑上的不融贯——但是在许多案件中这种违法行为是不合理的。虽然这样的行为并没有强烈地表明一个人的思维方式中存在自相矛盾，但是在许多案件中它确实揭露出了错误的道德推理。它表明一个人未能充分理解各种理由之间的权衡，而这些理由的权衡本应决定他的行动。如果我们承认违法和不合理之间的这种密切的联系，或许更容易承认违法和自相矛盾之间一般不存在联系。

（2）作为恒定性（Invariance）的客观性

在某些哲学家的眼中，客观性的关键就是恒定性（Nozick 2001）。当然，恒定性本身具有很多的面相。在前面几节关于客观性的诸面相的讨论中我已经说过其中一个方面。例如，我们可以在如下意义上说某个法律制度拥有恒定性，即它的规范可以普遍适用于每个人。这样理解的话，恒定性很明显就落入我之前对作为普遍适用性的客观性的讨论当中。我们也可以在另一个意义上说某个法律制度拥有恒定性，即它的大多数规范的内容和寓意得到了普遍的承认（被所有人或是拥有专业法律知识的人承认）。当人们对法律规范的存在和内容的认知方面确实能够达成一致意见时，他们每个人的观点之间的恒定性就从属于——在他们对法律的看法上——那些认知的共有性（commonality）。只要恒定性和人们对于法律的内容和寓意的理解方式一样具有广泛的同质性，那么它明显就落入我之前对作为个体间的可辨识性（transindividual discernibility）的客观性的讨论中。在第三个意义上，我们也可以说法律制度拥有恒定性，即它的规范在强的意义上观察与心智无关。因为在任何给定的时间点上，法律的内容和寓意都不一定符合个人或集体心中所想，所以在那个节点上它们并不会为了顺应个人或集体的误解而发生改变。在这个意义上的恒定性明显落入我之前对于作为与心智无关的客观性的讨论当中。

还有其他两个方面的恒定性不在本章前面几节的讨论范围内。但是，那两个类型的恒定性——不变性（unchangingness）和普遍存在性（ubiquity）——一般来说并不是法律规范的内容的典型特征。如果说法院在不变性这个意义上是恒定的，它们的存在、内容和寓意可能总是相同的。也许在某些极端原始的法律制度中存在这种情况，但是在现代社会的法律制度中明显是不可能存在这种情况的。诸如此类的法律制度都会包含改变现有规范的机制。改变的发生在大多数情况下主要是借助公共官员的立法行为和准立法行为,但也会借助许多私人行为(比如说订立合同)。一个现代法律制度可以不具备这种改变它的现存规范的方式,这种观点是荒唐可笑的。因此,作为不变性的恒定性实际上和法律的一政府的机构所产生的命令或其他规范的内容是没有直接关系的。就此而言,法的内容和道德的内容存在显著的差别。无论是在过去还是将来,诸多道德原则总是有拘束力的,例如禁止虐待婴儿,禁止故意杀害手无寸铁的平民,无正当理由不得攻击,不得为了玩乐和利益欺骗他人,等等。它们是不受时间影响的(timeless)。当然,虽然人们在多大程度上遵守这些禁令,会因为历史时代的不同而有相当显著的差异——并且虽然其中一些禁令在某些时代里可能会消亡殆尽——而且那些禁令以及其他基本的道德原则所具有的决定性力量只是暂时恒定的。不管人类(或其他理性的生物)是否存在,他们都必须受到那些原则的约束。所以,作为不变性的客观性包含了许多道德的内容,但它对法律规范的内容却没有类似的掌控力。

虽然上一个段落是这样说的,但是在如下观点中确实还是有部分真理的(虽然只是部分),这个观点就是,暂时的恒定性是法律内容的一个属性。正如第二章将会讨论的,任何这样的法律制度的存在本身取决于对处在该制度中的法律的规模和变动频率的限制。任何一种看似真实的法律制度都无法以最低限度的效果引导人们的行为,如果它的规范过于频繁、大规模地变动,则会使人们无所适从。主流规范持续的、大规模的变动所导致的极度迷茫,将会损害法律指引和疏导人们行为的核心功能。如果法律制度要行使该功能,并且因此作为一种法律制度而存在,那么就不能朝令夕改。法律的变动可以发生并且应该发生,但是它必须要在一个适度的限制范围之内,这样它才算是**法律的**变动而不是混乱。"法律规范的内容应该具备暂时的恒定性"这个命题,如果只是强调法律变化空间必须受到限制,那么这个命题想表达的意思就是相当正确的;但是在这个命题中,任何提及暂时的恒定性的做法都是很容易引人误解的,因为坚持前面提到的限制几乎并不等同于坚持不存在变化。我们最好是避免这样的命题,并且直接地承认法律的内容不需要具备(be predicated of)作为暂时的恒定性的客观性。

对于作为普遍存在性的恒定性而言也是如此。每一个司法制度的法律规范对于该制度来说都是独特的。虽然现代世界中某些国际法的规范可以运行于所有的或大多数国家的司法制度中,但是每一个国家的本国法对该国家来说都是独特的。而且,在许多国家的司法制度中,还有一些制度有它们自己的法律规范(比如说美国 50 个州的司法制度)。鉴于这个世界上的法律制度的多元性和多样性,并不是所有法律规范的内容都具有普遍存在(omnipresence)这个特性的。当然,一些规范可能会被许多不同的司法制度所共享,特别是当各个司法制度积极推动这种一体化时(比如说——在某些法律领域——美国的各个州,还有欧洲的许多国家)。即便如此,许多法律规范并没有超越司法制度的界限成为一种普遍存在的法律规范,那些确实超越了界限的法律规范也还远远说不上是普遍存在的。它们虽然存在于许多司法制度中,但同时也被其他司法制度所拒绝。自然规律和逻辑规律在整个宇宙中都是相同的,但是政府官员为了调整人类的行为而设计的法律却不是。

伟大的法哲学家 H. L. A. 哈特曾经提出一个著名的论点,这个论点似乎与我的如下主张是矛盾的。我的主张是,作为不变性的恒定性和作为普遍存在性(pervasiveness)的恒定性并不是任何法律规范的内容的特征。哈特认为,如果我们注意到人类及其所生活的世界的某些基本特征,我们应该能得出这样一个结论,即每一个可维系的法律制度的命令都包括禁止严重的错误行为,比如说谋杀、无正当理由的攻击和纵火(Hart 1961,187-198)。一个社会,特别是一个大型的社会,如果没有这样的法律禁令,是不可能持续的。它甚至缺少最低限度的凝聚力。哈特强调这一点当然是没错的。但是,如果说

所有可见的法律制度都规定各类严重的错误行为违反法律,那么我
不愿意承认法律规范的内容具有普遍存在性和永恒不变性的立场似
乎就是可以质疑的。

　　上文只是简单地总结了哈特所提出的论点,我在其他地方曾就
这个论点写过比较长的回应(Kramer 1999a,262-307)。就当前的讨
论来说,我们可以简单提示一些哈特自己也很清楚的东西。虽然任
何想要长久存续的社会都在法律上禁止严重的错误行为,但是这些
禁令所采取的特殊形式随着社会的不同、单个社会所处的历史时期
的不同,会有重大的差异。例如,这个禁令可能会包括更多或包括更
少,这取决于它们在多大程度上将人们纳入保护范围中。在任何一
个民主国家中,每个人都受到禁止严重的错误行为的法律保护。相
反,在一个社会中,如果人与人之间存在制度上的三六九等之分,那
么禁止严重的错误行为的某些或全部法律有可能就会将这些人排除
在保护范围之外。正如哈特所言:"人类历史的这些苦难经历足以表
明,虽然一个社会必须要向**某一些**成员提供一种(保护他们免于严重
的错误行为的)制度,但是不幸的是,它并不需要提供给所有人。"
(Hart 1961,196,强调为作者所加)

　　基本的法律禁令在许多方面都会存在相当大的差别,《圣经》和
现代西方对强奸的看法的差别可以印证其中一个方面。根据《摩西
五经》,强奸尚未婚配的处女的男人必须要迎娶被害人,并向她的父
亲支付一笔赔偿金(《申命记》22:28-29;《出埃及记》22:16)。也就是
说,虽然古代以色列明显承认强奸是不能被宽恕而且必须被处罚的,
《圣经》对这个问题的看法及处理这个问题的补救手段,和现代西方
国家的观点是相当不同的。在古代以色列人的眼中,强奸尚未婚配
的处女这个行为主要冒犯的是这位不幸的被害人的父亲。因此,就
这种行为的纠正而言,比较恰当的补救手段是向其父亲支付一笔赔
偿金,并且通过结婚的方式保证被强奸的被害人不会孑然一身(这是
她仍然可以在经济上依赖父亲的条件)。当然,在 21 世纪的西方国

89

家中,对强奸罪的态度已经发生了重大改变。因此,对于那一罪行的具体情形的救济手段——主要是漫长的有期徒刑,当然不是结婚——也是有相当大的差别的。在今天任何一个民主国家中,强奸的法律救济的目的并不是要维持被害人父亲的尊严和经济上的富裕,而是要维护被害人自身的尊严和人格(并且修复因强奸者对社会价值观的暴力蔑视而破裂的社会关系)。因此,虽然我们发现古代以色列和21世纪的西方国家都禁止强奸,但是这两种禁止之间的差别要大于相似性。强奸的禁令是暂时恒定的,这个说法是相当站不住脚的。

规定重大错误行为违法的法律命令还有诸多其他差别。例如,被禁止的行为的范围可能会更加宽泛或更加狭隘,就好像当这类行为被实施时,必须受到惩罚的那类人的范围可能会更加宽泛或更加狭隘一样(在大多数当代社会中,受到惩罚的只有那些参与被禁止行为的个人本身。在其他国家或时代中,惩罚是会株连其家人的)。总而言之,法律对破坏性的错误行为的遏制是不可或缺的,哈特的这个主张当然是相当合理的,可是这个主张并不能支持如下观念,即某些法律规范或者某套法律规范是不变的、普遍存在的。如果支持这样一种引人误解的观点——哈特自己从来就没有支持这个观点——就会忽视上文提到的法律规制在不同时代、不同国家的差异性。无论何时、何地,只要法律存在,那么某些形式性的特征就会存在——正如我们将会在下一章中详细讨论的——但是法律的内容总是可变的。

(3)作为可错性(Corrigibility)的客观性

一些法哲学家,比如说尼科斯·斯塔夫罗普洛斯(Nicos Stavropoulos)已经承认,对于司法哲学来说,客观性的核心方面就是可错性。根据这种客观性概念,只有当某一个研究领域真的存在错误的空间时,这个研究领域才是客观的(Raz 2001,198-199;Rosati 2004,278-279)。正如斯塔夫罗普洛斯所说:"我们将会通过调查相关的领域是否为**错误**留下了空间来验证客观性。"他详细说道:"我们应该期望,如果一个领域是客观的,那么以下两个方面应该存在一定的逻辑空隙:一方面,我们如何理解、判断、认知或相信事物是什么,以及我们在这个领域的不同对象、性质之间做出了什么样的区别;另一方面,实际情况是什么?"(Stavropoulos 2005,316,强调为作者所加)。

很显然,这种作为可错性的客观性概念可以归入我们已经讨论的一种或多种概念当中。最明显的是,它可以归入本章"作为独立于心智的客观性"的那个小节中。该小节解释了为什么法律领域的特征就是斯塔夫罗普洛斯所说的"逻辑空隙":在事物被认为是什么,以及它们实际上是什么之间的空隙。虽然说概括的法律规范在存在上与心智的无关性仅仅是弱意义上的,个别化的法律规范在观察上与心智的无关性却是强意义上的。因此,在任何一个法律制度中,官员们集体以及个人可能会搞错法律规范的内容和寓意。

91

斯塔夫罗普洛斯的客观性概念也可以部分归入本章的另一节,该节讨论的是决断上的正确性。正如我们在那里所指出的,如果一个问题不存在不正确的答案,那么这个问题也就不存在决断上正确的答案。因此,只要法律问题存在决断上正确的答案,那么法律领域就包含错误的空隙,而这种空隙在斯塔夫罗普洛斯看来就是客观性的特征。现在,如果任何一个运作良好的法律制度所产生的大部分法律问题都存在决断上正确的答案,那么在这样的制度中,肯定会持续为错误留下充足的空间。法律很明显满足斯塔夫罗普洛斯的客观性标准。

作为可错性的客观性概念在某种程度上也可以被吸收进本章的另一个部分,那就是关于中立性的那一节。正如在那一节中已经评论过的,只要法律决策是根据那些无助于获取正确的结果的因素(比如说偏见、推测和自利)展开的,那就会产生专断。很显然,以无助于获取正确的结果为由将某些因素排除在外,是以如下观念为前提的,这个观念就是某些结果是不正确的。因此,我对中立性的许多讨论预设了一个前提,即一个法律制度的运作是在斯塔夫罗普洛斯的意义上客观的。

总而言之,作为可错性的客观性概念已经被本章很好地涵盖了。尽管某些言谈中的错误的可能性,对于这个言谈的客观性而言确实至关重要,但是我们没有必要认为那种可能性是另一种方面的客观性,这和至今为止所讨论过的所有方面的客观性都不同。即便它并不能完全等同于本章前面几节所讨论过的某一种方面的客观性,那几节加起来也已经涵盖它的性质和寓意了。

(4)作为非幻想(Nonillusiveness)的客观性

在日常的交往和哲学的争议中,客观性经常被认为就是非幻想。一个完全幻想出来的东西,是一个人脑中的虚构,而且他似乎看到了这个虚构。除了某个(些)人对它的想象性体验之外,它根本就不存在;它不存在于外在的世界中,仅仅存在于前述的某个(些)人的某种知觉状态中。如果说,某个似乎存在于外在世界的东西是客观的,并不是完全幻想出来的,那么它肯定不是某人的想象所虚构出来的。它以某种方式存在于外在世界中,可能会引起某种体验(当然,也许真正的心理现象,比如说头痛、恐惧、苦恼、得意,完全不存在于外在世界。和这些现象不同的是,一种幻象**看上去好像是**存在于外在世界的)。

幻象并不一定是彻头彻尾的。有的时候,幻象并不是某个事物的存在本身,而是因为它具有某种属性。例如,假设一条直线在某个人看来和另一条直线一样长,但实际上它们是不一样长的。在这种情况下,两条直线的存在本身并非幻象,两条直线表面上的属性,即两条直线一样长,才是幻象。尽管如此,客观性和幻象之间的对立,在部分的幻象和完全的幻象两个方面本质上是相同的。一个客观的属性是某种实际存在于某个真实事物当中的特征,而一个幻象的属性则是一个在某人看来似乎存在于某个事物当中但实际上并不存在的特征。

无可置疑的是，非幻象是客观性的一个核心面相。但是，同样清楚的是，这个面相已经在一般层面上被作为与心智无关的客观性那一节所涵盖了。尽管如此，当下的语境仍然是一个提炼与心智无关性说明的好机会，我们可以提出一个区分，这个区分在约翰·麦克道尔（John McDowell）等哲学家的著作中得到了适当的强调：关注回应的（response-centered）属性和虚构的属性之间的区分（McDowell 1985，113-114）。虽然这两种类型当中的属性都是依赖于心智的，但是依赖于心智的性质在这两个类型之间存在相当重要的差别。

虚构的属性在上面所说的那个层面上完全是依赖于心智的。也就是说，它仅仅存在于某个人的心智中，这个人经历了认知它的体验。它根本就不存在于那个人的精神世界之外的客观世界。任何相反的表象——不管它可能多么强——都是欺骗性的，而不是符合事实的。如果某人屈从于该表象，并因此相信那一虚构的属性是真实的，他就是完全错误的。

93

关注回应的属性，比如说红色和酸味，是相当不同的。它们是真实地存在于事物当中的，它们似乎就是该事物的特征，虽然它们的存在仅仅是那些事物引起那些具有正常的感知能力的人类（和某些非人类的动物）的某种体验的能力和倾向。相信关注回应的属性的现实性是正确的，而不是错误的（Fine 2001，26）。例如，如果拥有正常视力的人在良好的光照条件下看一个苹果，并且确认它就是绿色的，他做出结论说苹果皮真的是绿色的，就是完全正确的。苹果是绿色的，这并不是他的想象虚构出来，仅仅存在于他的脑海中的。相反，它是苹果皮的完全真实的属性，那个果皮的微观结构的组成部分折射出了光线，从而引起任何拥有正常视力的人感知或体验到绿色。用麦克道尔的话来说，苹果皮的绿色"就在那里等待被体验"（there to be experienced，McDowell 1985，114）。

只要客观性和主观性之间的区分，与真实的属性和虚构的属性之间的区分,或符合事实的体验和欺骗人的体验之间的区分,存在相关关系,那么诸如红和咸之类回应的属性显然就应该被归为是客观的。这样的属性是真实的,并且一个人对它们的体验也不是虚假的。但是,客观性和主观性之间的区分当然也可以表现为其他方面。阐述这种区分的一个方式是区分:(1)完全可以不用参考人们的某些实际的或可能的体验就可以明确其本质的属性;(2)只有参考人们的某些实际的或可能的体验才能完全明确其本质的属性。只要按照这样来理解主观性和客观性的二分法,那么关注回应的属性就可以归为主观的。虽然它们完全是真实的而非虚构的,虽然它们在某些方面与心智是无关的,但是在上述客观性/主观性区分意义上,它们并不是与心智无关的。

在哪些方面,关注回应的属性是与心智无关的? 乍一看,它们可能既是在存在上也是在观察上与心智有关。但是,一个有点奇怪的思维实验可能表明实情并非如此。假设,因为一代或多代之间非常普遍的基因变异,所有或几乎所有的人类在 80 年里将会失去感知红色的能力。在这样一种情况下,红色并不会停止实例化。也就是说,我们不应该认为,红玫瑰、西红柿和红宝石不再是红色的了。相反,那些事物将继续是红色的,只是正常的人类不再能够觉察到。正如已经指出的,红色这个属性的存在,是因为许多物体表面的微观结构组成部分反射了光线,从而使那些现在还具有正常视力的人们感知到了红颜色。如果说普遍的基因变异将会重大地改变人类的正常视力,下面这一点仍然是真的:许多物体的表面的微观结构组成部分折射了光线,从而使那些**在现在**还算拥有正常视力的人感知到了红颜色。也许在这场变异之后可能不会有这样的人类,尽管如此,如果有这样的人类,在正常情况下这个物体的表面仍然会让这些人感知到红颜色。因为物体的表面拥有引起这种感知的能力,它们将继续是红色的。虽然它们的红色可能会变得无法被所有或大多数人类感知到,但它们仍然是红色的。

94

在前面所说的思想实验中,还可以加入许多复杂的情形。例如,基因变异不会导致人类完全失去感知红色的能力,但可能会变换某些认知能力。在 80 年中,所有人或几乎所有人在看一些事物的时候可能会体验到红颜色,但是现在正常人在看这些事物的时候却会体验到蓝颜色;他们也可能会体验到蓝颜色,但现在正常人体验到的却是红颜色。如果说这本书是讨论认识论、形而上学或心灵哲学的,我们或许可以讨论下这些复杂情形。但是,就本书的目的而言,前面这个段落的讨论就足够了。这个段落足以表明,虽然关注回应的属性在一个重要的方面上是与心智有关的,但它们在其他重要的方面上却是和心智无关的。关注回应的属性之所以与心智有关,是因为如果不参考人类实际或可能的体验,它的本质就不可能被完全明确化,但是从我所设想的基因变异情形所强调的那个方面看,它却是与心智无关的。也就是说,即便没有任何人类再能够感知到它或它的效果,它也会继续存在。

　　这个讨论将会以一个否认收尾。一些哲学家已经争辩说道德属性——比如说正确、错误、正当性和义务性——可以类比为关注回应的属性(McDowell 1985;Pettit 2001;Wiggins 1998,106-108),但是此类观点在这里并不受欢迎。相反,任何将道德的或其他规范的属性类比为关注回应的属性,都伴有无法克服的问题。[1] 读者当然不应该推断,我对关注回应的属性的简短评价的目的是要表明,这些属性和法律的主要特征之间存在某种关联。相反,那些评论只是一些题外话,它们的目的是要让读者注意到作为与心智无关的客观性概念当中的某些演变。虽然我在与心智无关的客观性的主要章节当中所提出的区别和虚构的属性、关注回应的属性之间的区别相比,对于理

---

　　[1]　关于其中一些问题,参见 Blackburn 1993,159-162;Sosa 2001。我正在写作的书《反对元伦理学:作为一种道德原则的道德现实主义》(*Against Meta-Ethics:Moral Realism as a Moral Doctrine*)的第三章中,对这个问题有比较长的讨论。

解法律更加重要,但是理解后一种区别,对于完整地理解客观性现象而言也是很重要的。这不单单是因为该现象是由很多方面组成的,而且还因为每一个方面的内部都是很复杂的。

(5)作为易受理性影响(Susceptibility to Reasons)的客观性

一些重要的哲学家已经主张,客观性的特征就是容易受到理性影响。如果在某些领域中提出的主张或采取的立场容易受到理性影响——也就是说,如果可以经由理性的说服,而非仅凭非理性的操作——那么相关的领域就拥有了客观性。大卫·威金斯(David Wiggins)(还有其他人)按照这种思路详细阐述了一个观点。他写道,某一个研究领域的客观性在于"存在公众接受的并且可以理性批判的论辩标准,或者存在导向真理的推理"(Wiggins 1998,101)。杰拉尔德·波斯特玛(Gerald Postema)也对这个问题提出了类似的观点:"客观性使之可能或者预设的是,表达不仅仅可以相互协调或冲突,也可以是同意或分歧,这种同意或分歧是可以被追求、阐述、讨论、慎议的。"波斯特玛还说道:"不管这种客观性在哪里,我们都可以合理地希望推理可以让人们达成一致意见。同理,对客观领域的判断而言,考虑相关的理由可以让人们从一致走向分歧,这也是客观性的一个重要标志。"(Postema 2001,108)

这些引语(以及来自其他许多哲学家的类似宣言)所推崇的客观性的认识论方面,很明显对许多人类活动和机构来说都是至关重要的。它在西方国家的法律语境中特别突出,因为那些国家的法律制度几乎总是会涉及相当高程度的反思性论辩。这种论辩可以通过慎议和交换意见进行——公开的实践推理——许多哲学家在论述作为易受理性影响的客观性时,脑中想到的就是这一种。除了大学之外,法律的—政府的机构就是最高舞台,这个舞台追求和实现的就是客观性的那个方面。

虽然这种客观性概念对理解法律来说具有明显的重要性,但是本章并不需要单独讨论它。迄今为止虽然易受理性影响这个概念并没有完全被所讨论的任何一种客观性概念所涵盖，但是讨论客观性的认识论方面的两个主要的小节已经足以涵盖它了，即讨论个体间的可辨识性和中立性的小节。正如我在讨论作为个体间的可辨识性的认识论客观性时已经指出的，当我们已经对某个（些）问题达成共识，或者虽然尚未达成共识，但对达成共识的方法或道路达成共识，这种客观性就存在了。那些方法或道路可以是科学或其他研究领域提出的高度专业化的研究技术，也可以是供公开讨论的更加概括的渠道和标准。波斯特玛所设想的这种公开的实践推理可能是不切实际的想法，除非人们隐含或明确地接受许多程序性的标准。例如，这些标准区分了相关的因素和不相关的因素，或者充分的证据和非决定性的证据，或者融贯的论辩脉络和不具有说服力的论辩脉络。当然，这样的标准本身是可以随着人们的讨论而修改或充实的。除非是在具体的研究领域中（包括具体的法律解释领域），否则很少能够对程序性的标准形成全体一致或接近全体一致的观点。公开的实践推理的一部分就是对它自身性质的无休止争论。尽管如此，在公共政策和法律原则等宽泛的问题所展开的自由论辩中，如果人们对于程序性的标准和实质性的教义未能形成充分程度的共识，那么结果也只能是公说公有理，婆说婆有理。理性的意见交流如果过度发散，将无法获取哪怕最低限度的成果。总而言之，易受理性影响的客观性特别依赖于作为个体间的可辨识性的客观性。

97

　　尽管如此，正如波斯特玛所指出的，易受理性影响并不完全是指合意。在一些情形中（比如古埃及的智者），如果个体间的可辨识性是因为他们分享着幻象或偏见，那么理性的说服可能就是推翻共识而非促进、巩固共识的方法。即便是在一些情形中，如果研究者之间的一致意见部分基于正确的共识，但也有部分基于错误、偏见和无知，那么理性讨论的作用除了确认已经达成共识的意见之外，还包括破坏共识。因此,虽然作为易受理性影响的客观性取决于作为个体间的可辨识性的客观性,前一种客观性已经超出了后一种客观性。任何一种彻底实现易受理性影响这一理念的做法,不仅仅会涉及个体间的可辨识性,也会涉及中立性(在本章所讨论过的宽泛的意义上)。也就是说,在任何这样一种彻底的实现当中,影响人们判断的因素并不是建立在偏见、无知、恐慌、腐败之上的人为理性。这些理性都会导致决策中的专断,因为它们导致人们偏离了可靠的调查过程,这些过程原本是可以帮助发现这一问题或那一问题的真相的。即便专断的决策程序的结果恰好是正确的,这个结果也不是因为正确的理由才获得的。因此,在任何一个领域中,如果易受理性影响既是一个现实,也是一个值得追求的目标,那么中立性就是人们应该要努力实现的理念。实现这个理念特别有助于共识的形成,因为它有助于消除因偏见和无知等对真理没有帮助的因素的影响而导致的不协调。但是它也会破坏对任何一个具体的争议已经形成的共识,因为它有助于揭示,人们之所以会同意他人的观点,是因为他们分享着幻象或偏见,而不是因为分享着洞见。

　　总而言之,因为本章所讨论的客观性理念的宽度,作为个体间的可辨识性的客观性和作为中立性的客观性一同构成了作为易受理性影响的客观性。虽然任何一种言说具有客观性的重要评判标准,在多大的程度上言说的参与者可以采取理性的意见交换,并影响他们的观点的形成,但是本章中并不需要单独讨论这一评判标准。一方面,理性的讨论和规劝在法律语境中具有特别巨大的重要性。在民主国家,甚至在某种程度上拥有任何运作良好的法律制度的国家,公开的实践推理都是法律的生命。另一方面,公开的理性推理的构成部分,最好放在本章已经提出的理论框架中理解。新增的小节或类型可能是没有必要的。

　　对于联系相当紧密的一个认识论客观性概念而言,也是如此。

布莱恩·莱特(还有其他的哲学家)认为,该领域的参与者在形成他们关于调查对象的信念时必须遵循一定的程序和机制,而这个领域的认识论客观性就在于这些程序和机制在认知上的可靠性(Leiter 2001,1)。这种可靠性的重点是不存在或尽量限制扭曲性的影响,比如说狭隘的自利、顽固和毫无理由的反复无常(Raz 2001,195-196;Svavarsdóttir 2001,153-154)。尽管莱特对这种客观性概念的特别强调明显是正确的,但是我对中立性的说明也涵盖了这种客观性概念,并且实际上几乎是与之相等的。因此,在这里没有必要单独地讨论作为认知上的可靠性的客观性。

99

三、小　结

很显然,本章已经讨论过的客观性的六个主要方面是法律规范或法律制度的典型特征,虽然是在不同的意义上。客观性的至少一个方面,法律规范在强意义上观察上与心智无关,并不是一个数值性的属性。也就是说,它的适用是全有或全无,而非程度的不同。没有任何一种法律规范在观察上与心智的无关性,会比任何其他此类规范更强,每一个法律规范在观察上与心智的无关性都是强意义上的。而且,不管愿意还是不愿意,强意义上观察上与心智的无关性都会存在,它并不是一个需要主动追求的特征。客观性的其他面相,比如说中立性和个体间的可辨识性,则是数值性的属性。尽管如此,虽然客观性的那些其他面相只是在不同的程度上是法律制度的运作过程的典型特征,每个面相在相当重要的意义上都是每个法律制度的运作过程的典型特征。正如我们将会在后面两章中看到的。如果法律制度不具有客观性的每个面相(除了那些本章已经暂且不讨论的那些方面之外,因为它们明显不适用于法律的内容),那么它就无法存在。

客观性的每一个数值性方面会出现在每种法律制度中,这并不意味着那些方面会自动地或像魔术一样出现。和法律制度本身的存在和运作一样,人类只能上下求索方有望实现客观性。而且,只要客观性的每一个数值性面相还是一个理念,那么它就是应该追求的。在一个良好的法律制度中,美好的愿景需要通过法律制度的存在和繁荣才能保障。所有可量化的面相之所以都是应该追求的,不仅仅是因为每个面相本身都很重要,同样也是因为每个面相对于实现美好的愿景来说都是不可或缺的。无论我们是否有意产生其中一种面相的客观性,它都注定会存在,但它同时是——在客观性的其他面相上——法律的—政府的官员应该勉力追求的善。

100

第二章

法治的要素

第一章关于作为恒定性的客观性的小节,主张"法律的内容具有不变性或普遍性"这个说法是不正确的。但是,正如该小节结尾的评论所言,法律的形式特征完全不同于法律的内容。只要存在法律,那么某些形式特征就会出现。抛开时间和空间不论,任何法律制度没有了那些本质属性都将无法正常运作。

尽管如此,即便是就法律的形式方面而论,说法律具有不变性或普遍性更容易误导人而非启发人。本章的一个主要主题是,虽然法治的基本特征与一个运作良好的法律制度相伴相生,但它们的实质意义却是相当不同的。一方面,这些基本特征是与内容无关的(content-independent),因为它们构成了每一个法律制度,而不管这个法律制度的规范是好还是坏。一个法律制度必须具备那些特征方可称为法律制度,不管其法律的内容或官员所追求的目的是好还是坏。另一方面,尽管法律的本质属性体现在法律制度当中,但法律制度的内容也会极大地影响该属性的实质意义。虽然这些属性并不具有任何内在的道德意义,但却可以从它们所存在的制度当中获取道德意义。因此,法治——由那些本质属性所构成——本身就是一种

101

分离的(divided)现象。作为法律制度存在与运作所必需的条件,法治本身就是道德上中立的事物状态。特别是在庞大的社会中,法治是维持公共秩序、调整人们的行动、保护个人的自由所不可或缺的。但是,如果政府真的想要在相当长的时间里有效地实施大规模的邪恶计划,法治也许也是不可或缺的(Kramer 1999a)。因此,法治不具备任何内在的道德状态。尽管如此,如果法治要在一个良好的制度中运作,它的道德价值就必须服务于有意义的用途。它确实促进了有价值的目标的实现,因为它可以让政府的官员和公民追求并且实现该目标。但是,在一个良善的制度中,它能做的不仅于此。它不仅仅只是工具上有用,而且还可以表现出它所能促进的理念本身。它的基本特征表现为对那些理念的道德评价(estimableness),因为在这样一种环境中法治的实现其实就是有意表明社会尊重自由民主价值。

所以,我们将会遇到两种主要形式的法治(Craig 1997;Summers 1993;Tamanaha 2004,91-113)。首先,作为一种一般性的法学现象,它相当于任何制度的存在都必须要满足的基本条件。其次,就民主社会所特指的法学现象而言——这个社会的具体制度和实践可以有相当大的不同——它相当于一种道德上值得珍视的表达,这种表达显示出了对个人的尊严和平等的尊重。但是,因为法治在一些环境中是一种道德上宝贵的愿景,但在其他环境中却不是,说它的关键特征具有不变性(invariance)可能会引人误解。在每一种法律制度都具有这些特征这个意义上来说,那些特征确实是不变的,但是它们所扮演的角色在重要程度方面却会因为法律制度的不同而不同。当我们努力理解客观性和法治之间的复杂关系时,我们需要将这一点牢记心中。在试图探究那一对关系时,我们将不得不始终警惕客观性的多面相,同时也要警惕法治这一理念当中丰富的多元性。因为法治的本质属性在它们实质的道德—政治的意义方面是多变的,那些属性和客观性的诸多面相之间的关联同样也是相当多样的。

一、论法律的本质

本节对作为一般性的法学现象的法治——从特定制度的道德—政治观点中提炼出来的——的讨论将特别关注朗·富勒（Lon Fuller）对法治基本特征的著名阐述。富勒，美国著名法理学家，描述了他所说的"法治（legality）的八项原则"（Fuller 1969, 33-94）。利用这八项原则（其中有一些有比较大的重合），他提炼出了任何法律制度的存在都必须具备的主要特征。如果说，某个社会很大程度上或完全未能实现其中一项原则，那么这个社会就不存在法律制度。

尽管本节将会遵循富勒的理论框架的基本思路，但是在许多地方将会偏离他那更加缜密的分析。他对法治八项原则的表述是对法哲学的一项永恒的重要贡献，但在论述这些原则时，他所使用的论据却是让人困惑或不充分的。他最大的错误是相信自己挑选出来的法律的基本特征在某种程度上和法律实证主义所坚持的"法律与道德的可分命题"相矛盾。富勒声称他的八个原则构成了"法律的内在道德"，因而为法律领域和道德领域建立起了沟通的桥梁。他努力想要印证他的反实证主义结论，我在其他地方曾经用很长的篇幅质疑这个做法（Kramer 1999a, 37-77）。在这里，我们不需要关心有关法律实证主义的合理性的争论。我们可以从两个角度检讨富勒的观点，这两个角度对应法治的两个版本。第一，虽然他的某些论辩思路混乱不清或缺少严谨性，但是他对法律的本质属性的整体提炼依旧是相当令人钦佩的。只要在细节方面稍加修改，他对法治诸原则的解释就可以为我阐述作为一般现象的法治提供框架。第二，尽管富勒提出的法律本质的内在道德特征是一种误解，他对法律和道德之间的联系的阐释经常会启发我对"法治"这一民主社会的理念的解释。正如我在其他地方所指出的（Kramer 1999a, 62），他对法律的内在道德性的思考经常是机敏的、

103

富有启发意义的,我们认为这些思考主要关注的是处在民主社会当中的法律的意义。本章将会以上述有限的方式来理解那些思考。本章将会指出,不管是对作为一般治理模式的法治的研究,还是对作为一种道德理想的法治的研究,富勒的理论都可以提供相当重要的洞见。

让我们继续思考富勒的法治八项原则。根据这八项原则,一个治理制度之所以称得上是一个法律制度,当且仅当:

(1)它的运作是通过一般性的规范;

(2)它的规范向所有公民颁布,这些公民的行为必须根据该规范得到权威评价;

(3)它的规范是面向将来的,而不是溯及既往的;

(4)它的规范的权威表述是可以理解的(至少是被那些具有法学专业知识的人理解),而不是含混不清或不可理解的;

(5)它的规范在逻辑上相互一致,这些规范所施加的义务完全可以被履行;

(6)它的规范的要求没有严重超出那些受制于该规范的人的能力范围;

(7)它的规范的内容不会朝令夕改,在相当长的一段时间里几乎不会改变,足以产生熟悉感;

(8)它的规范的实施一般是符合它们所规定的内容的,所以这些规范的表述(书本上的法律)与它们的实施方式(实践中的法律)是一致的。

104　　在我们更加深入地讨论这些法治原则之前,应该先注意一点。每个原则都阐述了一个必须在法律制度当中得到实质性满足的条件,而不是一个必须被不加变通地或全面满足的条件。在任何一个制度中,这八项原则都不可能被完美地实现。完全遵守这八项原则是不可能的(will-o'-the-wisp),并且在任何情况下都不是法律制度存在的必备条件。虽然遵守这八项法治原则对法律制度的存在而言至关重要，但是这种遵守只需要满足或超出最低标准即可。对于这八项原则来说，这个最低标准还是相当高的，但是在某些方面还不够完美（附带一提，我们没办法准确地说明这一最低标准。无论是对于一般性的法律制度抑或对某些具体的法律制度而言，任何试图提出一种准确说明的努力都可能会遭遇第一章的几个地方提到的模糊性问题）。

总而言之，一个法律制度的存在预设着富勒的法治原则的实现不能低于某些最低标准，只有在偶然情况下富勒原则的实现才会超出该标准。每一个有生命力的法律制度都必须在超越最低标准的意义上遵守这些原则，但是这种遵守要提升到何种程度却取决于该制度的生命力，而不是它作为一种法律制度的存在本身。这种遵守的程度将会令治理制度作为一种法律制度的地位变得特别明显，但是即便该制度的遵守只是处在或只是稍微超出该最低标准而已，这种地位也是可以获得的（虽然比较不那么明显）。

一些评论者如尼格尔·西蒙兹（Nigel Simmonds）却不这样看待富勒的评论，他们认为富勒提出的法治原则在整体上构成了一种原型（archetype），任何一种实际法律制度或多或少都要尽可能接近这个原型。西蒙兹认为，所有的法律制度都必须或多或少接近这一完美的原型，就好像一个圆或画一个圆弧必须要接近数学对圆定义的那些条件一样（Simmonds 2004，118-119）。按照他的观点，法律制度仅仅是程度上的区别，就好像圆或圆弧都是圆，只是程度上有差别而已。

我们应该避免西蒙兹的这种看法，因为它来源于对数学定义的简单理解，以及对富勒的法治原则的歪曲理解。如果圆在数学上被定义为一个弧圈，这个弧圈由许多和同一个点等距的散点组成，那么在物理世界中根本就不存在圆。数学上的每个点都是极其微小的，

105

因此它们所组成的任何线条或弧圈在宽度和深度上也是极其微小的。一个数学意义上的圆是纯粹抽象的实体，在物理世界中找不到实例。因此，如果富勒的法治原则较为类似数学上的定义，那么我们就不得不做出如下结论，即在物理世界中不存在也不可能存在法律制度。

很明显，如果在日常交流的意义上使用"圆"这个术语，那么它的用法一般来说会更加宽松。它所指的并非纯粹抽象的、不可能以物理形式存在的实体，它通常是指一个物体，这个物体所拥有的特征乃是该抽象实体的特征在物质世界的映照。所有东西或多或少都拥有"圆"（roundness）这个性质。这种观点虽然显而易见，却不足以支持西蒙兹的立场。首先，西蒙兹错误地假定，可以被正确地称为"圆"的物体或多或少是严格数学意义上的圆。物质实体并不是任何意义上纯粹抽象的实体。西蒙兹和那些认为"无限"就是数量非常庞大、"有限"就是数量非常少的人所犯的错误基本上是相同的。严格数学意义上的圆和日常意义上的圆之间的差异是种类上的，而不仅仅是程度上的。因此，如果富勒的原则如西蒙兹所说是一个原型，那么它们所指明的条件可能在种类上就不同于实际法律制度存在时具备的那些条件。富勒自己要是看到这一说法可能也会彻底傻眼。

而且，讨论法治原则的原型地位，和西蒙兹念兹在兹的其他问题是可以分离的，这个问题就构成一个法律制度的属性究竟是不是可以量化。在这里，让我们首先看看"圆"的属性。如果在日常意义上而非严格数学意义上理解该属性，那么我们可以问它是否属于不可量化那一类。也许每个物体或图画只要满足一些指涉模糊不清的"圆"的最低标准，就是日常意义上的圆。也许远远超出该最低标准的物体或图画相比那些只是稍微超出该最低标准的物体或图画，是更加确定的圆（而不是程度更高的圆圈）。如果是这样，那么日常意义上"圆"的属性就是不可以量化的属性；和严格数学意义上"圆的"

属性相同,和确定性这个属性不同,它要么全有要么全无。相反,也许圆形的物体和图画是圆,只是因为圆的形状的平滑程度不同而呈现出程度上的差别。如果是这样的话,那么日常意义上"圆"的属性就是可以量化的属性。当然,对构成法律制度的属性,也可以提出可量化—不可以量化的区分的类似问题。或许每一个治理制度成为法律制度的条件是,在某种最低限度的标准或超出该标准之上满足富勒的法治原则,极大超出该最低水平——达到某种无法明确说明的高度——的任何制度是比那些只是略微达到该水平的制度更加确定的法律制度(而不是在更大程度上是法律制度)。如果是这样的话,正如 H. L. A. 哈特和罗纳德·德沃金所主张的,构成法律制度的属性是不可量化的(Hart 1983,354-355;Dworkin 1965,676-678)。作为一种替代,也许某个制度是一个法律制度,只不过其程度大小取决于它在多大程度上符合富勒的诸原则。在这种情况下,正如富勒本人所相信的,构成法律制度的属性就是一个可以量化的属性(Fuller 1969,122-123)。

　　前面这个段落并不是在暗示,上述有关可量化—不可量化的区分的问题是无法回答的。相反,这些问题全都有唯一正确的答案。虽然日常意义上的圆弧这一属性无疑是一个可以量化的属性——和圆形一样——但是日常意义上所说的圆形这一属性却是不可以量化的。尽管在边际情形中我们无法断言一些物体或图画是不是圆形,但是几乎每一个物体或图画只能是圆形或非圆形。在日常意义上,"某个事物是圆形"的**明确性**是一个程度问题,但"是不是圆形"却不是一个程度问题。同理,构成一个法律制度的属性是不可以量化的。只要对富勒的法治原则的遵守超越了某种说不清道不明的最低标准,那么任何治理制度都等同于法律制度。确实,在一些边际情况中,我们无法断言是否存在法治,而且在一些边际情况中,法治在某种方面是存在的,但在其他方面却是不存在的。比如说,当一个治理制度在某些运作过程中表现出规范引

107 导下的(norm-guided)规律性,但在其他的运作过程中却表现出混乱不堪的无规律性,就会出现后一种情况(这种情况可能也是前一种情况的边际情形)。这些明显的可能性完全符合如下事实,即构成一个法律制度的属性是不可以量化的。只要我们可以断言该属性是否存在,那么我们就可以断言它的存在是全有或全无的。我们应该坚持这一点,同时也承认,在一些情况下我们无法断言构成一个法律制度的属性是否存在。总之,可以量化的并不是一个治理制度作为一个法律制度的地位,而是这个地位的明确性或肯定性(straightforwardness)。

当然,前面的段落提出的主要是主张而不是论证。如果说在这本书的界限范围内论证该段落所提出的结论极为重要,那么论证显然是有必要的。但是,我在这里的目的并不是要为那些结论提供任何事无巨细的证明。相反,我的一个主要目的是表明这些结论和如下命题是一致的,这个命题就是,富勒的法治原则是一个原型,就好像数学对圆的定义一样。当然,可量化/不可量化二分法用在"是圆形"(日常意义上)和"是法律制度"的属性时结论是不同的,但是这个结论和那个与原型有关的命题也是一致的。这里的一个关键是,争论"是法律制度"的属性是否可以量化,并不是在争论富勒诸原则的性质是否是原型。因此,即便西蒙兹说那些原则是原型的做法是对的,他也没有证明"是法律制度"的属性是一个可以量化的属性。

但实际上,在西蒙兹的讨论当中最值得反驳的是他的如下主张,即法治原则在整体意义上构成了原型。正是因为这个主张,西蒙兹才错误地理解了那些原则,并且未能注意到富勒自己的提醒(Fuller 1969,41,45)——西蒙兹本人只是部分摘引了这个提醒(Simmonds 2004,118 n27)。我们只需要略加反思就可以发现,即便在理想世界中,我们也不能完美地实现所有的八个原则。譬如,请思考第一个和

第四个原则:概括性要求和明确性要求。完美的明确性这个概念在 108
某种程度上是模糊不清的。但是,假设我们可以理解这个概念,我们
可以发现它和完美的概括性之间存在明显的张力。如果法律规范完
全是概括的,那么它们可能会太过抽象,导致特定情形的寓意相当不
明确。如果说明确性原则被完全实现甚或充分实现,那么严重偏离
完美的概括性可能是不可避免的。所以,如下观点是完全站不住脚
的:富勒的诸原则在整体意义上构成了完美的法治的原型。和圆的
数学定义所表明的条件不同的是,如果我们把法治诸原则理解成能
够在整体意义上形成完美原型的理念,那么法治诸原则所指明的条
件并没有完全融贯地相互契合。

也就是说,随着我们开始检讨富勒的法治诸原则,我们应该要同
时反驳两个观点,一个观点是那些原则是原型,另一个观点是构成法
律制度的属性是可以量化的。就这些错误观点而言,理解富勒的原
则的最佳方式已经被指出来了。每一个原则都为法律制度的存在
设定了一个必要的条件。也就是说,如果一个社会要想践行法治,
至少要在某种最低标准的意义上实现富勒的每一个原则所包含的
条件。超过那个标准,达到某种相对更高的程度,更加严格地遵守
每一个原则,都会提高"某个制度是法律制度"的明确性和稳定性
(robustness),但是对于"某个制度是法律制度"而言,却不需要如此。

1. 通过概括规范的治理

也许这八个法治原则当中最明显的是第一个。任何一种治理制
度都不算是法律制度,除非它的运作是通过概括的规范,因为这些规
范是它的主要法律,同时也是其他法律的渊源。没有了具体的法律
规范(laws),那么几乎也就不存在法律(law)了。

在这里,有两个相关的比较。概括的规范可以和指向具体情境
(situation-specific)的指令,以及针对特定个人发出的命令相区分。

也就是说,法律规范的概括性和这个规范所影响的情境相关,同时和它所调整行为的对象相关(Hart 1961,20-22)。一个法律制度的所有概括规范——和同时包含在此类制度当中的、指向具体情境的命令相反——都适用于同类的(cognate)情形,而非仅仅适用于特定的事件或事态。例如,禁止谋杀的法律适用于这一概括的行为种类,而非仅仅适用于该种类中的具体情形。当然,它适用于每一种具体的情形,但是每个情形都对应一类情况,而不是某种独立的、没有囊括在任何概括(overarching)标准之下的事件。大多数法律规范在第一个意义上是概括的(比如说,在没有单纯指向具体情境这个意义上),同时在第二个意义上也是概括的。也就是说,大多数法律规范都是针对一个概括种类的人,而不是仅仅针对某些特定个体的。许多法律规范都是指向整个社会的。例如,禁止谋杀的法律一般调整的就是每个人的行为。总而言之,一个法律和制度的概括规范适用于一类行为,而非仅仅适用于特定行为,大多数这样的规范都是针对一类人,而不是特定的个体。

当然,说每一个可能的法律制度都必须要通过概括的规范来运作,并不是说法律制度只能靠这些规范来运作。指向具体情境的命令和针对特定人的命令在任何法律制度中都是不可或缺的,这不仅仅是因为该制度的概括规范会影响特定的问题。负责实施那些概括规范的官员将无法履行他们的职责,除非他们被授权针对与特定行为相关的特定个人发布命令。同样的,在法律制度的运作过程中,个别化命令的核心角色和概括规范的核心角色是完全兼容的。

那么,在哪些方面,概括规范的角色是核心的?首先,让我们思考它们在适用上的概括性,然后再思考它们在针对对象上的概括性。适用上概括的规范的存在——也就是如下事实,即针对特定情境的命令并不是调整人类行为的排他性手段或主要手段——不仅仅对法治很重要,对任何治理制度的顺利运作而言也很重要,至少在一个比几个家庭形态更为庞杂的社会中是如此。如果任何制度的官员在管理一个社会的时候,想把每一个情形和其他情形独立开来处置,那么社会和制度都将混乱不堪。表面上的治理制度实际上可能缺少治理。只有通过概括规范的运作,并经概括规范将一种情形与另一种情形关联在一起,一个制度才能够合理地协调它自己的行为和普通公民的行为。而且,只有通过这类规范,法治才有可能在一个社会里存续下去。正如已经指出的,那些概括规范乃是建立这些规范的体制的主要法律,同时也是该体制的其他法律的来源。很显然,如果没有这些法律的话,那么法治是不可能实现的。如果说一个体制仅仅依靠指向具体情境的命令来调整行为,那么法律的基本特征——比如说规律性和普遍的适用性——将会荡然无存。既然法治与"我们是受到法律而非人的统治"这个理念之间存在内在联系(Tamanaha 2004,12-26),那么在不存在概括规范的环境中,法治将荡然无存。毕竟,在这样的环境中,一个体制的官员将不得不以一种恣意裁量的方式对争议一案一决(case-by-case determinations)。规范可能会超出一案一决程序的具体语境,但是官员们可能既不会受到这类规范的约束,也不会接受这类规范的指引。这样一种混乱不堪的安排可能与法治相对立,甚至和任何一种具有最低实效的治理制度都不相容。

法治的存在依赖于适用上概括的规范的存在,这一点毋庸置疑。法治的存在是否依赖于针对对象方面概括的规范的存在,这一点或许不是很清楚。不管如何,富勒本人并没有将针对对象的概括性包含在第一个法治原则中(Fuller 1969,47)。尽管如此,对于富勒来说,这里所说的概括性要求确实包含针对对象的概括性。当然,并不是所有具有法律拘束力的命令都是针对某一类人的。正如我已经指出的,在任何运作良好的法律制度中发布的许多命令,都是针对特定个体而非某一类人的命令。尽管如此,如果我们承认仅仅指向特定个人的命令是不可或缺的,那么我们应该不会得出如下结论,即针对某类人的规范是可有可无的。实际上,这种规范的存在——和适用于某一类行为的概括规范的存在一样——

111 对法治和任何良善的治理制度而言也是很重要的。如果一个体制想对每个人或每个家庭发布不同的规范,那么它就难以运作(在由几个家庭组成的小规模的且极端原始的社会中也许还行)。在一个拥有数百万人口的社会中,发布各种不同的规范这一工作本身完全超出了任何治理制度的能力。而且,要实施数量如此庞大的规范,也是一项难如登天的工作。要判断每个人的行为是否合法,负责监察的官员必须要知道每个人的身份,以及与之相关的每一条规范的内容。换句话说,即便我们不考虑如下事实,即在建构一个体制的规范的过程中,完全避免针对对象的概括性是极端荒谬、错误的,这种制定和执行法律的方法也可能是完全不可行的。任何治理制度若要维系下去,就需要将在针对对象和适用方面都具有概括性的规范落到实处。

更为显而易见的是,这种规范是法治不可或缺的组成部分。在阐述一个体制的规范的过程中完全避开针对对象的概括性,将会损害法治的许多核心要素。确实,如果一个体制缺少了适用上概括的规范,那么法律同样基本的属性也会受到损害——比如规律性和普遍性——如果一个体制缺少了针对对象上概括的规范,这些属性同样也会受到损害。如果说针对不同个体的几组规范真的是不同的,那么不同的人所实施的类似行动的规范性后果(normative consequences)也会天差地别。正如负责执行一个体制的规范的官员没有办法用一种起码合理的(informed)、协调的、有效率的方式履行他们的责任一样,任何一个大型社会中的公众也无法对他们和其他人形成互动的基础达成任何可靠的预期。在家庭和亲密好友所组成的圈子之外,没有人能够准确地认识到其他人被要求、允许或授权做什么。这种荒谬的情况可能会危及法治,而法治——不管是表现为最糟糕的一面还是最好的一面——应该能够让每个人准确地认识到其他人被要求、允许和授权做什么。

112

总而言之,富勒认为法律规范在针对对象方面的概括性经常也是公平因素的要求,这种看法当然是对的。尽管如此,对于概括性是否也是法治的内在特征,他却颇有点犹豫不决。应该承认的是(正如本文完全承认的),在任何法律制度中,许多法律命令并不具有这种概括性。任何一种法律制度就算没有针对特定个人的命令,也能运转下去。同时,在任何法律制度中,还有许多别的法律命令确实是针对不特定的人。任何法律体制若是没有了这种命令,以及其他在针对对象上概括的命令,都没有办法顺利运转。

2. 公众的知悉

如果一个法律制度的规范总是对处在该制度管辖范围内的人民秘而不宣,那么这个制度就不可能指引人们的行为。作为一个调整人类行为的运作性(operative)机制,而不是对现实世界全无影响的抽象公式的集合,一个法律制度的命令和其他规范必须为人们所知,因为这些命令和规范适用于他们的行为。一个法律制度必须通过许多方式遵守富勒的第二个原则,也就是公布原则。如果完全不遵守该规则,那么一个表面的法律制度在疏导人们的行为方面可能是完全没有效果的。若一个人想判断何为恰当的行为方式,这种制度是否存在是无关紧要的。确实,只要我们扩张解释公布原则,那么我们就应该承认,它明确规定了法治乃至任何可行的治理模式的必要条件。

在公布原则所阐述的要求之内,可以用多种方法令法律制度的规范被公众知悉。这个问题我在其他地方讨论过(Kramer 1999a,45-48),从极端的角度来说,一个体制的规范只有通过具体的决定才

算是颁布,经由这一决定,该规范才会影响人们的行为。在任何一个
法律制度中,官员们将不得不解决争议、惩罚错误行为,并评价人们
在其他方面的法律地位。既然他们的制度是一种法律制度,官员们
113 一般会参考与人们的行为相关的概括规范来实施这些功能。在一般
情况下,受该规范调整的公众可直接知悉所有或大多数规范。虽
然在没有法律专家的帮助下,公众也许无法有效利用各种渠道获
取这些重要的规范,而且公众的某些成员很少或从来就没有使用
过这些渠道,但是他们还是拥有并且随时可以使用这些渠道。但
是,在一个极端的情况中,可能不存在这种直接的渠道。相反,主
流法律的内容的唯一表现,可能是司法官员和行政官员在实施这
些法律的过程中所做的决定。如果这些决定数量足够大、足够规
律,那么它们的模式可能会成为一种指示,经由这种指示,公民能
够间接了解概括的规范,并依此评价行为的法律后果。在这些情
形中,官员们所做的决定并不是毫无意义的随机事件。相反,它们
可能是司法制度中的人们必须要遵守的法律命令和其他法律规范
的模式化的、能够被人们理解的表达。而且,只要官员们的判断和
他们的理由具有先例效果,那么那些判断和理由本身将变成能够
直接被获知的法律规范。

很明显,刚刚所讨论的以后果为中心的颁布模式太过简单了。
作为一种颁布模式,它可能是行不通的,除非官员们明确做出的决
定足够多、足够规律,能够产生明显可以理解的模式。如果这些决
定数量稀少、太过散乱,或者其中许多是随机的,那么它们或许不
够可靠、不能提供足够的信息,没有办法为隐藏在它们背后的规范
提供间接的获取渠道。如果背后的规范变化相当频繁,那么这种
严格的、以后果为中心的颁布方法也难以为继。如果一个法律制
度的概括规范能够被那些受到该规范调整的人直接获知,那么一
种合理的、实质的变动程度和法律引导、疏导人们行为的主要功能
是兼容的;相反,如果那些概括的规范仅仅只能通过具体适用才能

被间接获知,那么任何实质的变动程度都会妨碍人们从适用中推断规范的内容。如果一个人获取那些规范的渠道是间接的而不是直接的,那么了解那些规范的内容将难上加难。因此,规范的任何变动所产生的认识上的干扰效应都会大大加重。而且,请注意,只有当官员们在适用法律的过程中所做的决定本身能够被公众知晓时,那种间接的渠道才会开放。如果那些决定依旧不为人知,那么公民们就没有办法了解与他们息息相关的法律的内容。在这种情况下,那些推定的(putative)法律将无法影响一个人对恰当行为方式的推理。

正是因为前面一个段落所暗示的原因,就算是在最原始的法律制度中,严格的、以后果为中心的颁布模式都远远称不上是最优选择。它并不是向公民们传达调整其行为的法律规范的最佳手段,在一个变动不算频繁的法律制度中,它实际上可能是最冗余的。尽管如此,我们也不应该认为,这种简单的颁布模式问题重重,在一个正常运作的法律制度中绝无可能被采取,因此应该被抛弃。毕竟,在某些方面,这就是普通法的做法——当然,虽然重要的普通法决定及其模式本身经常被认为是概括的规范,而不仅仅是这些规范的指示物。

在普通法的司法制度和其他司法制度中,这种简单的、以后果为中心的颁布方式,绝不是向公众们传达调整他们行为的法律规范的唯一方法。制定法、行政规章、宪法条文乃至司法原则全都可以被公众直接获知。虽然对这些法律的具体解释必定要等待法官和行政官员的具体适用,但是它们的概括条文(有的时候非常具体)在适用之前就已经众所周知了。那么,它们如何能够被直接获知呢?很显然,无须每个公民都真的熟悉那些法律的内容。大多数人在某个时间点上可能并不知道影响他们行为的大多数法律规范,即便是法律专家自己也不知道许多法律规范。如果公民们实际知悉每个主要法律规范的内容是法律制度存在的一个必要条件,那就不可能存在法律制度了。当然,公布原则并不涉及任何重大规模意义上的实际知悉。

这个原则所要求的仅仅是,有需要的公民**能够**知悉。法律必须为人知晓,即便大多数人很少会花费时间或精力了解它们。

公民们获取法律内容的方式会因为法律制度的不同而不同,在同一个法律制度中也会因为时代不同而不同。在最微小的、最原始的法律制度之外的其他法律制度中,最重要的是,法律是以权威的、成文的公式化表述的形式呈现出来的。这些表述不仅仅能够通过传统的公布方式(比如,刻在石板上)获取,也可以通过现代电子数据库获取。对那些希望了解各种行为方式所带来的法律后果的大多数人来说,这些表述是他们最关心的对象。不管他们是直接研究这些权威的表述,还是通过中介的说明来学习它们的内容,那些成文的表述的存在使得每个人能够知晓法律的一般要求、允许和授权。因此,它使得法律可以影响每个人的实践推理,也使得法律官员自己能够并且始终知晓他们负责执行的各种法律。在最微小的、最原始的法律制度之外的其他法律制度中,权威的、成文的表述的存在,对于法律制度的运作来说是不可或缺的(当然,之前所说的并不意味着在先进的法律制度中,每部法律都需要权威的、成文的表述。正如法哲学家一直以来都承认的,在几乎所有的法律制度中,有一些法律并没有表现为标准的成文形式。比如说,在英语世界中就存在一些具有法律地位的习惯性规范和普通法规则。在人们的行为中,习惯性规范是无所不在的,因此,习惯性规范本身就是一种恰当的颁布方式,可以弥补标准的成文表述的缺位。而且,在大多数情况下,法官们对某些普通法规则的表述在适用上并没有太大差别,不会引起误解。而且,那些习惯性规范和普通法,与其他许多法律共存,而后者存在权威的、成文的表述。因此,如果我们承认有一些法律并没有表现为这种成文的表述,我们也不会因此否认如下观点:对于一个体制遵守公布原则而言,以标准的成文形式陈述法律规范一般是非常重要的)。

　　我在前一个段落中简单提到了法律内容的中介解释，这提醒我们注意有效实施公布原则所需的另一个重要组成部分：一个社会存在法律专家。作为建议和帮助的来源，在一个社会中，各种法律领域的专家有助于保证法律规范的权威表述能够被人们知悉。如果公民只能靠自己来知晓适用于他们行为的法律内容，那么那些法律基本上不可能被人们实际知晓。特别是在一个先进的法律制度中（或者即便是在一个相当粗糙的法律制度中），如果不能获得律师（和其他法律专家）的建议和帮助，那么该制度的规范几乎仍然是隐晦不明的。第一章对中立性的讨论提到，律师可以提醒司法和行政人员在针对某些事项做出权威的决定之前，注意到与这些事项相关的各种细节，而且律师在这个过程中发挥着至关重要的作用。在这里，我们看到，在之前的阶段中，律师对一个法律制度的运作也是至关重要的。通过律师，这种制度的复杂规范才能够被公民所知，进而变成公民实践推理的活生生的影响因素。

　　对于法律规范的颁布来说，更加精细的手段或许对某些社会来说很重要，但对其他社会来说却不重要。在法律规范权威的、成文的表述能够经由电子数据库的方式为人所知之前，包含这些表述的文本的广泛传播对于公众知晓这些规范来说是不可或缺的。在现代社会，倘若民主国家中几乎所有的法律专家和许多普通公民都能够通过电子渠道获取大量的法律材料，那么包含那些材料的印刷形式的文本的传播显然就不那么重要了。尽管如此，即便是在民主国家中，还是有一些人没有办法承担法律材料的电子化渠道的成本。就这些人来说，是否可以获取印刷形式的文本，对于公布原则的实现来说仍然是至关重要的。

　　在民主国家以外的许多国家中，很多人很少甚至根本就无法经由电子化渠道获取所在社会中法律的权威表述。实际上，在某些国家中，不识字是很普遍的（即便在民主国家中，不识字也是相当紧迫的问题）。对那些无法阅读的人来说，不管是法律材料的电子数据库还是印刷形式的文本，都是无法直接获取的。就算是大声朗读法律规范的权威陈述并加以录音，这些困难也很难得到重大改观。即便这些录音可以免费供应给不识字的穷人，他们实际上也未必可以（在大多数情况中）理解、记住录音的内容。他们不得不完全依赖包括法律官员在内的、更加有知识的一方的建议和帮助。他们当然无法用自己微薄的收入来获取上述建议和帮助，所以一般来说，由慈善机构或政府机构来提供法律服务是有必要的。

不管怎么说，正如我们已经强调的，对于法律制度的存在而言，重要的并不是公布原则（或富勒的其他原则）的完美实现；相反，重要的是那个原则的**充分**实现。即便我们考虑到如下事实，即公布原则要求的仅仅是公众能够知情，而不是实际知情，我们也应该承认，有限度的差强人意根本就不要紧。就算一个法律制度只有一部分法律能够被每个人知悉，这个法律制度还是完全有可能存在——大多数人可能无法知晓其中一小部分的法律，贫穷、无知、处在社会边缘的人可能无法知晓几乎全部的法律。诸如此类偏离公布原则的行为和这种法律制度的持续存在或许完全不冲突，而且真实地发生在每个实际的法律制度中。一个法律制度可以发挥它的核心指导作用，而且甚有效率，即便处在该制度管辖范围的某些人没有能力知晓（不单是实际上不知晓）它的某些要求和授权。

3. 不溯既往

一个法律制度可以没有任何适用于将来的规范，一个法律制度可以没有任何概括的规范或任何公布法律的手段，这两种观点都是极端荒谬的。遵守富勒的第三个法治原则，对于一个法律制度的存在及这个制度的有效运作来说，都是相当重要的。如果在某些社会中，所有公开的法律都是有溯及力的，那么在行为当时可能没有任何法律可以决定其法律后果。这样的法律，如果有的话，只有在行为后才会表现出来。那些惩罚性的法律，不管它们最终是否会出现，完全无法指引过去人们的行为。完全靠这种虚假的法律（pseudo-laws）来运作的虚假的法律制度，根本就不是法律制度。确实，这样的制度可能完全无法顺利运作，这是因为，如果不存在面向将来的规范，那就意味着不存在授权、要求法律官员履行义务的规范。公民们在行为当时无法找到相应的法律指引作为行为的依据，而且官员们在彼时也找不到能够证明他们的官员身份的依据。所以，这个制度的任何规范都无法实施。在任何时间点 t 上，当这些规范可能被实施时，没人（根据假定）被正式授权在时间点 t 上实施它们。总而言之，法律制度只凭借具有溯及力的规范就能够顺利运作，这个观点是完全说不通的。在任何运作顺利的体制中，所有的或大多数法律必须是面向将来的，不能是纯粹溯及既往的。很显然，如果一个法律制度还想发挥它的权威性功能的话，授权某些人以法律官员的身份行动的所有或大多数法律必须是面向将来的。类似的，人们的行为和选择是受到一个社会的法律制度的影响的，如果这个社会的法律制度想要发挥实质意义的影响，所有或大多数法律必须是面向将来的。

对于不溯既往原则及富勒的其他原则来说，彻底地遵从都是没有必要的。事实上，正如富勒本人一针见血地指出的（Fuller 1969，53-54，56-57），在相当一部分情况中，偏离第三条法治原则的做法是有好处的。例如，这种偏离有时可以用来纠正一些不良后果，这些后果是之前法律制定和执行过程中的模糊性所导致的。在一些语境中，控制这些不良后果的最佳方式或许是溯及既往地消除它们。而且，在一些数量相对比较少的民事案件中，如果这些案件所涉及的问题不存在决断上正确的答案，那么引入具有溯及力的法律或许是不可避免的，并且（总体上而言）合理的。在这样的案件中，如果当事人之间没有达成协议，原告和被告总有一方最终会胜出。审理这类案件的法官有义务做出决定，不管这个决定实际是什么。但是，在审理

119

和解决这些案件的时候,对于"原告或被告哪一方应该胜诉"这个问题而言,并不存在决断上正确的答案。因此,如果被告败诉,并因此被命令向原告做出赔偿,那么因为该判决的效力而产生的新法律规范将会溯及既往地适用于被告。在行为当时还不算决断上违法的行为,也就溯及既往地被认为是违法的了。相反,如果原告败诉并因此被驳回赔偿请求,那么因为**那个**判决的效力而产生的新法律规范将会溯及既往地适用于原告,并产生对被告有利的后果。在行为当时还不算决断上合法的行为,也就被溯及既往地认为是合法的了。

在少数刑事案件中,一些问题并不存在决断上正确的答案。对于这些案件而言,并不存在类似的、不可避免的溯及性。在任何良善的民主的法律制度中,一个背景性的规范——终止辩论规则(a rule of closure)——规定,任何人不得因为行为当时尚非决断上违法的行为遭受刑事处罚。因此,如果法院的判决要解决某类行为是否有罪这个不确定的问题,而且答案是可以将该行为归类为刑罚上可罚,那么这个判决所陈述的规范只能适用于将来。在民主的制度中,法院所审理的那个案件的被告人必须被宣告无罪。

相反,在任何一个涉及不确定的法律问题的民事诉讼中,具有溯及力的不利法律后果却是不可回避的。如果民事案件中被告的行为可以溯及既往地被认为是决断上合法的,那么原告就会因为对该行为之法律效果的、溯及既往的判断而遭受不利法律后果。相反,如果民事案件中被告的行为可以溯及既往地被认为是决断上违法的,那么被告就会遭受不利法律后果。如果法院不想对被告太过严苛,要求该判断所陈述的规范仅仅只是适用于将来而不适用于本案,那么这个案件的原告就会遭受不利法律后果。就特定的原告而言,法院实际上是溯及既往地将特定被告的行为归类为决断上合法的。毕竟,至少在英美法中,没有任何概括的背景性规则规定,被告永远不会因为行为当时并非决断上违法的行为而承担赔偿责任。如果没有这种背景性规则,而且判决的结果是被告不需要承担具有溯及力的不利后果,那对原告来说则要承担相当于具有溯及力的不利后果(请注意,在英美法中,不存在这种背景性规则,这并不是什么难以理解的反常现象。如果在刚刚提到的那类案件中,法院总是判被告不承担赔偿责任,那么它们可能会极大地损害潜在的原告提起这类诉讼的动力。法律中的不确定性较少产生诉讼,因此可能依旧未能得到妥善解决。事实上,因为法院经常未能注意到不确定性和不肯定性之间的区别——这个区别在我一开始关于作为决断上正确的客观性的讨论中提到过——在一些案件中,如果相关问题存在决断上正确的答案,它们很可能不会判赔。它们的立场可能会让原告无心提起诉讼,这是一个特别值得注意的问题。出于这些理由,英美法的法官在审理民事案件时,才会倾向于将最近刚刚确定下来的法律规范适用于被告,并让被告承担不利法律后果)。

在前面几个段落中,我对民事诉讼的讨论关注的是某些不完全具有溯及力的法律规范。事实上,那些规范原则上是适用于将来的。这类规范在适用上的溯及性并未完全违反富勒的第三个原则,纯粹为了溯及既往地改变人们的法律地位而引入的法律同样也是如此。尽管如此,在本小节开篇所提出的有关"不溯及既往"的主要主张仍然是中肯的。一个运作良好的法律制度不能只有纯粹的、具有溯及力的法律。同样的,如果只有表面上面向将来但在适用上溯及既往的法律,这种法律制度也是不可能存在的。如果一个制度只凭这样不断溯及适用法律就能够运作,那么它所声称的面向未来的法律实际上根本就不是面向未来的。那些法律将会因为其他声称面向未来的法律的溯及适用而不断被废除、取代,而后一种法律也会因此不断被废除、取代。法律在指引和引导人类行为方面的一般作用可能因此荡然无存。即便在一个制度中,主要规范的适用大多数是溯及既往的,刚刚提到的一般作用也可能会受到损害。所以,在任何运作良好的法律制度中,法律规范的适用——当然,还有大多数法律规范本身——必须是不溯及既往的。我们应该承认这一点,同时还要承认,一

121

些偏离面向未来原则的做法是合理的。

实际上,正如我已经主张的——富勒自己也是这么看的——至少在任何一个拥有民事裁判程序,并且这种程序能为当事人提供起诉动力的法律制度中,偏离面向未来原则的做法有的时候不仅仅是合理的还是不可避免的。职是之故,我们可以认识到如下命题是完全不合理的:富勒的八个原则构成了一个完美的原型。这一命题模糊了那些原则的实际特征。面向未来原则并没有设定完美的标准,这个原则和富勒提出的其他原则一样,都是沿着上文提到的两个轨道行进的。也就是说,它为任何法律制度的存在设定了一个必要的最低条件,而且它还将注意力集中在一个属性上,这个属性的存在越是明显(超越这个最低条件,达到某种较高的水平),这个制度越成其为法律制度。对面向未来原则稍加反思,有助于深化我们对富勒的整个理论框架的理解。将那个框架描述成一个原型,是一种误解。

4. 明确性

法律可以作为一种手段,通过某种方式而非另一种方式疏导人们的行为。但是,除非法律制度的命令和其他规范以一种相对明确的语言表述出来,否则这个制度几乎或完全没有办法发挥这种功能。法治的标志之一,是它明确告诉人们哪些事情是被要求的(哪些事情是被允许的、哪些事情是被授权的)。如果制定法、行政规章、司法意见和其他法律规范的表现形式在制定的时候不够清楚,那么法治的上述主要方面将会受到影响。如果法律制度的命令隐晦不明、荒谬不堪、模糊不清,那么人们并不会从法律制度的运作当中得到充分的指引。

当然,法律语言的明确性是无法主要依循正常人的理解和知识来衡量的。法律语言乃是特定职业的行话,它充满了术语和短语,缺少法律专业知识的人对此并不熟悉。这些术语和短语中有一些被吸收到了法律的公开表述中(制定法、规章等)。因此,如果我们想要将正常人的理解作为法律命令是否明确的基准,那么我们可能会过分高估几乎每个社会中的法律的明确性。相反,法律规范的表述是否能够被理解,主要的判断标准应该是法律专家的理解能力。如果法律专家认为某些制定法或规章的措辞是明确的、精准的,那么这个制定法或规章就完全符合富勒的第四个法治原则——即便大多数没有经过法律训练的人可能认为这些措辞晦涩难懂。

我之所以特别强调法律人、其他法律专家在法律制度的运作过程中的核心地位,一个重要的理由正是法律制度的运作过程经常是相当技术性的。因此,它们可能会涉及专业的行话。所以,公民们能获取专家的建议,这对于法律制度的顺利运作而言至关重要。如果普通公民无法获得专家的建议,那么许多法律命令将无法提供有意义的指引——即便公民知道要去哪里找到那些命令的表现形式并努力寻找过。但是,因为法律专家的建议和帮助一般来说还是可以获得的,所以对于法律规范的外在表述的语言而言,不应该按照公民们为了一己私利所主张的那样理解。因为对外行人来说模糊不清的表述,在专家看来可能非常清楚,而且大多数外行人一般有充分的机会咨询专家,所以当我们判断许多法律材料中的措辞是否符合富勒的清晰性原则时,专家的观点而非外行人的观点才是衡量尺度。

123

当然,即便法律规范的表述可以从专家的立场来理解,任何实际法律制度总是会包含某些不够清楚因而无法提供有用指引的表述。隐晦不明和模糊不清的实例俯拾皆是。正如我们已经指出的,所有的法律制度都会存在某些不明确之处,其中一个重要的原因就是富勒的第四个原则和第一个原则之间存在着张力:清晰性原则对概括性原则。在许多情况中,官员们在运作一个法律的—治理的制度时,只需要采取概括的、抽象的标准而非设计更加细致的、精确的规则,基本上就可以有效实现他们的目标(而且还比较稳定)。现在,请记得我在前文提到的不确定性和不肯定性之间的区分——以及与之相关的不确定性和不可证实性之间的区分——我们不应该草率地认定,抽象的标准会导致法律当中大规模的不确定性。但是,这种标准经常会产生有关具体寓意的不肯定性和分歧。它们的抽象性可能会使得它们变得不明确,即便是对法律专家而言。富勒本人非常清楚概括性要求和明确性要求之间的这一张力(Fuller 1969,64-65)。

因此,在某种程度上,模糊性(unclarity)在任何法律制度中都是不可避免的。在合理的限度内,它非但不会影响反而会提高法律制度的运行效果。这种说法和明确性原则并不矛盾,那个原则并不足以实现完美,当然也不是原型的组成部分。尽管如此,当不明确性发生在不合适的语境中,或者当它的强度超出了某种限度(当然,这个限度是无法明确指明的),它并不会影响一个法律制度的有效运作。事实上,如果模糊性是严重的、范围极广的,那么它可能会影响一个运作顺利的法律制度的存在本身——而不仅仅是它的效果。并不是所有违反明确性要求的做法都是不合理的,当然并非所有违反行为都会危害法律制度的存在,但是最低限度地遵守该要求还是不可或缺的。这种最低限度,和富勒的其他原则的最低限度一样,是相当高的。

5. 不得冲突和矛盾

第五个法治原则比富勒所理解的还要复杂。他将之描述为不得矛盾(noncontradictoriness)原则,但是在大多数讨论中,他所关注的是冲突。虽然他使用的术语不是很恰当,但第五个原则无疑应该被理解是在提醒我们反对法律中的冲突及矛盾。这样理解的话,第五个原则在结构上和富勒的其他原则就比较类似了。也就是说,它表述了任何可行的法律制度的存在所需的必要条件,并且指明了一个属性——逻辑上的融贯性(logical tidiness)——这种属性的实现程度越大或越小(达到某种更高的标准,或者超出某种最低标准)都会导致法律制度更像是法治或更不像是法治。

让我们先从矛盾和冲突之间的区分开始说起(Kramer 1998,17-19;1999a,52-53;2001,73-74)。当某人既在逻辑上有义务做 X,又在逻辑上有义务不做 X,法律就存在冲突。[①] 法律义务之间的冲突有时确实会发生,但是冲突的义务无法同时被履行。任何情况下,在这对冲突的义务中,只有其中一个能够被履行。尽管如此,冲突义务的同时存在是完全可能的。它们的同时存在在逻辑上并无不当,不过在道德上当然很可能是不当的(因为处在冲突的法律义务之下的人不管怎么做都会遭到处罚)。

矛盾则是不同的。和做 X 的义务相矛盾的,并不是不得做 X,而是拥有不做 X 的自由。和冲突的义务不同的是,相互矛盾的义务和自由是绝无可能共存的。某人真的有义务做 X,并且真的有自由不做 X,这种情况是绝对不可能发生的。在任何给定的时间中,那些事态只有一种是真实的。换句话说,某人有法律上的责任做 X,当且仅当他在法律上没有不做 X 的自由。"我现在有义务做 X"这个命题若是真的,那就意味着"我现在有自由不做 X"这个命题是假的,反之亦然。

现在,虽然在法律制度的运作过程中,不可能存在真正的(veritable)矛盾,却可能存在明显的或者表面的矛盾(Kramer 2001,73-78)。也就是说,法律制度可能包含法律规范的表述——比如说某些尚未被废除的制定法,或者一部制定法中的某些条款——这些表述合在一起**同时**确认了,每个人在法律上有义务做 X,并且每个人在法律上有自由不做 X。自然的,这些不连贯的表述所表达的两种规范确实可以适用于处在某个时间点上的某人 P,这种情况绝对不

125

---

① 　出于文体上的原因,在这里的讨论中,我所使用的短语"不得做 X"(to abstain from doing X),和"不做 X"是可以互换的。也就是说,正如这里的理解一样,不做 X 并不一定涉及拒绝利用做 X 的机会。它同样可以是因为一个人不知道有这样一种机会,或者根本就不存在这样的机会。

可能发生。在任何情况下,在适用于已经拒绝做 X 的人时,那些规范只有其中一个能够被实施。当 P 拒绝做 X 时,他要么会受到处罚,要么不会。如果他受到了处罚,那么授予他不做 X 的法律自由的规范就不能适用于他,能够适用的是另一条规定他有义务做 X 的法律规范。相反,如果 P 在拒绝做 X 之后并未受到处罚,那么规定他有法律上的义务做 X 的法律规范,就不能适用于他(要么是因为这个义务无法实施,要么是因为这个义务被免除了)。能够适用的是另一条规定他有自由拒绝做 X 的法律规范。总而言之,虽然施加了做 X 的法律义务的规范,和授予拒绝做 X 的法律自由的规范不可能同时适用于同一个人,但是表达那些规范的表述(比如说两部尚未被废除的制定法)和其他权威的材料一样,可以同时归属于一个法律制度。① 所以,法律表述很可能会出现矛盾,即便法律的运作不可能出现真正的矛盾。

126

正如前文所述,富勒对不得矛盾原则的大多数评论是针对冲突而非矛盾的[他举了一个例子,关于美国食品管制法中的两个条款,实际上并不涉及冲突或矛盾(Fuller 1969,67-68)]。尽管如此,正如他可能也会认为的,他的第五个原则应该被理解为是坚持不得冲突**和**不得矛盾。如果一些治理制度的权威材料存在大量的冲突或矛盾,那么它作为一个法律制度的存在本身就会受到严重影响。因此,要求冲突和矛盾保持在某种水平之下(这个水平难以明确指明)这个原则,清楚地阐明了确立法律制度的必要条件。

如果一些治理制度的规范存在大量的冲突,那么在一个特定的司法管辖区域内,法律在引导人们的行为方面所发挥的重要作用很可能会受到妨碍。在这样的情况下,这个制度就难以成为一个法律

---

① 在这里和其他地方,"权威的材料"这个短语指的是那些被司法的一政府的官员们视为具有法律拘束力的各种文件。它们包括制定法、行政规章、宪法条文、行政命令、公共合同和私人合同、裁判命令、司法教义、民事诉讼或刑事诉讼规则、遗嘱、地契、条约。

制度。在这种语境中,重要的是两两冲突的各种义务所招致的处罚。如果一个人违反做 X 的义务而招致的处罚比违反不得做 X 的义务而招致的处罚明显更重或更轻,那么这个人就会有很强的动机遵守其中一种义务,而非另一种义务。对于几乎所有两两冲突的义务而言,如果说与两种义务对应的处罚之间也存在类似重大的差异,如果两两冲突的义务在数量上太多,法律的引导功能就无法实现。在那种情况下,由许多冲突的义务所组成的治理制度仍然是一个法律制度,虽然是一种不那么吸引人的、罕见的法律制度。如果说,对于几乎两两冲突的义务而言,与两种义务对应的处罚是相等的或大致相等的,那么我们也就没有任何因为法律产生的(legally created)动机(或几乎没有因为法律产生的动机)偏好这对冲突义务的其中一个。如果说两两冲突的义务积累得越来越多,涵盖了大量的人类行为,那么包含了大量冲突义务的治理制度将难以引导人们的行为。它可能根本都不算治理制度,更别说是法律制度了。

对于矛盾性而言,结论应该在大多数方面是类似的,如果不是完全类似的话。让我们假定,在某些治理制度中,规范的权威表述充满了矛盾。在这个制度中的权威材料当中,两两矛盾的表述涵盖了大量的人类行为。正如已经指出的,在每一对相互矛盾的法律观点中,只有其中一个观点可以在特定的时间适用于特定的人。一个真正的矛盾在现实世界中永远不可能发生。现在,如果说各种相互矛盾的法律观点的运作和不运作有固定的、足以预见的模式,那么我们或许可以认为,包含了支持上述观点的规范的制度,可以作为一种治理制度运作起来。它或许不是一种高效运作的模式,但可能会获得充分的规律性,从而使得社会不至于陷入无政府主义的混乱。尽管如此,出于第一章对确定性和可预见性(或不确定性和不可预见性)的讨论当中已经表明的理由,任何符合此处假设的治理制度都不算是法律制度。尽管这个制度当中相互矛盾的法律规范会对一些主要问题产生影响,但是它的运作过程所具有的可预见性并不意味着这些主要

127

问题的答案在决断上正确。如果这个制度的一项权威规范规定,每个人都被要求做 X,并且,如果这个制度的另一个权威的规范规定,每个人都有拒绝做 X 的自由,那么对于"某个人是否被要求做 X"这个问题而言,并不存在决断上正确的答案。因为我们假定这个制度充满着这类相互矛盾的规范,所以我们只能得出结论:对于那些涵盖大多数人类行为范畴的各种问题而言,它的权威材料没有产生任何决断上正确的答案。因此,即便上述治理制度在运作过程中可能会展现出某种中度的规律性——并且,即便它可能会因此向公民们提供充分的指引,告诉他们如何调整、规范他们的行为——这种规律性却不是法律制度的规律性。如果不确定性俯拾皆是,那么法律制度就不可能存在。即便在一些情况中(这种情况很罕见),不确定性没有影响一个治理制度的正常运作,这个制度也很难成为法律制度。

总而言之,只要一个制度的权威规范充满了自相矛盾,它就难以成为一个法律制度。这种自相矛盾要达到什么样的水平才会出现这种效果,当然是很难说清楚的。并不存在神奇的拐点,过了这个拐点,一个法律制度就不再是法律制度了。不过,虽然这种拐点很难说清楚,规范充满矛盾的治理制度和规范只包含少数矛盾或不包含矛盾的治理制度之间,还是存在性质上的差别。只有后者才是法律制度(如果它满足富勒的其他法治原则)。

所以,富勒的第五个原则当然只有一部分是不得矛盾原则。没有任何一种法律制度可以包含大量相互矛盾的规范。但是,除此之外,第五个原则还是不得冲突原则。正如我们已经主张的,如果冲突义务太多,那就不可能存在一个法律制度(甚至最有可能的是连治理制度都不可能存在)。如果说几乎每一对相互冲突的义务所对应的处罚力度都是相近的,那么一个制度的规范系统若是存在大量冲突,就会使得这个制度无法以最低限度的效率引导人们的行为。和大量的矛盾所导致的问题不同的是,因为大量的冲突所导致的问题并不是不确定性问题。一个人若是有义务做 X,又有义务拒绝做 X,那么他在决断上就被要求做 X，并且在决断上被要求不得做 X。这个问题是指引上的混乱。在一个充满冲突义务并且惩罚力度如前文所述较为相近的情况中，一个制度没有办法以其中一种方式充分地引导人们的行为。它并不足以充分地影响它们的实际推理。如果某人因为做了 X 而遭受处罚，又有可能因为不做 X 而遭受类似的处罚，那么他在做 X 和不做 X 之间的选择，并不会因为存在准备施加这些处罚的制度而受到影响。所以，在某种程度上，这个制度并没有发挥法律的指引和引导功能。如果说这个制度的规范结构充满了大量诸如此类的冲突，那么一般情况下，法律的引导和协调功能就难以实现，从而无法将之划归为法律制度。总而言之，当富勒的第五个原则被理解为一种不得冲突原则（并且关注的是较为相近的处罚），或者当它被理解为是一种不得矛盾原则时，它就为法律制度的存在设定了一个必要条件。在这种制度当中，一些冲突是可以容许的，但若数量太多，则会导致它无法成为一种拥有最低效率的治理模式。

6. 能够得到遵守

正如富勒完全同意的（Fuller 1969,70,n29），他的法治原则中有几个要求公民有可能遵守法律规范。例如，人们不可能同时履行两个相互冲突的义务，他们很可能也没有办法遵守难以理解、模糊不清的法律命令。他们也不可能遵守——除非在偶然情况下——没有公布或纯粹溯及既往的法律命令。尽管他的第六个原则确实明显和其他原则相重叠，它也扮演着一种独特的角色。即便一个法律命令是明确的、面向未来的、公众可以辨明的、不存在逻辑上的冲突，它的要求可能完全超出了所有或大多数公民的能力范围。富勒的第六个原则认为，在一个运作良好的法律制度中，无法实现的命令不能太多。

正如富勒所强调的，而且从第一章对法律规范的普遍适用性的讨论中可以看出，某些偏离可遵守原则的做法几乎是不可避免的，并且是有好处的。例如，在英美侵权法中，所有的成年人——除了精神

129

不健全的人、身体上有严重缺陷的人之外——都应该承担合理注意义务,即便某些成年人没有能力达到该标准。出于第一章所叙述的理由,在这个方面,法律的普遍适用性一般来说是合理的。尽管一些因素倾向于因为个人无法缓解的弱势而减免法律的要求,不少更加重要的因素则倾向于反对这种进路。为了满足富勒的第六个原则而采取一种更加积极的进路,这种做法可能是错误的。

尽管如此,虽然某些偏离可遵守原则的做法是合理的——尤其是和合理注意标准的普遍适用类似,这些做法只会对社会中的一小部分人产生不利后果——但是在任何一个运作良好的法律制度中,这种偏离行为数量不能太多、范围不能太广。确实,如果法律制度的唯一功能就是定分止争,那么使用一些不能遵守的命令或许是有用的(Kramer 1999a,46-47)。只要那些命令能够让法律决策者辨别出赢家和输家,那么它们或许可以实现上述功能。例如,如果有一条法律规范规定,任何身高低于 1.8 米的成年人必须长到 1.8 米(不能用手术或辅助增高手段),否则相比那些身高至少 1.8 米的人,就会丧失某些法律上的权利。如果这种规范被作为疏导人们行为的一种手段,那么这种规范是荒谬的。任何一个身高低于 1.8 米的成年人都没有办法遵守这条规范的要求。只有以一种特别间接的方式,这条规范才能够有意义地影响人们的行为。也就是说,这条规范可能会慢慢地迫使父母逼着孩子多锻炼、多吃,才有办法让孩子的身高超过 1.8 米。这条荒唐的法律命令最终产生了这种结果,但相比那些直接命令父母劝诱孩子多锻炼、多吃的法律命令,前者可能收效不佳,不够公平和直接。尽管如此,虽然这条荒唐的命令作为引导人们行为的手段是可笑的,它可能会起到法律制度的争端解决功能。毕竟,它可以沿着一条清楚的界限区分不同的人,并让身材矮小的人无法享受身材高大的人才拥有的许多权利,这种效果可以对相当一部分法律争议的结果产生决定性的影响。因此,如果法律制度的唯一功能是宣告人们在具体的争议中各自拥有的权利,那么要求身材矮小

的人长高的法律,就不会像一开始所展现出来的那样古怪。如果它
不会产生特别严重的危害,那么它实际上还是相当合理的。除了许
多其他无法遵守的命令之外,它可以极大地促进上文提到的定分止
争功能的实现。

　　但是,一个法律制度的主要功能其实是向人们发布命令和其他
的法律,据此调整、影响人们的行为。只有当法律制度的主要功能在
某些方面无法发挥出来,并因此无法调整人们的行为时,它的争端解
决功能才会激活(Hart 1961,38-41)。因此,如果一些治理制度的规
范体系存在太多完全无法遵守的命令,那么法律的主要功能就无法
得到实现。这样的一种治理制度并不是法律制度——而且可能根本
就不是治理制度,因为它的许多命令完全无法被遵守,因此也就无法
影响任何一个人的实践推理和决定。如果一个法律制度要成其为一
个法律制度,那么它的规范结构就必须主要由可以被遵守的法律来
组成。如果它的规范结构都是或大多数是无法被遵守的规范,那么
那些规范就是虚假的法律,整个制度都是对法治的东施效颦,而非法
治的真正体现。

　　所以,和富勒提到的大多数其他法治原则一样,可遵守性原则和
法律的主要功能存在内在关联。它表述了任何法律制度的存在所必
需的条件,因为它把握了最低限度地引导人类的行为所不可或缺的
某种东西。任何未能够提供这种引导的制度安排,都不算是法治。
当然,并不是所有偏离可遵守性原则的做法都会危及法律制度的存
在,但如果这种偏离行为范围太广、数量太大就可能会了。

7. 长期的稳定性

　　西蒙兹将富勒的原则看作是一种原型,如果我们还需要针对这
个观点提出更多的反证,那么第七个原则——要求法律规范在一段
时间里具有稳定性或持续性(constancy)——足以提供这种反证。富

勒其实并没有提出如下荒谬的观点,即一个完美的法律制度必须是一成不变的。相反,他只是试图表明,法律制度中许多规范变化的速度和程度,对于法律制度的正常运作来说非常重要。如果法律的变化在一段较长的时期里太过激烈、频繁,那么法律就无法引导治下人民的行为。富勒恰当地指出,法律过于频繁的、大规模的变化所产生的问题和溯及既往的立法太多所导致的问题是类似的(Fuller 1969,80)。在这两种情况下,问题在于人们没有办法根据法律的要求、许可和授权来调整自己的行为。如果法律的要求、许可和授权在短时间内变化太快、范围太广,那么人们就没有机会将法律吸纳到他们的实践推理当中。因而,他们的行为有大部分或完全没有得到权威的法律规范的指引。于是,在这种情况下,法律的基本功能也就未能得到实现了。

相比大多数其他法治原则,第七个原则本应是灵活的,而非绝对的。很显然,并不是所有法律的变动都会危及法律制度的存在。大多数法律的变动根本就不会影响法律制度的运作,许多变动仅会提高、强化法律制度的运作。如果我们将富勒的稳定性原则理解为一个概括的法学命题,那么这个原则不过是在提醒我们物极必反。它提醒我们注意,法律规范的变动不能太过频繁、太过激烈。它当然不是在提醒我们,反对法律制度当中时时发生的、较为中度的变动。

事实上,完全避免那些中度的变动而产生的停滞不前,可能会导致富勒的第七个原则和第八个原则之间产生相当严重的紧张关系,因为后者要求法律规范的表述和实施之间要有一致性。如果一个法律制度的规范体系数十年或数百年都未曾改变,那么——在几乎所有方面都不算僵化的社会中——这个制度的许多命令和授权可能会因为技术革新、社会互动而变得过时。书本上的法律和实践中的法律之间的隔阂可能会越来越大,甚至可能会将这个法律制度变成空架子,并使得这个法律制度实际上被另一种法律制度所取代。另一种法律制度生动地表现在构成实践的法律决定中,可能会因为效仿与之并存、重叠的法律制度而难以彰显。例如,根据假设,另一种制度的规范不会取代书本上的法律,变成一成不变的规范,所以它对公布要求、规定和许可的制度安排显然是不充分的。

133

因此,虽然富勒的第七个原则为所有运作顺利的法律制度的存在设定了一个必要条件,但我们必须特别注意该原则的限度。一方面,对于法律变动的速度和范围的实质限制确实是重要的。我们没有办法准确地说明多少变动算太多,但是可以肯定的是,法律的变动达到某种水平就算是过头了。另一方面,在必要的限度内允许革新,也是很重要的。如果一个法律制度要继续存续下去,它就必须要避免因为过度的变动而迷失方向。但是,如果法律制度坚决抵制所有变动的影响也会迷失方向,这种方向的迷失源于法律规制的外表和实际情况存在着的巨大鸿沟。

8. 表述与实施的一致性

在许多方面,富勒的第八个法治原则是其他七个原则的综合,但同时也是一个独立的原则,因为它涵盖并提出了许多接踵而来的问题。要令人满意地实现这个原则,都需要法律官员践行作为中立性的客观性,也就是第一章所阐述的宽泛意义上而言的客观性。而且,要实现这个原则需要精通法律解释。除非法律官员有能力辨别制定法和其他法律规范表达的意义,不然就没有办法始终如一地执行这些规范。

正如我在开章中详细说明的,有许多因素让我们违反中立性——比如说自利、偏见、疏忽和冲动——这些因素无法产生精确的认知和准确的决策。当然,受到其中一个或多个因素影响的人,或许可以针对某个特定的问题做准确的理解,得出正确的结论。但是那

种好运就算在中立性不在场的情况下也有可能发生,而且它的发生

134 并不是因为中立性的不在场。在一般情况下,若一种观点无中立性可言,那么这种观点在认知上是不可靠的。它可能会和已经被证实的认知上的或实践上的反应相矛盾。特别是对法律规范的实施而言,不具备中立性的官员可能会误解法律规范自身,以及这些规范适用的语境。官员们经常会因为这些误解,而在处理争端和其他问题的过程中得出不恰当的判断。而且,即便他们没有严重误解相关的法律和语境,不具备中立性的官员也可能会得出不恰当的判断,从而纵容他们自己不可告人的动机(比如说自利或偏执)。所以,不具备中立性会导致决策时常偏离两种法律之间的紧密联系,一种是表述出来的法律,一种是被执行的法律。因为那种牢固的对应关系对于运作良好的法律制度的存在是不可或缺的,所以法律官员的中立性——这不是说他们每时每刻都要有中立性,而是说至少一般情况下要保持这种中立性——本身对于法治而言是不可或缺的。在法律官员的权威活动中,充分的中立性对于法律制度的存在而言是必要的条件。

官员们精通法律解释,也是一个必要的条件。如果他们精通法律解释,就像拥有中立性一样,对于维持书本上的法律和实践中的法律之间长久的一致性而言是相当重要的。事实上,鉴于我的这种中立性概念的内涵较为宽泛,解释能力最好被视为中立性的一个关键要素。至少暂时假定,有两种官员在数量上大致持平,一种官员不具有这种解释能力,另一种官员则因疏忽大意而做出错误判断。因为他们无法准确理解法律规范表述的意义,他们对于司法管辖领域内的法律的实际情况的认知会有偏差。他们的执法决定只是恰好符合居于主流地位的法律规范的内容——因此当然几乎是小概率事件——但未必是可靠的、合理的(informed)。

对我们更加深入地思考精通法律解释这个问题而言,我们应

该思考富勒的第八个原则提出的更加宽泛的问题。为什么法律规范的表述和实施之间的一致性是法治的一个重要条件？这个问题的答案可以帮助我们理解司法过程中精通法律解释的实质，而且在前一节有关法律稳定性的讨论中已经有所暗示了。如果实践中的法律和书本上的法律差异太大，那么一种奇怪的、双轨制的（weirdly bifurcated）的治理制度就会取代现有的、实际存在的法律制度。这种情况的特点是：许多规范虽然被制定和公布，但几乎没有得到实施；许多规范虽然没有被公布，但却经常得到实施。前一种规范或许无法形成一个运作良好的法律制度，甚至不构成一个运作良好的法律制度的部分。如果我们推定的（putative）法律构成了一个完整的治理机制，而这个机制完全没有得到实施——要么是因为它们彻底被遗忘了，要么是因为它们彻底被误解了——它们就不是名副其实的（veritable）法律，它们所构成的治理制度仅仅只是虚有其表。

禁止横穿马路这类零散的法律很少甚至从未得到遵守，但是这和我们上文所讨论的情况是完全不同的。正如第一章开始不久就指出的，禁止横穿马路的法律之所以是法律，和它们很少得到执行是无关的。它们之所以是法律，正是因为它们是诸多法律当中的一部分，而这些法律大多数在一般情况下都能够得到实施。虽然在一些司法管辖区域内，法律规范长期的虚置可能会导致其丧失法律规范的地位，但是这种效果完全是偶然的。它几乎不是由法律的性质本身所决定的。在任何一个司法管辖区域内，如果长期虚置不是导致一部法律无效的理由，那么数量有限的、被虚置的法律仍然可以继续成其为法律，因为这些法律存在于一个网络当中，而这个网络里的其他法律并未被虚置。相反，如果在这个网络中所有或大多数相关的法律在相当长一段时间里也被虚置，那么数量有限的、被虚置的法律也就不再具有法律效力了。法律效力有的时候是由一个正常运作的法律制度授予一个规范的，如果一个规范拥有了这个属性，那么根据拥有实效的制度所规定的法律效力标准,这个规范就可以被归类为法律。① 如果在司法决策和行政决策的层面上,作为一个整体的制度因为某些替代性的规范而变得过时,那么在这个过时的网络当中的规范就不再具有法律效力了(除非那些规范同时也是新规范)。无论在制定书本上的法律的过程中是否公开承认这种结局,实践中的法律就是这样的。既然一个运作良好的法律制度不仅仅由书本上的法律组成,也由大量相互嵌合的(broadly congruent)实践中的法律所组成——我在第一章讨论起诉裁量权和行政裁量权时很清楚地提到这一点——这里所提到的情况就不算是运作良好的法律制度。正如我们已经指出的,最重要的乃是如下两种情况的差别:整个规范体系(matrix)中只有一小部分规范未得到实施,以及所有或大多数规范未得到实施。在前一种情况中,整个法律制度可以维持未得到实施的规范的法律效力;在后一种情况下,却没有多少理由可以维系未得到实施的规范的效力,或者规范体系本身的正常运作。

当我们从另一个角度来看这个问题,并且将注意力集中在实践中的法律而非书本上的法律时,我们就会发现,运作良好的法律制度的存在也会遇到类似的阻碍。在这种情况下,被官员们的具体决定所实施的大多数规范并非书本上的法律,它们只是实践中的法律。于是,这种情况遇到的一个主要问题,在前一节行将结尾之处已经提到了。也就是说,在这种情况下,实践的法律绝大多数或完全没有公开——在这种情况下,它作为实践中的**法律**的地位就不复存在了。它没有办法充分地实现引导和调整的功能,而这恰恰是真实的法律制度的特征。现在让我们假定,官员们的决定数量足够多、模式相对固定,能够让专家们(甚至是普通公众)辨别出官员们实施的规范。

①　在任何一个司法管辖地区 J 当中,一个规范是法律上有效的(legally valid)——也就是说,它具有法律的地位——当且仅当它满足如下标准:根据这个标准,处在 J 的法律制度中的官员可以将属于该制度的规范当作具有约束力的理由,据之做出实质性或程序性决定。

如果是那样的话,这种情况就会涉及"公众的知情"一节所讨论过的、严格地以后果为中心的公布方法的一种变体。出于那一节所讨论过的全部理由,即便在最合理的环境中,这种公布方法也是极为有害的。在一个不那么美好的环境中,比如一个大型的并且相当多变的社会中,这种公布方法——如果不辅以其他方法——可能是相当不合理的。它的成功或许在逻辑上是可能的,但是可能性不大。

137

而且,在之前讨论以后果为中心的公布方法时,我们就提到过一些困难。在这里,这些困难可能会大大加重。在当前的语境中,我们反复思考的并不是如下情形:只存在实践中的法律、不存在书本上的法律(除了那种以具体可辨别的决定的形式表现出来的实践中的法律本身)。相反,在当前的语境中,我们反复思考的是两种规范,一种规范作为一个集合构成了实践中的法律,另一种规范作为一个集合构成了书本上的法律。前一种规范在公布方面所存在的严重缺点,将会因为后一种规范的同时存在而变得非常紧迫。主流制度的司法官员和行政官员要么被允许、授权实施后一种规范(书本上的法律),要么没有。如果他们没有被允许、授权实施后一种规范,那么以后果为导向公布这个制度当中实际运作的规范,同时也意味着必须完整公布那些名存实亡的规范。如果前述官员实际上被允许、授权实施那些构成书本上的法律的规范,可能还会出现更加严重的问题。在这种情形下,以后果为导向公布一组规范,以及直接公布另一组规范,不仅仅会产生严重的混乱,还会产生极端的不确定性。如果官员们被授权援引其中一种规范,同时也被授权援引另一种截然不同的规范,那么许多法律问题可能就不存在决断上正确的答案。在回答这些形形色色的问题的过程中,官员们被授权做出一种肯定的决定,也被授权做出一种否定的决定。每一种决定都是正确的,也就是说,没有任何一种决定在决断上正确。因此,除了将公布过程弄成一团乱麻之外,未得到实施的书本上的法律的存在,也会给主流制度的规范结构带来诸多不确定性。即便没有其他的理由可以论证"这种制度不是一种法律制度"这个命题,大量的不确定性本身也足以证明这个命题的真实性。

　　总而言之,书本上的法律和实践中的法律之间严重的不一致,将会危及法律制度的存在。虽然从逻辑上说,这种严重的不一致可能不会影响法律制度的正常运作,但是这种可能性不会太大。上述不一致性将会加重以后果为导向的公布方法所带来的消极影响,而且只要一个社会中的官员被允许、授权在书本上的法律和实践中的法律出现严重分歧时选择其中一方,上述不一致将会产生大规模的不确定性。所以,基于上述理由,富勒的第八个法治原则为一个法律制度的正常运作提炼出了一个必要条件。许多偏离书本上的法律规定的做法是情有可原的,其中一些做法显然有助于实现法律制度的目标。但是达到某种程度后(这个程度无法指明),书本上的法律和实践中的法律之间的鸿沟将会变得相当严重,足以危及该制度的存在本身。

　　现在让我们回到上文迟迟没有讨论的问题。在法律制度的运作过程中,精通解释的本质是什么? 也就是说,这个社会的官员们要运用何种解释方法,才能够保证实践中的法律符合书本上的法律? 一方面,由于本书是在较高的抽象程度上讨论这个问题的,所以许多论述未必合理。恰当的解释技术会因为不同的法律制度而有差异,哪怕是在相同的法律制度当中也会因为不同的时代而有差异。另一方面,从前述对富勒的第八个原则的理据的反思中,也可以推导出一些较为概括的观点。虽然被官员们所接受的解释方法的种类取决于官员们所处的特定语境,但是基本的目标是让书本上的法律与实践中的法律在指导作用和调整作用上保持一致。只有当法律的表述与法律的应用二者所提供的指引都一致时,官员们才能够避免前面几个段落所提的陷阱。当然,表述与应用之间很难完全一致,但是相当程度的一致性却是可以实现的。职是之故,任何一种真正的法律制度都必须满足两个约束条件。第一,官员们的关键目标之一,是对法律制度中的规范的外在表述进行解释并加以适用，并且解释和适用的结果必须符合知晓这些表述且知晓该制度中主流的解释准则的中立观察者的期待。第二，理所当然的，那些准则本身——它们构成了解释特定法律术语和概念的技术性习惯，但同时也必须要利用法律 规范的表述所依循的所有或者大部分日常语言习惯——必须符合、不能违反那些仅仅熟悉该规范的表述及其语言习惯（如英语）的中立观察者的预期。第二个约束条件是对第一个约束条件的重要补充，因为它排除了一些解释准则，这些解释准则可能会允许甚至要求违反书本上的法律规定的许多做法。第二个约束条件也为法律制度在技术性习惯方面的差异留下了充足的空间，那些制度的官员可以根据这些技术性习惯来解释特定的法律术语和概念。这些技术性的习惯可能并且实际上也会因为各个法律制度之间的其他差异而有所不同。它们的多样性并不会被第二个约束条件彻底排除。相反，那个约束条件所排除的是，暗地里以另一种规范取代书本上的法律的解释方法。在任何一种真正的法律制度中，第二个约束条件都是必须满足的，因为任何一种制度都不能大规模地取代上文提到的法律。

同样隐含的、哪怕不是明确地启迪法律官员的解释性判断（interpretive judgments）的是，第一章在讨论决断上的正确性时简单提及的常识性假定。也就是，法律官员们必须要借助许多杂糅在一起的背景性信念（background beliefs），这些信念与人们的典型欲望、倾向和计划有关，这些信念要么是这个社会里的所有人普遍拥有的，要么只有特定人才拥有。那些假定将会令官员们认为，他们所要适用的法律规范存在更加具体的目的，甚至可以令他们理解这些规范所针对的行为的本质。司法人员和行政人员必须注重立法者或普通公民所采取的行为的目的性，尽管这种态度并不总是会公开表露出来，但在那些适用法律的官员的解释活动中却至关重要。若要在书本上的法律和实践中的法律之间维持一致性，任何一种令人满意的做法都必须部分依赖这种关注。富勒承认这一点，

因为他对第八个原则的解释绝大部分都是在讨论司法解释者
(juridical interpreters)如何揭示立法者的目的和意图。

解释技术虽然会因为法律制度而有所不同,但是强调法律解释
中的目的与这些技术并不矛盾。例如,在一些司法管辖区域中,制定
法解释经常要参考某些立法者的表述,因为这些立法者主要负责那
些制定法的制定——或者参考制定法以外的其他立法性表述。在其
他司法管辖区域中,司法和行政官员不得参考这些表述。他们被要
求关注制定法的措辞,并且只能从制定法的措辞中推导出立法目的
(当然,必须要在上文提到的常识性假定的帮助下)。这些差异,以及
其他差异完全符合上文所提到的两个约束条件。不管辨别立法意图
和解释作为该意图之产品的制定法的主要技术包含哪些内容,一个
法律制度的司法官员和行政官员都有合理的理由认为立法者大致上
知晓这些技术。因此,司法和行政官员有相当充分的理由推定,制定
法的解释必须符合上文提到的技术。立法者的意图是,制定法的解
释必须要符合立法者的期望。对于其他类型的法律,比如司法原则
和行政规章来说,亦是如此——即便是对不胜枚举的民事合同来说
也是如此,因为这些合同是由完全熟悉主流的合同解释方法的专家
所起草的。所以,当法律官员们诉诸司法制度当中由他们的同行所
建立起来的解释方法时,他们就必须根据那些法律的创设者的概括
意图来解释法律(Raz 1996,266-267)。这种结果源于官员们遵守上
文提到的两个约束条件。他们对这两个条件的遵守,保证了书本上
的法律和实践中的法律之间的一致性,因为他们认为书本上的法律
是带有特定目的的。

在讨论的最后,还应该注意一点。这里的许多论述可能会让一
些读者得出如下推断:实现富勒的第八个原则通常会涉及怎样揭示
隐晦的含义,这是一种无比艰难的解释技艺。这种技艺有的时候确
实是有必要的,但是官员们适用法律的做法经常是更加直截了当的。

我们不应该加入批判法学派和法律现实主义的阵营,认为法官们在疑难的上诉案件中所处理的棘手难题,代表着法律制度当中每天都会出现的问题。恰恰相反,行政和司法官员所做出的大多数决定都是常规的甚至可以说平平无奇的,因此这些官员可能不会遇到复杂的解释问题。当然,即便承认这一点,我们还是应该承认,在那些主要涉及棘手的解释问题的案件中影响官员们的审慎思考的因素,在那些司空见惯的案件中同样也会发生影响。适用于疑难案件的约束条件,同样也适用于法律官员们每天都会遇到的诸多常规情境。但是,因为在常规情境中可以如此轻易地满足那些约束条件,相关法律官员几乎不会进行任何自觉的反思和审慎的思考。在这种情境中,官员们不费吹灰之力就可以维持书本上的法律和实践中的法律之间的一致性,并且不需要仔细思考法律解释中的思维过程。他们所依仗的预设,和他们回答更加棘手的情境时所依仗的预设,并无二致——比如说上文所提到的常识性信念——但他们这么做很显然是未经反思的。此处应该强调的是,在任何一个运作正常的法律制度当中,官员们所遇到的大多数情形都是像这样平平无奇的。当法律官员们开始思考法律规范对各种事实情节有何寓意时,他们通常并不会在解释问题上耗费精力。遵循富勒的一致性原则是一项宽泛的责任,而解释法律的责任构成了其中的关键部分。法律官员们通常会履行这一责任,但却是不假思索、未经反思的。实现书本上的法律和实践中的法律的一致性,有的时候确实要求法律官员们(特别是上诉案件的法官)必须具备相当程度的解释能力,但是它更常要求的只是每个官员常规地扮演其角色。

二、法治作为一种道德理想

当富勒的每一个法治原则都在高于某种最低限度标准的层面上

得到满足时,某种事态就会出现。到目前为止,本章已经对这种事态进行了讨论。只要这种事态出现,那么运作正常的法律制度就会存在。换言之,到目前为止,我们所讨论的法治完全是从特定法律规范和法律制度的良善与邪恶当中抽象出来的。正如至今为止已经讨论过的,我对法治的看法属于法哲学的范畴,而非政治哲学的范畴。它是一种法理学的观点。它为法律制度的存在提供了不少条件,这些条件单独来看是必要条件,合在一起是充分条件。在这样做的过程中,它对所有道德问题和政治问题的看法都是中立的——这些问题包括法律应该怎么使用,个人生命的法律规制的恰当限制,根据法律规范的规定对人们进行不同区分是否正当,法律制度应该满足何种条件方可称得上公正,等等。作为法律制度存在之必要条件和充分条件的实现,法治本身在道德上是中立的。法治绝对有助于在一段持久的时期内大规模地实现良善的目的,但与此同时,它也绝对有助于在持久的时期内大规模地实现邪恶的目的(Kramer 1999a;143-222;2004b)。

在本章的第二部分,我们将开始仔细检讨作为一种道德的—政治的理念的法治。要在法治的法理学概念和道德的—政治的概念之间进行区分,之后我将使用大写体来表示后一种概念所指涉的现象——"大写的法治"(the Rule of Law)。虽然小写的法治(the rule of law)当然和大写的法治是完全一致的,甚至是后者相当重要的前提条件,但是大写的法治的内涵比小写的法治更加丰富。要理解大写的法治的性质,我们必须要注意到形式问题是怎么变成实质问题的。

我的讨论将再次回到富勒的八个法治原则。但是,我将不再认为那些原则表述的是法律制度存在的必要条件(单独来看)和充分条件(合在一起),而是政治道德原则。如果这些原则被重新阐释成政治道德原则,那么并非所有的法律制度都符合所有这些原则,并非所有的法律制度都体现大写的法治。

如果我们将富勒的原则重新理解为政治道德原则,那么这些
原则就表达了自由民主传统的价值观念。本书不适合对该传统的
诸多不同面相进行巨细无遗的研究,亦不能简单选择其中一个方
面来研究。让我们简单提醒大家注意,自由民主传统包括以下思
想家:约翰·洛克、约翰·斯图尔特·密尔、伊曼努尔·康德、弗里
德里希·哈耶克、约翰·罗尔斯、罗伯特·诺齐克。这些思想家以
及过去400年间其他自由民主理论的杰出支持者在许多问题上并
未达成一致意见,但是在大多数问题上他们的观点是一致的。对
于自由民主传统来说至关重要的是强调:个人的自由,自治和尊
严,人们在法律和政治上的基本平等权,机会平等,政府应该保障
公民的生命安全和基本福利,在公权力领域内应该注重理智的审
慎思考(reasoned deliberation)和提供理由(justification),成年人有
机会参与选举和其他政治活动,政府的权力应该分离。在大写的法
治中,这些价值将会得到实现。这些价值的形式面相体现在富勒的
诸原则中,因为这些原则就是作为大写的法治的概要而被提出来的。
正如我们将会看到的,当我们将重点从小写的法治转向大写的法治
时,上文提及的每个原则的意义也会随之发生转变——这种转变是
一种深化(enrichment)。

1. 通过概括规范的治理

当第一个法治原则作为严格意义上的法理学命题被提出来时,
它所强调的是概括规范在确保法律制度的存在方面所发挥的关键作
用。概括性原则——作为一个法理学命题——并没有否认无数具体
命令对所有法律制度的必要性,它认为如果没有概括规范的话,任何
一种法律制度都无法作为法律制度正常运作。概括规范构成了法律
制度的主要法律,大多数具体的命令都是这些概括规范的适用。如
果一个法律制度的规范结构缺少了概括性,那么这个制度就不成其
为法律制度了。

　　"通过概括规范的治理"一节中曾用更多的篇幅检讨过概括性的法学意义。当富勒的第一个原则被重新解读为大写法治的教义时，我们当然并没有否认或低估概括性的法学意义。不过，概括性这个属性对法律制度（institution）而言也具有道德的—政治的意义（import），这种含义可以补充概括性的法学意义。在我们讨论概括性的道德—政治意义之前，我们应该简单地思考下道德哲学家理查德·黑尔（Richard Hare）在其他语境中所强调的一个区分：也就是概括性/具体性（generality/specificity）的二分法和普遍性/特殊性（universality/particularity）的二分法之间的区分（Hare 1963, 38-40；1981, 41；1989）。至今为止，我对概括性的评论一直都没有提到这个区分，富勒也完全没有注意到这个区分。而且，对本文的写作目的而言，黑尔所提出的这个对比在某种程度上可以并且应该被弱化。尽管如此，简单概括这个对比，可以让当下的讨论更加有的放矢。

144

　　概括性经常是一个程度问题，是对更加具体、细致的事物特征的抽象。如果两个特征可以在概括程度上进行比较，拥有其中一种特征能够推出（entail）拥有另一种特征，那么这种推导关系经常表现为从更加具体的特征推导出更加概括的特征，而不是相反。也就是说，举个例子，"狮子"的属性可以推导出"动物"的属性，但是"动物"的属性却推导不出"狮子"的属性。概括规范可以适用于许多行为，而概括规范正是脱胎于这些行为的具体属性。例如，一条禁止谋杀的法律，是从许多类型的谋杀行为（绞杀、枪击、捅伤，等等）所具有的具体特征里抽象出来的。

　　普遍性和概括性是不同的。当且仅当一条规范没有专门指向特定的实体，比如说特定的人、时间或地点时，这条规范才是具有普遍性的。比如，如果一条规范专门指向亚伯拉罕·林肯、1922 年或者法国，那么这条规范就不具有普遍性。尽管如此，虽然任何一种专门指向特定的人或事物的做法都不符合普遍性，但具体性（specificity）却不是，一个普遍的规范可以是高度具体的。例如，禁止任何红头发、棕色眼睛的人在星期四给杜鹃花浇水,就是在表述一条具有普遍性的规范,尽管这条规范很详细。这样一条法律并没有专门指向特定对象,即便它所提到的要素(头发、眼睛、花和时间的种类)相当具体。

正如我已经指出的,至今为止我对概括性的说明忽视了概括性/具体性的二分法以及普遍性/特殊性的二分法之间的差异。其实本来是没有必要考虑上述差异的,因为——就我的写作目的而言——特殊性可以被看作是具体性的极端形式。但是,在当前的语境中,具体性和特殊性之间的区分何以至今为止被人们忽视,恰恰是这个区分值得注意的原因。也就是说,我们应该注意到上述区分,方能注意到具体性和特殊性之间的类似性。如果在法律当中专门针对特定人的大多数做法并不妥当或有害,那么大多数高度具体的但没有针对特定人的做法同样也是如此。从一种道德的—政治的视角来看,后一种做法和前一种做法在一般情况下都会招致反对。

在这里特别值得重视的是所谓的限定性描述(definite descriptions):每一种描述都会使用一个恰当的表述(通常会带上定冠词"the"),进而在没有明确提到某人或某物的前提下,将特定人或实体排除在外。也就是说,"曾经在周四那天给杜鹃花浇水的个子最高的人"这个描述就将某些人排除在外,而且还没有明确提到某人或任何其他特定的实体。虽然这样的描述是具有普遍性的(universal),作为一种道德评价对象,它所具有的意义和那些指名道姓地提及某个人的描述所具有的意义基本上是一样的(尽管限定性描述将某些人排除在外,但是其中有许多描述并不足以指引我们辨别那些人的身份。上文所提到的限定性描述的例子,并不足以指引我们辨别它所指的到底是哪一个人。"还没有被任何人发现的最大的星系"这样一种限定性的描述,显然更加无助于辨别其所指。只要限定性描述针对的对象是一个星系,那么类似这样的限定性描述就无法适用于唯一的针对对象)。

限定性描述之间的类似性，也就是专门针对特定人和高度具体的描述，当然对于小写的法治和大写的法治来说都是相当重要的。正如之前我所主张的，长期、彻底地违反富勒的概括性原则，将会严重危及法律的基本运作。违反概括性原则的做法包括限定性描述、专门针对特定人、高度具体的描述。不管是其中一种或多种抛弃概括性的做法，这个结果都会出现。假如一个法律制度当中，大量的规范因为在表述上运用上述做法，因而丧失了概括性，那么这个制度也就失去了作为法律制度的机能。这些做法所产生的效果之间的类似性，也就因此具备了重要的法理学意义。但是，这些类似性在本节中特别重要，因为在这一节中，我们的注意力将放在大写的法治上，而且我们的关注点已经从单纯的法理学转向政治道德性。虽然在法律领域，每一种抛弃概括性的做法可能招致的批判在某些方面各不相同，但是这些做法可能招致的批判主要在于这些做法的共通之处。我们应该知道，法律规范的表述肯定会专门针对特定人，这种恶是无法根除甚至缓和的，否则就要通过其他放弃概括性的做法才能实现具体指涉之目标。事实上，如果适用其他放弃概括性的手段，那么这些害处在某种程度上就会相互交织在一起。

在我们考虑上文提到的手段的具体害处之前，我们应该先思考下违背法律中的概括性原则所产生的、更加宽泛的道德、政治缺点。首先，需要强调的是，并非所有此类违反概括性原则的行为都是令人痛惜的。有很多以个别命令的形式表现出来的违反概括性原则的行为，对于法律制度的正常运作来说是必要的，这一点我们已经指出了。还有为数不少的其他违反概括性原则的行为同样也是有益的，因为它们以一种适当方式表明不同的人在道德上存在重要的差异。任何人都应该乐于承认这一点。但是，在这里我们感兴趣的是，许多不那么有益的减损概括性的行为违反了大写的法治。

当然，在一个关键的方面，违反概括性的不当做法会引起批评。

这个方面和这些做法的法理学意义存在直接的关系。它们损害了小写的法治，也就是说，它们会危及法律制度的机能。因而，它们会危及一些理想的实现，而这些理想对于法律制度而言是不可或缺的——这些理想包括公共秩序、调整人们的行为和社会制度、维护个人自由。这种有害的效果当然是富勒的概括性原则（作为大写法治的一个原则）所反对的弊病。但是，即便这种不良效果暂时被弃之一旁，还是有一些坚实的道德的—政治的理据支持我们注意那些针对个别对象或高度具体的法律规范。当然，这些规范有一些是良性的，但许多规范却不是。

147

个别化的命令和高度具体的表述，正是因为它们的有限性，可以用在不当用途上。除了被用作实现概括规范的方法之外——也就是说，除了以司法命令或行政指令的方式，将概括的法律适用于特定案件或个人之外——它们会损害大写的法治对于实现基本法律平等和公平的期望。它们可以用在裙带关系（nepotism）或其他形式的偏爱（favoritism）上面（比如说，让那些符合特定描述的人可以钻税收漏洞），同样也可以用在歧视特定群体这类容易招人诟病的行为上。它们相当于绕开裁判过程或其他程序的策略，因为这些过程或程序可能会妨碍法律官员或政府官员的目标的实现。这些策略恰恰是美国《宪法》禁止褫夺公民权的修正案所要避免的，而且这些策略与正当程序这个基本的自由民主价值背道而驰。当立法者或其他官员们拒绝遵守以下纪律，即法律的制定应该针对不特定人（针对该司法领域内的所有人，或者其中的一大部分人），当他们选择的法律仅仅针对一小部分人，他们就会放松自己的如下动机，即保证相关的法律规范从许多不同视角来看都被认为是公平的。

法律专门针对特定人的做法可能是特别有害的，因为这些法律如此严重地违反了如下理念，即处在相似境况下的人应该得到相似的待遇（也就是说，处在相似情况下，必须要遵守相同的要求，并且获得相同的权利）。但是，限定性描述和高度具体的描述或许是推翻上述理念的不诚实的手段，即便它们的术语具有普遍性而不是特殊性（particularistic）。正是这种不坦率的手段被用于不正当的目的时，才使得它们愈加声名狼藉。在法律规范的表述当中公开地专门针对特定的个体，比其他抛弃概括性的、不坦率的做法，更有助于公众参与审查。只要专门针对特定人的做法在道德上是可疑的，那么这种可疑性就应该公开拿到台面上进行辩论。限定性描述和高度具体的描述，经常并不是同等明显的。正如已经提到的，限定性描述并不总是能够帮助我们辨别其针对的对象。当然，高度具体的描述同样也是如此。虽然在大多数情况下，包含这种描述的法律所带来的模糊性并不难解决，但这种模糊性也给支持不信任此类法律的其他理由加了分。

148

确实，至少在一个方面，法律规范的表述专门针对某些人的做法，或许是非常不恰当的。如果法律包含苛刻地对待特定人的做法，那么这样一种规定可能会服务于（或意图服务于）——公开羞辱的目的。在那种意义上，针对特定人的做法本身就是一种惩罚，因而也就是一种绕开正常的裁判程序和行政程序的极其阴险的做法，因为这两种程序是用来确定何时及如何施加惩罚的。尽管如此，即便在引起公众对某些人的厌恶方面，其他抛弃概括性的做法并不像专门针对某些人的做法那样赤裸裸的有效，前一种做法同样也可以强有力地实现这个功能。在一些语境中，它们的相对不坦率可能会导致我们无法轻易辨别其针对的对象。除了这些语境之外，其他抛弃概括性的手段——比如说强加不利后果的法律——很容易就会使人们注意到被它们排除在外的人。任何此类手段的不坦率本身会招致批判，而且这种不坦率也会传达出一种背地里嘲笑的讯息。

无论如何，虽然抛弃概括性的不同策略在某些方面存在差异，但当它们被不恰当地运用于法律规范的表述当中时，它们产生的主要效果是相同的。它们与民主国家的某些核心价值,比如平等、公平和正当程序,存在紧张关系,哪怕不是彻底的冲突关系。与之相对应,一个治理制度中长期存在的法律、命令、指令在表述的时候应该减少使用这些抛弃概括性的手段,因为那些法律是通过命令和指令适用于特定个人或群体的。富勒的第一个原则,不单单是一个法理学原则,还是一个政治道德性的原则,反对的就是这些手段。当然,这些手段并不总是能够避免,但应该尽可能少用,使用时应该非常谨慎。如果一个社会中长期存在的法律频繁使用这些手段,那么它们就会损害这个社会的法律制度的存在,同样也会危及该制度可能表现出来的某些关键的自由民主价值。即便这些手段的使用并不频繁——因此,即便它们并没有危及法律制度的存在——它们也可能会侵蚀那些自由民主价值。总而言之,就不信任这些抛弃概括性的手段而言,其道德理由和政治理由要比法理学的理由更为重要。

2. 公众的知悉

正如我们已经看到的,一个制度是否遵守富勒的公布原则,对发挥法律的引导和调整功能来说至关重要。如果人们(包括任何专业的人员)完全不了解法律要求、允许、授权他们做什么,那么他们的法律制度就只是徒有其表,该制度的规范也不能指引他们的行为。这个制度就无法作为正常的法律制度顺利运作。

概括地说,前一个段落重新说明了富勒第二个原则的严格法理学版本的主要理据。当我们转向富勒第二个原则的另一个版本,也就是阐述大写法治的一个要求的那种版本,上述理据还可加上政治道德性考量。当然,政治道德性考量并不要求告知每个公民每条法律规范的内容。这种沉重的近乎荒谬的期望,并不是从自由民主价值当中推导出来的,同样也不是从法理学的关切当中推导出来的。政治道德性考量所要求的,恰恰是一个运作良好的法律制度的存在所必需的东西:该制度的规范能够被公众所知悉。大多数公民一般并不了解多数法律的条文,但是他们总归是有机会了解这些法律的条文的(也许是在专家的帮助下)。合理的可知悉性,而不是实际的可知悉性,才是需要追求的。

偏向于公布法律的道德—政治因素有几个。首先,当然是一个法律制度的存在能够实现的那些好处——公共秩序、社会协调(coordination)、保障个人自由等——可能会因为严重偏离公布原则而受到损害。如果这些偏离行为广泛、持续存在,使得一个运作良好的法律制度的存在本身因此受到威胁,那些好处或许会丧失殆尽。其次,除了这些直接与一个法律制度的运作的必要条件相关的理由之外,还涉及一些重要的自由民主价值。

如果施加义务的法律没有得到公布,那么公民将没有任何公平的机会让他们的行为符合法律的规定。除非公民们足够幸运,在不知情的情况下遵守这些不为人知的法律命令,否则他们会因为不经意之间违反这些命令所设定的义务而遭受惩罚。在未受到充分警告的情况下,法律的—政府的机构强制力可能会直接用在他们身上。从公民的视角来看,在任何此类情形中,法律的—政府的官员们在行使该强制力时就是专断的。为了实施某些法律要求需要用到强制力,可是在公民们做出违规行为时,他们不可能知道该要求。他的道德能动性——他的道德自治——并没有得到适当的尊重。因为他是这样一个主体,他所在社会的法律的—政府的机构不仅仅应该给他提供合理的选项,还要提供合理的机会让他知晓这些选项是什么。当一个制度没有公布一条法律命令时,它也就是在拒绝提供这些重要的机会。因此,即便公众不知情的命令本身是合理的,这个制度还是表现出了对治下人民的不尊重。

富勒也简略提及公布法律的另一个好处(Fuller 1969,51)。如果一个社会为政治情绪的表达留下了充分的余地,并且该社会的公众可以获知法律规范的内容,那么那些规范就容易引起辩论、受到质疑。人们理解各类法律条文的能力之所以是无法用价值衡量的，不仅仅是因为他们可以借此调整自己的行为，还因为他们可以基于可靠的知识而非无知、未经验证的推测来批判这些法律。对法律官员们的行为所产生的结果进行公开的审查，取决于那些结果和行为是否得到常规化的公开。不管是事后审查还是事前审查，一般来说都是有用的。当然，它有助于改善那些已经写入书本中的法律，但也可以针对那些尚未写入书本中的法律发挥改善的作用。如果一个民主国家中的立法者和其他法律官员知道，他们所制定的法律将会受到普罗大众的审视，他们就会有强的动机做出并不显失公正或含糊其辞的法律决定。这些官员能预见到他们所制定的法律规范将会遇到合理的质疑，并通过自身的努力来回应或消除质疑。管理相关事务的官员可能会过于相信他们自己聪慧过人、决不犯错，不过这种可能性将因此受到某种程度的限制。

151

应该承认的是，法律规范容易受到公众的审查，这在某些语境中可能会是弊大于利的，而且这些语境并不罕见。例如，若种族仇恨情绪弥漫在社会公众之中，那么公众对法律的知情，可能会导致立法者和其他官员无法制定与上述引人不快的情绪相矛盾的法律规范。尽管如此，即便隐瞒某些法律或某部分法律可能会鼓励官员们在处理少数族群的艰难境遇方面走得更远——这种结局几乎是不可避免的——这样的托词也同样可能非常不尊重公众成员的道德主体性。官员们不会对公民进行规劝或理性的说服，他们可能会暗中回避公民们的理性主张。如果这种伎俩可以实现重大的好处，以一种更加坦率的方式实现这一重大好处的可能性为零，那么这种伎俩未尝不可。可惜的是，这种方法未免有点强词夺理。而且，就算隐瞒某些法律规范的做法是合理的，这也不代表可以把这种做法扩张到其他的法律规范中〔请注意，这个段落并没有预设诚实（honesty）一定是一种美德。如果某人把国家重大机密泄露给残暴的侵略者，这种泄密行为并不会因为它是诚实（sincere）、准确的，就变得道德上更好。[①]
此处的预设仅仅是，在法律的—政府的官员与公民之间的交流中，坦
率（frankness）在正常情况下是一种美德。如果官员们为了实现某些
道德上特别重要的目标，而不得不选择不坦率，那么这种掩饰会让人
扼腕叹息，虽然不会让人良心上过不去］。

152

再次，支持公开法律的另一个道德—政治因素是公开法律之后，
公众成员才有可能判断法律是否根据其规定得到实施。换句话说，
公布使得公众得以审查法律本身，以及法律的应用。对于从来没有
付诸实施的法律命令，以及虽然确立了公权力或私权利但束之高阁
的法律，这一点尤为重要。如果公民们无法知晓那些命令及授权性
法律的存在，那么他们就无从知道官员们是否玩忽职守。耽于实施
某些法律的行为并非总是合理的，但是这种行为是否合理通常可以
成为公众论辩的话题之一。如果公民们对法律本身一无所知，那么
只有官员们自己才能判断是否要积极地实施法律。除了在极少数情
况下，对该类问题的判断并不适合完全交给官员内部的精英人士。
当然，行政人员和司法人员对这一问题的观点经常是特别重要的，但
是普通公民应该也有能力发表看法。

确实，支持公布原则的种种道德—政治因素，并不支持如下看
法，即每一部法律都应该为公众所知晓。富勒的第二个原则，若理解
为一种政治道德的戒律，和其他的原则一样，都不是一种不容妥协的
教条。我们已经考虑过一种语境（四处弥漫、根深蒂固的种族主义），
在这种语境中，某种程度的遮遮掩掩可能是道德上最理想的。还有
其他一些语境——例如，涉及国家安全问题——或许也可以通过隐
秘的方式得到最妥善的处置。这一讨论的目的并不是暗示，支持公
布原则的因素总是比其他相反的考量更加重要。事实上，我的目的

---

① 对于"诚实本身是一种美德"或"诚实一定是一种美德"的一个更长的反驳，请参见
Krammer 2004a,208-210。

并不是暗示这些因素在某种程度上一定会支持公布原则。这种空洞的主张既非必要，也站不住脚。相反，此处的目的仅仅只是强调某些道德的—政治的价值，这些价值一般会要求法律能够为公众知晓。富勒的公布原则，作为一种道德的—政治的版本，就包含这些价值。

153

3. 不溯既往

和公布原则一样，可预期性原则同样不是在表述一个绝对的（unremittingly across-the-board）要求。正如前文所述，法律制定方面的某种溯及性是不可避免的，且是合理的。同样的，溯及既往的法律可能会产生不正义，这一点是很明显的。因此，经常会反对溯及既往的道德的—政治的因素，同样也是明显的。

对法律所做的某些溯及既往的修订，很可能是可以预见的。这就使得受到这些修订影响的所有人，在涉及这些修订的时候（不仅仅是这些修订发生的时候）都有公平的机会考虑到这些修订。这种情况并非无法想象，但是在真正的法律制度当中却极为不可能。更为可能的是，对法律所做的任何溯及既往的修订，都是所有或部分受其影响的人无法注意到的。职是之故，那些人就没有公平的机会使他们的行为符合法律的新规定。没有人可以回到过去溯及既往地调整他的行为。在涉及施加义务的法律方面，富勒专门讨论了这个问题——他提到"要求今天的人去做昨天的事情是荒谬绝伦的"（Fuller 1969,59）——但是对于其他法律而言，这个问题同样也可能会发生。例如，如果说在一个司法制度中合同法的重大变革是溯及既往的，并且如果这个变革在当时无法被完全预见到，那么对于遵守当时通行的书面合同缔约程序的人而言，当然会造成不利后果。溯及既往地适用施加义务的法律，也会对一些人产生不良影响。这两种情况下，人们的命运都是不公正的。在两种情况中，法律的受众实际上是今天被要求做昨天的事情。这种结果贬损了每个受众作为一个道德主体进行审慎思考和抉择的能力。因此，法律后果本来应该是由个人选择决定的,可实际却是在事后由官员们的撤销性命令(countermanding decree)所决定的。人们的预期在形成的时候或许相当合理,可却会破灭。

154　合理预期的一再破灭,不仅对直接牵涉其中的人来说很不公平,而且对一个经济体的有效运作来说也是相当有害的。如果一个经济体的法律框架因为溯及既往的朝令夕改而变得不可靠,生产者一般来说就不太愿意开办任何需要承担风险的企业,消费者一般来说也不太愿意进行大规模的交易。不管这个经济体是资本主义的,抑或社会主义的,这一点都是成立的。因此,每个理智的成年人作为道德主体的地位的完整性,并非反对对法律进行诸多溯及既往的变动的唯一重要的道德的—政治的因素。同样重要的,还有整个社会的繁荣。虽然在恰当的语境中,溯及既往的法律规范可以提高一个社会的繁荣程度,但是在不恰当的语境中,这样的法律规范就会带来反效果。

当然,更加宽泛地说,溯及既往的法律规范若是太多,将会使得一个法律制度无法继续运作下去。在那种情况下,一个社会的经济体,以及人们生活的方方面面,都会深受其害。如果一个法律制度荡然无存,那么它维持秩序、调整行为和稳定社会的功能也将不复存在。这种事态的法学意义和它的道德的—政治的意义同等重要。

所以,有一些政治道德性的因素,要求对溯及既往的法律的适用,施加相当严厉的限制:合理告知(fair notice)对受众和提供方的好处;每个人作为道德主体的自尊;维持人们的合理预期的重要性;通常情况下法律制度的存在所必需的东西。当然,这些因素绝非在论证完全不允许溯及既往的法律才是合理的。有的时候,法律溯及既往是必要的,或者合理的(或者,既是必要的,也是合理的)。同样的,反对适用溯及既往的法律的道德—政治因素,在许多语境下是密切相关的,其重要性亦不容小觑。我们没有必要检讨极端的不法行为——比如说,纳粹分子使阿道夫·希特勒和他的同伙在"长刀之夜"(the Night of the Long Knives)犯下的大屠杀罪行合法(Fuller 1969,54-55)——才能够理解法律溯及性所带来的可能危害。即便在更加值得赞赏的法律制度中,在更加平平无奇的情况下,事后改变法律要求或法律授权的做法,经常也未能够对法律受众的道德能动性展现适当的尊重。

155

4. 明确性

与上文所提及的因素大致上类似的道德—政治因素,是富勒的第四个原则——也就是明确性原则——的关键,这个原则可以被理解为重新解释大写法治的一个关键组成部分。如果法律的规定是隐晦不明或未提供信息的(uninformative),即使法律专家对其并不生疏,但公民们仍没有办法确定他们被授权、要求、允许做什么事情。如果一个国家的许多法律都深受不明确性的困扰,这就是一个重要的法学问题,它将会严重影响该国法律制度的运作。但是,在不明确性加剧到这种程度之前,支持明确性的道德—政治理据将会被触发。

一方面,为了维持灵活性,法律有时不得不在措辞上使用抽象的术语。在某些法律规制领域内(比如在高新技术相关的领域内),某些制定法和司法原则若在表述上使用较为偏狭的语言,可能在涵盖范围上会十分有限。偏狭和具体的语言实际上很可能会妨碍那些法律的目的的实现,采取少量开放的表述方式很可能是合理的。这种违反明确性原则的做法需要谨慎对待,但是没有理由认为它们绝对是不合理的。立法者有的时候会非常明智地给行政人员和司法人员留下非常少的、有意义的指导,这是为了让他们可以在处理具体情况和问题方面提出更加细致的标准。

另一方面,虽然在某些领域中,立法和某些其他法律渊源无疑可以是高度抽象的,但是这种做法几乎总是利弊参半。主要弊端是表述上过于抽象的法律无法为公民提供明确的指引。这种事态会导致法律制度无法实现其引导和调整人类行为的功能,因此也就没有办法向公民提供合理指引,告知公民法律要求、允许、授权他们做哪些事情。如果公民们必须要等待行政人员在之后某个时刻制定明确的标准,他们也不得不主要依靠揣测。在医学实验和高新技术通信领域内,人们(包括律师)在相当长一段时间里或许几乎无法计算自己的行为和别人的行为会带来何种法律后果。请注意,此处的问题并不是源自法律的不确定性(indeterminacy in the law)。在寓意和更加具体的标准方面,抽象的标准可以是确定的。但是,这个问题却是出于不肯定性(uncertainty)。换言之,不确定性和不肯定性之间的区分,对于本书所讨论的问题而言,有着重要的意义。虽然在表述上略显抽象的法律,可以对大量具体情况产生确定的寓意,但是辨识这些寓意的任务很可能会充满不确定性和不肯定性。即便法律中的不确定性(unclarity)和随之而来的不肯定性,并不总是会严重和广泛到足以危及法律制度的存在,但明显还是会危及如下理念,即理应告知公民各种行为模式会招致何种法律后果。在上述方面,立法者和其他法律制定者使用隐晦不明的抽象表述的做法,都会和合理尊重法律受众的道德能动性产生紧张关系。

而且,有的时候,虽然为了适应某些领域人类行为的动态性,法律当中的高度抽象性有时可以得到充分证成,对于法律规范的条文彻底的模糊性而言,却不存在对等的正当理由。确实,法律官员们经常不得不在法律规范的表述当中使用技术性的法律术语——既是出于精确性,也是出于简洁性。但是,虽然大多数普通公民未必能够理解这些技术性的行话,律师和其他法律专家肯定是可以理解的。正如我之前在讨论富勒的第四个原则时所指出的,在衡量法律的明确性时,应该参考的重点对象是法律专家的理解,而不是普通公民的理解(如果所有或大多数公民都能够获得法律专家的帮助)。因此,虽然在法律的表述中需要某些专业的法律行话,但这并不代表需要法律的模糊性。同时,也没有其他的理由可以支持接受真正的模糊性。如果法律起草时所使用的术语让法律专家和普通人都感到困惑，它们的模糊性就是一个缺陷，毫无益处可言。这种模糊性会损害法律制度的运作效率——进而无法获得经由那些运作过程能够获得的好处——而且它也和我上一个段落所描述的合理告知理念相冲突。这些费解的语言虽然表述了法律的义务、授权和许可，但是它妨碍了每个公民知晓这些义务、授权和许可的能力。在某种程度上，它也会妨碍每个公民对他的行为的法律寓意做出合理选择的能力。

总而言之，明确性原则——它不单单是一个法学命题，也是一个政治道德的原则——并不绝对地禁止在法律规范的表述中使用微量的抽象性，但却绝对禁止使用完全无法理解的措辞。后者从来就不存在任何充分的论证理由。尽管有时候为了解决概括性和明确性的张力，可以采用给理解带来难度的抽象性的方式，但这并不意味着一劳永逸地解决模糊性和明确性的张力，就一定要采用给理解带来难度的抽象性的方式。这种模糊性，不管是小规模的，还是在法学意义上重大规模的，总是会和大写的法治发生矛盾。

5. 不得冲突和矛盾

和富勒的其他法治原则相比，不得冲突和不得矛盾原则的道德—政治外观与它的法学外观存在重大的差别。正如之前已经指出的，小写的法治和如下事态是一致的：在这样的事态中，每个人都必须遵守无数对相互冲突的法律义务，只要每一对法律义务所对应的惩罚是不对称的。但是，这样的事态虽然符合小写法治，却和大写法治不兼容。任何人都不应该频繁地发现自己处在如下境地：不管自己的行为是什么，都必须为此承担惩罚。如果某人在法律上有义务做 X，但在法律上又有义务不做 X，那么他作为道德主体的自尊就会受到损害，即便因为可能遭受的惩罚并不一样所以他还是有得选。如果在生活方面，他都会遇到这样一种困境，那么他作为道德主体的自尊就会受到不合理的轻视。要对这一自尊表现出恰当的尊重,法律制度就不能只是让人有得选,还得允许人选。当某人必须遵循相互冲突的法律义务时,他所做的任何一种可能的行为都是不被法律允许的。不管他可以选择的两个选项(做 X 和不做 X)是否因为随之而来的惩罚的严厉程度而存在优劣差异,这两个选项都必定不被法律所允许。法律制度若要彰显大写的法治,就不应该让这种情况不断发生。内在于大写法治的是,每个人在正常情况下都可以避免违反法律。如果法律总是不允许人们做出选择,那么主流的法律制度就是在对那些受它控制的人们的生活发挥压制性的、深远的影响。它同样很少让他们得以在其规定的影响之下松口气。任何一个法律制度,若总是这样牢牢控制它的公民,就不可能是自由民主的。

但是,我们绝不应该做出这样一个结论:只要大写的法治得到实现,冲突义务就不复存在了。一方面,许多法律制度实际上可以消除一国法律中的冲突(Fuller 1969;Williams 1956,1140-1141)。如果司法人员和行政人员遭遇这样一种法律材料,这些材料看上去似乎同时要求某人做 X 和不得做 X,那么他们一般情况下会尽可能对这些材料做出解释,从而解决该冲突。例如,如果相互冲突的义务是由不同时代的制定法各自施加的,那么司法人员和行政人员可能会认为后法优先于前法。通过这些方法,法律解释者可以消弭这些冲突,从而保证一个人至少可以选择一种不会违反法律的行为。任何人都不会遇上法律的绝对禁止。另一方面,这种结局基本上不是注定的,而且从道德的—政治的理由来看也并不总是最优的。在任何大型的法律制度中,肯定会出现一些情形,在这些情形中,用巧妙的方式处理法律义务之间的冲突的做法并不合理。

例如,假定杰里米和苏珊达成了一项合同,按照这个合同,他必须在某一天某一个时间段出现在某一个地方。更进一步假定,他随

158

后——或之前就已经——和梅乐尼达成了一项合同,按照这个合同,他不能在那一天那个时间段出现在那个地方。每一份合同的相对方都因为相信杰里米会履约,而投入了时间或者做出了安排。在这些情况下,负责实施法律规定的官员们无疑得解决杰里米的合同义务之间的冲突,裁决只有其中一项义务才是实际存在的。例如,他们或许可以宣告第一份合同优先于第二份合同。尽管如此,虽然解决冲突的方法(刚刚提到的方法或其他方法)或许是明显可行的,但对两份合同的一方当事人来说很可能是非常不公平的。在没有特殊的免责因素的情况下,不能太轻易地免除杰里米解决这个困境的负担,因为这个困境本来就是他自己造成的。就算是要求他遵守自己招致的义务,他的道德能动性也不会受到损害。当然,不可避免的是,他肯定会违反其中一项义务。要么他将会在特定的时间段中出现在特定的地点,要么不会。因此,不管他怎么做,他都有责任承担另一项法律义务,也就是弥补违反其中一项义务所带来的损害(最有可能的是支付赔偿金)。但是,在上述语境中,这种结果对于所有当事人而言都是最合理的。因为这种情况很可能发生,我们不应该将富勒的第五个原则解释为完全不允许冲突的义务。任何此类的限制对大写的法治来说都太过严苛了。在一些情况下,法律中始终存在着的冲突义务,会提高而非阻碍大写的法治——及其所体现的价值观,如人的平等、个体的尊严和公平。

正如上一个段落所提到的例子中指出的,消除法律义务之间的全部冲突并不合理,在自愿承担的义务方面,这一点尤其明显。但是,即便在制定法或行政规章施加的义务方面,也有可能会出现无法经由解释策略消除的冲突。不过,虽然这种无害的冲突当然是可能的,并且有的时候确实会发生,但却是例外。一般来说,应该避免而非寻求或鼓励冲突义务的发生。任何自由民主的治理制度都不应该容忍如下情况:人们必须履行的相互冲突的义务数量众多、范围极

160 广。正如已经评论过的，这种情况会让制度的禁止性力量过分扩张。并非所有法律义务之间的冲突都应该被避免或消除，但是自由民主的制度安排绝不能鼓励这种冲突大量存在。

本小节的全部论述都适用于每一对相互冲突的义务，即便与每一对义务相对应的处罚大致上并不平衡。不管与两个相互冲突的义务相关联的惩罚是大体上对等抑或截然有别，在存在冲突义务的情境中，人们不管怎么做都会受到惩罚。只有在例外情况下，这种困境的发生才会符合自由民主的价值观。更不必说，如果相互冲突的义务所对应的惩罚大致平衡，那么这些义务的大量存在将无法与自由民主的价值观相吻合。这种事态不仅仅会令人想到刚刚强调过的主要坏处——也就是这样一个坏处，即法律制度在对公民施加义务方面走过了头——而且还会危及小写法治的存在本身（进而还有大写法治的存在本身）。正如我在阐释富勒的第五个原则的法学版本时已经提到过的，法律作为一种由权威命令组成的制度，其基本功能是疏导、调整人类行为。如果相互冲突的义务所对应的惩罚是相等的，而且这种冲突义务大量存在而非极度罕见，那么法律的上述基本功能将会受到损害。在公民生活的许多领域中，如果一个制度所提出的做 X 和不做 X 的理由都同样强，那么这个制度将完全无法引导公民的行为。这是一个法学问题，同时也是一个重要的政治道德问题。毕竟，若是没有了小写的法治，大写的法治也就不可能存在了。如果冲突义务的大量存在会导致一个法律制度无法顺利运作，那么它也就阻止了一个美好理念的实现（还有其他）。因为对于这个美好的理念来说，其法律制度得以顺利运作乃是一个必要条件（至少在任何大型社会中）。而且，它还阻止了一些价值观的达成，而这些价值观的实现才得以构成大写的法治。

一个法律制度的权威材料内部存在大量的矛盾，也可能会产生类似的破坏性影响。我们首先应该注意，和一些冲突不同的是，矛盾总是会危及大写的法治，即便它们的数量并不多。虽然法律义务之间保留一些冲突可以提高法治水平，因为个体将会因此被迫做出某些行为，且这些行为将会引起一定的义务，或者无辜第三方的合理预期将会因此受到保护，但一个法律制度的权威材料出现矛盾并不是一件好事，哪怕这些材料是可以废止的。当然，正如我们已经指出的，在裁判过程或行政过程当中，一个法律制度都不应该包含任何矛盾。如果这一制度所制定的规范表面上能够支持两个相互矛盾的法律观点，那么只有其中一种能够真正适用于特定时间点的特定人 P。在那个时间点上，另一个观点严格来说并不适用于 P。但是，矛盾也可以发生于规范的层面上。如果矛盾出现在那个层面（仅仅出现在那个层面），它们就完全不值得保留。它们会导致法律出现彻底的不确定性，而且它们可能会搅乱制度的规范体系（matrix）提供的指引。也就是说，它们一定会产生不确定性，而且经常会产生不肯定性。在法律制度的规范集合（matrix）中，若矛盾的规范大量存在，那么小写的法治将无法维系，但如果矛盾的规范只是在更小的范围上存在，那么它们将会弱化大写的法治。

在一个符合大写法治的治理制度中，这个制度的标准的权威表述可能会直接指明该管辖区域内的人们被要求、允许或授权做哪些事情。作为一种对法律的受众的道德能动性表现出恰当尊重的手段，这种权威表述的重要性不言而喻。但是，当一个制度的标准的两个权威表述发生矛盾时，这种法律后果的必要指示将不复存在。两个相互矛盾的法律既肯定又否定某些法律规范的存在。如果这些法律之间的矛盾作为极个别现象，只是在极少数情况下才会发生，那么它只是在微不足道的程度上违反了小写的法治。相反，它更加严重地违反了大写的法治，因为它对每个公民经过缜密推断分析做出选择的能力表现出了不尊重。也许，这种不尊重的表现形式是源于粗心大意或是盲目自大，但是，不管它的源头是什么，任何故意保留这种不尊重的做法都意味着相关的官员抱着一种漫不经心的态度——

而不是一种专业的态度。如果某些东西可能会导致法律出现混淆或没有必要的不确定性，遵守大写法治的官员或许就不应该不假思索地继续在法律中保留这些东西。

162

尽管官员们有的时候有合理的理由同时实施两个冲突的义务，但却没有办法同时将两个相互矛盾的法律适用于特定人 P。正如之前已经指出的，这些法律只有一个能够适用于处在特定时间的特定人 P。因此，法律规范相互矛盾的表述，可能会产生合理的预期，而这些预期不可能完全被实现。如果一部法律规定杰克享有在某个时间 t 做 X 的自由，而且杰克有理由信赖这部法律，同时另一部法律规定吉尔有法律上的权利反对其他人在时间 t 做 X，吉尔同样也有理由信赖这部法律，那么如果杰克事实上真的在 t 做了 X，那么在民事制度的约束范围内，这两个同样合理的预期不可能同时得到满足。不管是杰克的预期还是吉尔的预期，都会落空。如果司法官员裁决吉尔有权利反对杰克做 X，而且随后他们考虑到杰克对这部授予自由的法律的信赖是合理的，从而减轻了杰克需要支付的赔偿数额，那么他们不仅仅使得杰克的预期落空，同时也使得吉尔的预期部分落空。避免任何一方的合理预期落空的唯一方法，就是由某些公共基金而非杰克或他的保险公司向吉尔支付赔偿。但是，这样一种"解决办法"，将会把处理法律矛盾的成本转嫁到纳税人身上。

只要法律制度的权威材料依旧存在矛盾，杰克和吉尔的情形就有可能发生——在民事制度中，总是会有一些合理的预期没有办法得到实现，矛盾和冲突在这个方面存在差别，进而也与大写的法治存在尖锐的差别。尽管施加冲突义务的法律所引起的合理的预期，在民事制度中总是能够同时得到满足（部分是通过补偿），但是相互矛盾的法律条文所产生的合理预期，却并不总是能够在这样的制度当中同时得到满足。

即便法律制度的权威材料所出现的矛盾规模非常小，不足以妨

碍小写法治的实现,但却会破坏大写法治。当然,如果它们数量激
增,效果可能会更加严重。它们可能会威胁或妨碍小写法治的维系,
甚至可能会完全破坏大写的法治(不单单是因为大写的法治依赖于
小写的法治)。但是,富勒的第五个法治原则,若是作为一种政治道
德原则,所针对的就不仅仅是过度的矛盾。它所针对的乃是法律制
度的法律规范当中的所有矛盾。没有理由可以支持将矛盾包含进
来,但却有强的道德—政治理由将之排除在外。

于是,在大多数方面,若是将不得冲突和不得矛盾原则解释为一
种政治道德原则,那么这个原则将会比富勒的其他原则更加不灵活。
不像这个原则在法学上的对应物,它不能包容两种不同的相互冲突
的义务:一种相互冲突的义务所对应的惩罚是对等的,另一种相互冲
突的义务所对应的惩罚却是不对等的。而且,尽管它承认,最好保留
而非消除法律义务之间的某些冲突,但是它却严格反对法律制度的
权威材料里出现矛盾。进而,从总体上而言,和其他的法治原则相
比,这个原则更像是设定了一个绝对禁令。

6. 能够得到遵守

正如我们已经看到的,富勒的可遵守性原则,若从它的法学版本
来看,主要(如果不是完全)关心的是法律的引导功能和协调功能。
正如我之前在讨论这个问题时已经指出的,如果法律制度的唯一功
能是定分止争,那么许多法律不能得到遵守是符合小写的法治的。
但是,因为法律制度的主要功能实际上是指引和引导人们的行为,所
以不能付诸实践的命令肯定是无法和小写的法治兼容的。如果一个
制度所设定的大多数规定都无法得到遵守,那么它的主要功能就无
法实现。在这样的情况中,不可能存在任何拥有最起码的实效的法
律制度。

如果我们将可遵守性原则解释为大写法治而不仅仅是小写法治

的一个信条,那么我们就可以更进一步地意识到,为什么我们会离一个法律制度的前景越来越远。因为在这样一个法律制度中,大多数施加义务的规范所规定的义务完全超出了所有或大多数公民的能力范围。一方面,正如本章及前一章已经主张过的,一个法律制度中的官员不应该试图确保这个制度的所有命令都能够被所有适用对象遵守。这样一个目标是非常不现实的,即便这个目标并非虚构,它的实现也可能是不合理的。一些命令应该得到统一的适用,即便并不是所有人都有能力遵守它们。另一方面,不能被任何人所遵守的法律,在自由民主的法律制度中是无法安身的。简单来说,这样的法律不应该普遍存在于一个法律制度中,甚至它们压根就不应该存在。除了会对法律的指引和协调功能产生消极影响之外,这种法律所提出的要求可能会强人所难。

譬如,假设一部法律规定每个人每天都必须要跳到 40 米高,而且不能借助机器或其他帮助。作为一种指引和引导人们行为的机制,这样的法律是没有意义的。没有人能够调整他的行为,以便遵守这样一部完全无法遵守的法律。但是,除了没有意义、荒唐可笑之外,这部跳高的法律也是非常不合理的,而且还会损害自由价值。它会使得所有人都面临遭受惩罚的处境,因为他们没有办法遵守它所施加的义务。如果这一惩罚是针对所有人的,那么所有人都将不公正地遭受某些苦难,因为他们没有办法实施一条完全超出其能力范围的规定。确实,正如第一章已经评论过的,"应当"(ought)意味着"可以"(can)这个观念——也就是这样一个观念,即没有人在道德上有义务去做他根本没有办法做到的事情——是非常强的。如果"应当"真的意味着"可以",那么侵权法上过失标准的统一适用在道德上就是正当的。尽管如此,虽然"可以"并不总是"应当"的必要条件,但经常是这样被人理解的。如果一个管辖区域内的所有人或大多数人,在法律上都有责任达到一个人类无法实现的标准(比如要求跳 40米高的法律),其后果就是他们因为人类的局限而遭受惩罚。

这个情形和如下情形迥然有异:疏忽大意的人必须要为他的马虎行为所带来的损害结果做出赔偿。诚然,在后一种情况下,此人是因为未尽到合理注意义务而被认定应承担责任的,而且他没有能力遵守这个义务。尽管如此,他并不仅仅因为自己拥有所有人都拥有的局限,才被认为有责任接受惩罚。相反,他之所以被认为有赔偿义务,是因为他的行动完全是自己的疏忽大意导致的。当然,他的疏忽大意极有可能是他的身体和心理素质的组成部分,而且无法克服。尽管如此,这并不是他和其他人的相似之处。相反,这标志着他与某些人之间的差别,后者通常不会通过自己的行为伤害别人或自己。因此,如果他的身体素质或心理素质最终对他人造成损害,便不成立免责事由。因为他没有办法像超人一样而对他施加法律上的惩罚,这在道德上是说不过去的。但是,因为他没有办法维持正常人能够达到的注意水平和熟练程度而对他施加法律上的负担,却是非常合理的。因为他没有办法维持达到正常标准,所以他的行为可以被认为是马虎大意的(如果他完全没有办法做到人力所不能及的事情,我们同样不能负面评价他的行为)。虽然他没有办法克服自己的笨拙,这一点很可能足以排除任何支持对他提起刑事程序的道德理由,但并没有否定对他施加赔偿义务的道德理由——我在第一章中就提到过这个理由。

前面两个段落预设一部完全无法被遵守的法律将会适用于违反它的所有人,并基于此预设讨论了这部法律的道德缺陷。更加可能的是,这样的法律将无法实施,或者只有某些违法行为才会受到处罚。如果它完全无法被实施,那么负责适用它的官员们实际上就是承认它在道德上是可疑的。如果只有被选定的违法行为才会受到处罚,那么这种选择将会给遭受处罚的人带来另一种不公平。总而言之,强人所难的法律是不合理的,无论实施的模式是什么。甚至当这样一条命令完全无法实施时,继续在书本上的法律中保留这样的命令,将会使法律声誉扫地。当然,这样一种情况同时也意味着,这个

制度未能遵守富勒的第八个法治原则（该原则要求书本上的法律和
行动中的法律必须保持一致）。

166

前面关于可遵守性的论述关注的是完全无法被任何人遵守的法
律——比如说要求每个人每天跳到 40 米高的命令。而且，这样的法
律也没有办法实现任何值得追求的、有意义的目标。如果我们关注
的并非完全无法实现的法律，而是有可能促进某些值得赞赏的目的
的法律，那么我对无法实现的命令的明确结论或许要进行轻微的修
正。假定一条法律命令施加了一项超出所有人或几乎所有人的能力
范围的要求。但是，更进一步假定，这条命令并非完全不能遵守，并
且这个命令作为一条法律规范在某些方面可能是有益的。富勒提供
了一个有用的类比，他提到学校教师有时会对学生们提出他们实际
上无法达到的要求。教师这样做的目的是要全面发展学生的能力，
目标是促使他们提高技能、完善知识（Fuller 1969,71）。在一些数量
相当有限的语境中，法律制度的规范或许会扮演一种类似的角色。
在这些语境中，本节所提出的明确的结论或许在某种程度上是可以
放松的。但是，任何此类的修正都是微不足道的。正如富勒本人直
接指出的，学校教师和立法者之间的类似性可能会让我们误入歧途。
事实上，他之所以提及这个类比，就是要提醒我们不要用这个类比。
他评论道："学生虽然没有办法实现教师的要求，但是教师还是可以
祝贺他们实际取得的成绩，而且并非违心之论，也非自相矛盾。"然
后，他将教师的情况和法律官员们的情况进行了对比，后者"面对的
是二选一，要么官员们做严重不正义的事情（对那些不能像超人一样
的人施加惩罚），或者对违反法律的行为睁一只眼闭一只眼从而削弱
对法律的尊重"（Fuller 1969,71）。富勒的保留意见是很有道理的。
如果确有必要对本节的宽泛结论做任何修正，那么这个修正可能是
非常中度的。强人所难的法律的存在，在一些罕见的情境中或许在
道德上是可以证立的——特别是，如果这种义务性行为并非明显不
可能——但是，这些情境当然还是非常罕见的。

事实上,本节提出的结论在某些重要方面太过狭隘。到目前为止,我们关心的都是作为法律**命令**(mandates)的一种美德的可遵守性。现在,我们应该承认,对于其他类型的法律规范的道德证立来说,可遵守性在一般情况下同样也是非常重要的。例如,缔结合同必须遵守的程序,应该处在正常人的能力范围内(如果必要的话,还需要法律专家的帮助)。当然,需要再次强调的是,并不是所有情况下法律都需要满足可遵守性原则。例如,有一些人没有办法签署自己的名字,这个事实并不意味着缔结合同或遗赠财产的规则不应该明确规定签名问题。事实上,在授权性规则方面,显然是不需要完全满足可遵守性原则的,因为身心健全的人可以代表身心有缺陷的人来履行这些规则附带的程序。因此,如果法律想要规定无法被任何人遵守的缔约程序,那么这条法律是没有意义的,在道德上也是站不住脚的。但是,如果一部法律规定了一些无法被某些人遵守的程序,这条法律或许是相当合理的。事实上,后一种程序有时是无奈之举,因为即便是最简单的程序都有可能超出某些人的能力范围。不管是作为一个法学命题,还是作为一个政治道德原则,可遵守性原则都完全承认这一点。尽管它劝诫法律不要强人所难,但是它本身并没有要求一定要制定一部每个人都肯定能遵守的法律,因为这是不可能的(而且是不合理的)。

在讨论其他话题之前,我们应该注意,在另外一个方面,可遵守性原则或许比乍看上去更加重视实际情况。它并没有反对英美侵权法和合同法中的严格责任制。严格责任是指弥补个人行为的损害结果的法律责任——通常是通过支付赔偿——不管这些行为是哪一种过错行为[疏忽大意(negligent)、轻率(reckless)、故意放任(knowingly indifferent)或恶意(malicious)]。换言之,在严格责任制下,补救义务的发生取决于是否存在过错。在英美侵权法的许多领域,补救义务的发生只能是某人的行为有过错。但是,在合同法的许多领域及侵权法的其他领域,则以严格责任为主。例如,在美国侵权

法中,从事某些高危作业的人,在法律上有责任对这些作业所造成的
一切损害结果做出赔偿,即便他们自始至终都非常谨慎小心。类似
的,在英国侵权法中,饲养危险动物的人在法律上有责任对动物造成
的损害做出赔偿,不管饲养人是否有过错。虽然英美法中诸如此类
的严格责任似乎与可遵守性原则相矛盾,但二者实际上并不冲突。

要理解为什么严格责任和可遵守性原则并不冲突,我们必须要
考虑下"'应当'意味着'可以'"命题的两个版本之间的区分。一切都
取决于我们怎么解释"可以"。一方面,我们或许会认为"可以"意味着
"作为一种物理可能性能够做到",因此我们可能会认为"不可以"意味
着"作为一种物理可能性不能做到"。此外,我们或许会认为"可以"意
味着"通过谨慎履行注意义务和善意能够做到",因此我们可能会认为
"不可以"意味着"通过谨慎履行注意义务和善意不能做到"。如果"'应
当'意味着'可以'"命题的解释是后一种——也就是主张没有任何道德
理由可以支持如下说法,即任何人在法律上有义务避免损害结果的发
生,哪怕他谨慎履行注意义务且抱有善意还是不能避免——那就太强
了。这样理解的话,我们可能会批判所有支持法律中的严格责任的道
德理由。现在,虽然法律中的严格责任经常是不恰当的,但也并非总是
如此。如果某人从事某种特殊的活动,而且这种活动很可能给别人造
成损害,或者如果某人自愿承担让某种事态发生的义务(而不仅仅试图
产生那种事态),那么就有非常合理的道德理由判定他负有法律上的责
任,不管他是否有过错。富勒的可遵守性原则并没有排除这样一种道
德理由的存在。

相反,可遵守性原则和"'应当'意味着'可以'"命题的第一个版
本存在相关关系。也就是说,在通常情况下,它禁止因为人们没有办
法做到超出其身体能力的事情,就对他们施加法律上的惩罚。因为
每个人都有可能不参与某些特定的活动(比如说高危作业或饲养危
险动物),而且因为每个人都可能不想产生某些特定的事态,隐含在

可遵守性原则背后的"'应当'意味着'可以'"命题,完全符合英美侵 169
权法和合同法中的严格责任原则。当然,可遵守性原则本身并没有
坚持主张,侵权法或合同法当中的某个特定的领域应该适用严格责
任。相反,这个问题是开放的——要回答这个问题需要考虑其他道
德—政治因素。它提醒我们,因为未能做到超人才能够做到的事而
施加法律上的惩罚,很难在道德上站得住脚,同时它也没有允许或规
定在法律的任何一处地方设定严格责任。

7. 长期的稳定性

正如我之前对富勒的第七个法治原则的讨论指出的,这个原则
要求在稳定性和灵活性之间取得平衡。一方面,如果法律制度的大
部分命令和其他规范朝令夕改,那么法律官员们就无法通过这种制
度的运作来引导、调整人们行为。另一方面,如果法律制度管辖一个
中度变动的社会(而非高度变动的社会),那么这个制度的法律规范
所出现的任何变化本身会带来非常严重的问题,因为它会导致书本
上的法律和行动中的法律出现严重的差异。因此,法律制度是否正
常运作,取决于如何在破坏性的脱序(dislocation)和不合理的僵化之
间取得平衡。概括地说,这就是对富勒的第七个原则的法学表述。

支持那个原则的道德—政治因素同样也是明显的。如果说,某
个治理制度的大多数规范并没有长期保持不变,那么通过法律制度
的运作能够实现的主要愿景就没有办法得到实现。并非所有的愿景
都能够得到所有法律制度的保障,但如果一个大型社会没有这样的
制度,那么所有愿景都得不到保障。有一些宝贵的东西可能会因为
法律规范的过度变动而丧失殆尽,其中一个就是法律官员对公民的
道德能动性的适度尊重。如果说一个制度前后制定的规范都是昙花
一现,那么公民们就会感到失望、困惑,这个制度中的官员就是在阻 170
碍而非促进每个公民做出合理选择的能力。那种宝贵的能力,也就
是对几种合理选项做出最优的选择,是每个公民的法律责任和道德

责任的试金石。如果公民们没有办法对他们的法律义务和机会做出理智的选择(因为公民或他们的律师能够获取的信息总是瞬息万变的、不可靠的),那么他们的行动,作为对法律的回应,而不是作为一种与法律无关的行为模式,就不受道德评价。因此,法律规范过度的变动将会终结公民和政府在大写法治下所形成的基本道德关系。这样一种关系有一部分取决于每个公民的道德责任,基于他的道德能动性,以及行使该能动性的充分余地;另一部分取决于法律的—政府的官员对每个公民的能动性和责任的尊重。如果官员们大幅度地、频繁地改变法律,导致公民们不知所措,那么官员们就没有表现出上述尊重。在这些情形中,官员们并没有给予公民们充分的余地,让他们在回应法律规定和授权的过程中合理发挥他们的道德能动性,反而是在阻碍其行使权利。

当富勒的第七个原则被忽视时,许多其他的道德—政治愿景同样也会受到损害。例如,如果法律规范过于频繁、大幅度地变动,导致人们的财产权利和合同权利得不到保障,那么一个社会的经济制度的效率就会受到损害。正如我之前在讨论第七个法治原则时已经评论过的,违反这个原则所导致的问题和溯及既往的法律所提出的问题大致上是类似的。如果人们担心他们的努力会被溯及既往地认定不合法,那么人们就不愿意参与经济活动或其他艰巨的事业。同样的,如果人们担心在做这些事之前,他们的法律权利就会发生重大的改变,那么他们肯定不会愿意去做这些事情。这样的不确定状态无法为任何长期或中期的计划提供可靠的理据。结果,一个社会的经济繁荣就会受到严重的影响。

当然,法律制度的规范体系的过度变动所导致的诸多消极后果,不应该迫使我们得出如下结论,即只有非常少数的变动才能够得到171 证立。正如我们已经强调过的,富勒的长期稳定性原则既不支持僵化,也不支持不间断的变动。在僵化和慢性的变革之间应该取得恰

当的平衡,能够支持这个观点的理由,除了法学上的考量之外,还有
合理的道德的一政治的理由。如果一个法律制度的规范框架是静态
的,将会产生许多消极的后果。因为法律制度的存在本身会受到威
胁,原本只有在这种制度存在的前提下方有可能实现的各种好处,将
会因此受到影响。不管怎么说,即便这个制度的运作依旧没有效率
可言,它的道德的一政治的缺陷仍是异乎寻常的。当然,严重的无效
率就是一个主要的缺陷,但是还有许多其他道德的一政治的瑕疵也
会败坏这个制度。

　　例如,只要法条依旧保留着过时的法律,它们就会变成粗心者的
陷阱。即便是法律专家也未必能够避免这些陷阱,因为他们未必能
够充分理解数百年前制定的法律的寓意。哈特留意到一个有趣的例
子,这个例子谈到了一部古代的制定法的一个出人意料的适用。
1944 年,海伦·邓肯(Helen Duncan)在英格兰被起诉、定罪,判决依
据的是 1735 年的《禁止巫术法》。第二次世界大战诺曼底登陆之前,
当局怀疑她为了宣扬自己是千里眼,获取并且泄露了秘密的军事信
息。在一次降灵会上,她被逮捕了,最终被指控秘密向死者祈灵——
这是 1735 年《禁止巫术法》的罪名。不管她的千里眼是否真的对联
盟军队的计划构成了威胁,此处的重点是,这部古代制定法的存在为
当局提供了绝妙的理由来处置她。援引这部制定法的精彩之处是,
这样做对他们大大有利,但对那些受到追究的公民却是不利的。虽
然海伦·邓肯本身不见得是多么高尚的人,但是她的情况表明,如果
法条始终过时,就可能会产生不正义(当然,与《禁止巫术法》类似的
任何一种法律是否应该保留在现存法条当中,是一个切题的问题)。
在一个如英格兰这般动态变化的、民主的法律社会中,因为过时所产
生的不正义是很罕见的,在这样的法律制度中,大多数书本上的法律
并没有过时。因此,虽然孤立来看,每个不正义都会引人不快,但是
它们加总起来并不会影响法律制度的基本特征。相反,在一个非自
由体制的社会中,如果它的规制结构包含大量过时的规范,那么这些

172

规范的存在很可能会给这个制度的整个特性造成更加糟糕的影响。那些规范将会给这个体制的官员们提供蒙蔽公民的许多机会。即便这些机会很少被抓住，它们的存在本身——大家都知道它们的存在，虽然之前大多数公民都不知道它们具体是什么——将会导致政府与公民之间的关系存在严重的不对等，前者将会凌驾于后者。停滞的、过时的规范系统不仅仅无助于引导、调整人类行为，而且，它将成为邪恶政府手中的棋子。

长期的稳定性是大写法治的一个内在的组成部分，因为它反对狭隘地看待人类的易变性，同时也反对毫无原则地接受人类的易变性。稳定性不是故步自封。尽管如此，虽然第七个法治原则并没有支持停滞和僵化，但是它传达出了一个最重要的信息，那就是提醒我们注意一个司法管辖区域的法律太过频繁的变动所带来的消极影响。保持事物的稳定，以便让人们知晓他们的立足点在哪里，虽然不是大写法治的充分条件，但无疑是必要条件。

8. 表述与实施的一致性

富勒在阐释小写法治和大写法治的时候提出了一个重要原则，即一致性原则。这个原则适合作为本章讨论的盖顶石板（capstone）。支持那个原则的道德—政治因素有很多。只要我们回想起，法律规范的公布和实施之间的一致性一般是如何产生的，那些因素将会变得显而易见。正如我在解释富勒的第八个原则的法学版本时所指出的，实现这个原则的关键是司法官员和行政官员要保持中立。我之前的解释强调的是中立性的认识论优点。中立性在认知上是可靠的，而妨碍中立性的因素——比如自利、偏执、无知和善变——可能会导致官员（和其他人）无法正确理解他们所面对的问题。虽然那个认识论要点在本小节中仍然是最重要的，但是此处主要强调的是中立性的道德—政治优点。

　　除了认知上不可靠之外,妨碍中立性的因素在道德上和政治上是可疑的。受到自利、偏见或善变影响的官员不仅仅会误解他们面对的法律和情境,而且还可能会违反道德义务。当然,这样的结论是有一些著名的例外情形的。特别是,这一结论在某种程度上取决于相关管辖区域的法律是否良善。在一个拥有许多邪恶法律的制度当中,促使官员们不愿严格执行那些法律的动机——即便是不怎么光彩的动机——也比摆出一副坚定执行那些法律的姿态,在道德上更好(Kramer 2004a,191,脚注 10)。例如,假定在一个邪恶的制度当中,司法和行政官员承担着实施各种法律的任务,这些法律要求对某些受到轻视的群体施以严厉的压制性措施。更进一步假定,其中一些官员愿意接受上述受压迫群体中的某些人的贿赂,不肯按照相关主流法律的规定严厉追究他们的责任。在这样一种语境中,相比冷酷地执行邪恶的法律,出于腐化的自利动机而违反严格的中立性在道德上更好。如果说官员们基于对这些受到不公待遇的群体成员的偏爱态度,而决定不执行法律,那么这种做法显然比中立地执行那些法律更好。这样的态度当然是一种偏见,但是这种态度将会使得官员们不惧狂热分子的愤怒(后者将会不遗余力地实施歧视性法律)。这些偏见将促使官员们满足道德性的要求,而非对这些要求嗤之以鼻。

　　所以,在相当程度上,司法中立性和行政中立性的道德—政治意义,取决于每一个司法管辖区域的法律的内容。但是,在本章的后半部分,我们关心的是大写的法治而不是小写的法治。也就是说,我们重点关心的是,一个民主的法律制度的存在必须满足的要求。在这里,我们并不准备考虑明显非自由的、不民主的法律制度都具有哪些特征。也就是说,就此处的目的来说,本章可以忽略如下情境:某些法律制度的规范如此令人憎恶,以至于任何中立地适用和执行那些规范的做法在道德上都是可疑的。在这里,我们只关心符合自由民主价值观的制度。

　　有鉴于此,致力于追求中立性的司法官员和行政官员有望达成道德上正确的判断。因为官员们执行的法律本身就是良法,官员们外观上的中立性将会提高他们正确地理解和实施那些法律的能力,从工具意义上来说他们的中立性在道德上是宝贵的。也就是说,它可以作为一种实现道德上宝贵目标的工具,而且这些目标还是前述法律所追求的。另外,它也是具有工具价值的,因为它有助于实现人们的正当预期。因为公民和向他们提供建议的法律专家可以辨别各种法律的规定,并且官员们的中立性将会增加他们根据法律规定执行法律的可能性,中立性可以提升道德价值,也就是维持公民们对自身行动的法律后果所持有的合理信念。当然,更加宽泛地说,如果官员们坚持中立的立场,可以加强法律制度的活力。通过促进书本上的法律和实践中的法律之间的一致性(而且这还是绝对必要的),他们的中立性将会避免二者的严重分歧所产生的问题——这些问题将会威胁小写法治的存在(进而威胁大写法治的存在)。官员们的中立性有助于持续发挥法律的引导功能,进而能够实现一些宝贵的愿景,而这些愿景对一个法律制度的正常运作极为重要。

　　另外,官员们的中立性除了在这几个方面具有工具意义之外,还具有内在的道德价值。它有助于确保官员们做出道德上正确的决定,同时也有助于确保他们基于道德上正确的理由做出这些决定。正如在第一章讨论中立性的后半部分所指出的,一些动机和认知的因素可能会影响中立性,这些因素使得法律无法恰当地尊重受到消极影响的人们。例如,如果司法和行政官员把自己的自利动机放在那些本来应该得到优待的公民的利益之前,他们的行为也就违反了人人平等这一重要原则的约束。应该承认的是,他们可能并不知道自己的行为违反了人人平等的原则。他们可能会受到自利心的遮蔽,以至于他们并不知道自己正在不公正地贬低他人的利益和事业。另一种情况是,他们很可能深知自己的贪婪,而且完全不会为此感到羞愧。不管他们是否意识到自己在自甘堕落(self-indulgence),他们屈从于这一恶习的做法就足以败坏任何根据这一恶习所做的任何决定了。即便其中一些决定在内容上恰好是对的,隐含其中的自利动机也会破坏管理者和被管理者之间的关系。在这样的情况下,官员们将会出于错误的理由做出正确的结果。他们根据那些自私的理由所做的行为将使得他们的行为变得可以质疑(即便他们偶尔可以得出正确的结果),因为它表明只有当公民的利益派生自官员自己的利益时,官员们才会在乎公民的福利。因为官员们把每个公民都当作满足私心的工具,所以他们也就未能对每个公民作为一个道德主体的自尊表现出基本的尊重。因此,不管他们是否承认自己的立场多么扭曲,他们对自己的利益趋之若鹜的做法违反了自己和其他人之间的对等性。

对于偏见、无知和善变等其他破坏中立性的因素来说也是如此。当公民们因为针对他们或所属群体的偏见而受到不公正的待遇时,这显然就是在贬低他们的地位。同样的,不管心怀偏见的官员是否知道这个态度不好,这种贬低都会发生。例如,一些官员很可能会对妇女持有一种不恰当的偏见——他们可能会认为妇女不过就是操持家务的脆弱生物——但却相信他们对这个问题的看法的善意。不管他们的傲慢态度是否善意,傲慢就是傲慢,因此也将破坏官员和公民之间的关系。

176

事实上,即便偏见比贬低更好,它们也会对上文提到的关系造成不良影响。当然,这种偏见的遗憾之处部分在于如下事实:就算这种偏见没有针对某些人,但是在一般情况下这些偏见还是会损害他们的利益。例如,如果司法和行政官员给予西班牙人不应有的、优渥的待遇,非西班牙人得到的待遇在一般情况下就会比应得的要少。不过,就算这种差别对待不会带来这样的后果,司法和行政官员因为西班牙人的身份而优待西班牙人的做法仍然是可以质疑的。

一方面,官员们可能会遇到如下情况:当法律对某人的行为有影响时,对官员们来说道德上最佳的做法就是法外施恩。另一方面,促使这种法外施恩的因素——从行使公权力的法律—政府官员的角度来说——绝不应该包括一个人的种族因素。如果官员们在判断法外施恩的恰当性的过程中将这种因素纳入考虑范围之内,那么这个判断过程关心的就不是作为一个独立个体的公民,而是作为某一个种群成员的公民,如此一来这个判断过程就会存在瑕疵。虽然在一些语境中,普通公民(private citizen)在决定是否要对其他人法外施恩时(比如,慈善性质的捐款),有合理的理由将他们的种族因素纳入考虑范围,但是官员们在执法时对某些公民是否更加宽容,却没有这样的判断余地。在民主的社会中,这些官员或许可以代表每个人来管理社会,同时在法律上和道德上有义务把每个人视为法律上平等[在某些制度中,官员们通过某种程序适用概括的法律,而且这些概括的法律本身就是基于种族理由对人们做出差别对待的。需要注意的是,这种程序可能是正当的,本段并不否认这一点。有一些法律确实要求基于种族理由优待某些人。虽然自由民主的治理制度的宗旨很少与这类法律相似,但是没有特别有说服力的理由能够令我们推断,

177 该宗旨不允许此类法律存在。至少在我目前的讨论范围内,某些此类法律是否可能正当,乃是一个开放的问题。如果一部概括的法律确实因为种族的关系而偏爱某些人,那么司法官员或行政官员若想中立地实施该法,势必要避免考虑人们的种族背景。此处的论述并无他意。本段所讨论的并不是如何中立地实施那些基于种族因素对人们做出差别对待的概括法律,而是官员们在决定超越(go beyond)或忽视(outsides)法律时是否中立]。

官员们出于无知或善变所做的决定同样是糟糕的。当然,某种程度的无知是不可避免的。任何良好的治理制度都必须能够让司法或行政官员了解他们面临情境的所有相关事实。而且,在某些情形中,一些相关的事实或许仍是无法辨明的,即便人们花费了大量的精力揭露这些事实。虽然完全知道每个情形的重要事实是一种幻想,

但是除非法律的一政府的官员采取了所有合理的步骤来掌握这些事实，否则他们就不能正确地主张自己是中立的。因为轻率、疏忽或者出于懒惰而不想深究所导致的无知，有可能会损害官员们的中立性，因为无知会导致官员们的判断出于臆测和冲动，而非对相关事实的通盘考虑。第一章在讨论中立性时已经强调了这一点。此处需要再次强调的是，在官员们的决策过程中，无知产生了道德的一政治的成本。

在一些体制中，它的法律是符合自由民主的价值观的。在这个阶段中，我们关注的正是这样的体制。也正因为如此，无知的一个主要缺点是，它会减少如下可能性：那些良善的法律将会根据它们的规定得到适用。相反，只要官员们不能准确地理解自己的行为，他们就有可能会错误地适用法律，进而妨碍或弱化其目的的实现。而且，除了阻碍那些特定目的的实现之外，一再受到无知困扰的官员们将会损害乃至摧毁法律制度的整体运作。因为官员们长期以来拒绝充分了解他们所要面对的问题的复杂性，书本上的法律和实践中的法律产生分歧的可能性将会大大增加。法律的引导功能和调整功能将会受到妨碍，甚至最终有可能会导致他们的体制无法再被称作法律制度。对法律制度来说，有一些条件是不可避免的。但是在上述意义上，这些条件却受到了威胁。 178

由此而言，司法官员和行政官员的无知（虽然是可以纠正的）可能会产生消极影响，这是其主要坏处之一。它在工具上是没有价值的，特别是当它总是、而非偶尔地蒙蔽官员们的审慎思考。一些无知虽然不是无可救药的，但也会产生工具意义上的缺点。不过，和这些工具意义上的缺点同样令人遗憾的，乃是这些无知的内在缺点。官员们必须要对某些事项做出判断，而且有一些公民与这些事项利害相关。但是，如果官员们不能通过合理手段了解相关的事实，那么他们也就没有对这些公民展现出恰当的尊重，如此一来官员和公民的关系就是一种专横的关系。官员们拒绝知晓那些完全可以发现的事实是不合理的,无论他们是否知道这一点,拒绝本身就是一种傲慢的态度。它或许不是明知的傲慢的产物——比如说,它可能是出于懒惰的疏忽大意——但它还是表明,官员们并没有合理地注意避免使他们的决定太过专断。也就是说,它表明他们没有合理地注意保证他们对每个公民的处置都符合他的道德地位(在一个民主的社会中,道德地位和法律地位存在紧密的关系,哪怕不是严丝合缝的关系)。这种淡漠是傲慢的,不管它最终的原因是什么。它降低了治理制度的道德水准,因为它影响了官员们的判断。

在这里,我们没有必要单独地考虑善变或易变这两个破坏中立性的因素,因为对它的讨论很大程度上和可避免的无知是如出一辙的。事实上,我对那些容易影响中立性的心态的简单讨论,自始至终都围绕一个主要命题展开。只要其中一种心态会对官员们的决定产生重大影响,那么它就会取代法律和道德要求,成为法律—政府制度与某些公民进行权威交流的实际依据。在引发争议的决定的范围内,人治将会取代小写的法治(甚至大写的法治)。这种取代违反了人人平等这一基本的自由民主原则,因为它没有意识到任何一位受到影响的公民都是一个道德主体,他的行为受到概括的规范的调整,而且这些规范本身是正当的。它将不确定的特定官员置于某种不合理的统治地位,因为他们的偏好和癖好取代了这些概括的规范。进而,它也就破坏了官员和公民之间的关系。因为在这种关系里发挥中介作用的——从司法官员和行政官员的角度来看——本应总是良善的概括法律和道德原则,而非个人好恶(idiosyncrasy)或行政命令(fiat)。

在结束中立性对裁判过程和行政过程的好处的评论之前,有几句话应该先提醒大家。这些评论并不能推导出如下命题:法律的实施应该总是符合它们的规定。相反,对一种情形展开中立的评估,有时势必意味着反对如下结论,即应该适用的法律必须得到实施。虽

然对民主体制的官员们来说,道德上正确的行为方式通常是在应该
适用法律的语境中执行这些法律,但是一种不同的行为方式有时在
道德上是必要的。例如,假设市政当局禁止横穿马路的法令在畅通
无阻的街道上永远无法得到执行,那么在交通更加拥挤的街道上几
乎永远无法得到执行,哪怕这些法令的条文完全可以适用于此类情
形。再假设负责执行市政当局法律的警察在一条畅通无阻的街道上
发现某人违反了禁止横穿马路的法令。在违法行为发生的那个时间
点,几乎和每一天一样,这条街道上看不到有什么车辆或其他交通工
具。在这些情形中,警察们有道德上的义务不执行这部法令。在这
种语境中,出于许多理由,执法手段可能在道德上是无法接受的。这
些手段可能会违反而非保障基本的人人平等,因为它们可能会挑出
某些行人来处罚,而以同样的方式行动的其他人却不必接受相同的
处罚。任何这样的措施都会破坏——而非保障——行人们对市政当
局的执法模式已经形成的合理预期。它们或许有助于实现道德上恰
当的目的,因为禁止横穿马路的法令虽然对交通拥挤的街道而言颇
有好处,但是对于在白天任何时间几乎没有车辆往来的街道而言,这
类法律就没有多少必要了。在上述虚构的情境中执行这部法令,也
未必不会让这部法律招人厌恶。相反,这样的执法行为可能会使这
部法律受到争议,因为它的规定以一种不公正的、毫无意义的方式影
响了人们。总而言之,警察虽然看到有人违反这部法令,但是他在道
德上被允许,同时在道德上也有义务不采取任何执法措施(他同时在
法律上被允许不采取这类措施,虽然未必有法律上的义务)。如果警
察对这个问题采取一种中立的立场,那么他可能会意识到这部法律
不应得到实施。①

180

---

① 对禁止横穿马路这个例子的一个更加详细的讨论,请参见 Kramer 1999a,285-
287。

　　所以,官员们决策过程中的中立性,最终结局有时是宽恕违法行为。但是,在民主国家中更加常见的是,一种中立的立场有时会要求执法者根据法律规范的规定来实施这些规范。就此而言,处在民主体制下的官员们就必须精通解释之道。他们之所以必须精通解释之道,不单单是出于"表述与实施的一致性"一节所论述的那些理由。如果没有一种恰当的解释技术,官员们就没有办法运作一部功能正常的法律,因而也就没有办法维持此类制度的存在而产生的好处。在此我们可以对前一种解释进行补充,因为我们现在想要分析如下问题:为什么解释能力不单单在一个整体的法律制度的层面上是重要的,同时在每一个具体个案中也是重要的?

　　如果法律官员们没有能力解释法律,那么他们要么会得出错误的裁判,要么只是纯粹出于偶然才会得到正确的裁判。错误的裁判可能会破坏公民和法律专家形成的合理预期。毕竟,正如我之前对解释能力的讨论已经指出的,对于每一个具体个案而言,这种能力的一个主要特征在于两种解释的一致,一种是实际上做出的解释,一种是有合理的理由预见的解释。因此,如果解释过程走偏并产生不合理的结果,受此影响的公民就完全有理由说他们被误导了。公民被误导本身就是一种坏处——即便它的发生是粗心大意,而非故意为之——因为破坏公民的合理预期就意味着否认他们自己的道德能力。而且,就算良善的民主体制制定了法律,错误适用法律通常会对隐含在这些法律当中的、值得追求的重要目标造成相反的作用。也正是因为如此,错误适用法律的行为通常在内容和程序上都是令人惋惜的。换言之,错误适用法律不仅仅会挫败合理的预期,它们本身的实质意义也可能会让人失望。而且,错误适用及导致错误适用的解释将会被赋予先例的拘束力,它们将会破坏法律未来的影响。因此,即便因为拙劣解释导致的错误适用非常稀少,没有对民主的法律制度的正常运作造成任何威胁,它们一般还是会败坏这一制度。

　　对法律规范所做的不恰当的解释在偶然情况下会得出正确结果，而且这一结果未必会像不正确的结果那般显得问题重重。它们或许不会破坏受到上述不当解释影响的公民的合理预期。类似的，既然这些不恰当的解释是对良善的法律规范的正确适用（虽然只是在偶然情况下的正确适用），它们的实质影响有可能是道德上合理的。虽然这些恰好正确的裁判不具备错误裁判的全部缺点，但是作为依据的不当解释，并非毫无成本。粗糙的解释将会产生这类裁判，而一旦这样的解释被赋予了先例效力，某些法律领域未来的处理方式将会改弦更张。这种改变虽然未必更糟，但很可能会更糟。而且，错误的解释不仅仅会产生先例效果，还会成为某些决定的错误依据，哪怕这些决定在其他方面都无懈可击。正如我已经评论过的，司法官员和行政官员不应该仅做出正确的判断，还必须要出于正确的理由做出正确的判断。如果一个官员是因为一种杂乱无章的解释进路而得出在其他方面无懈可击的决定，那么他实际上就是将自己毫无章法可言的思维，而非相关法律的规定，当作他的决定依据。尽管他的思考过程最终可能会产生完美的结果，但是这些思考过程违反了体制的道德权威，因为这些思考过程可能会以人治取代小写法治——还有大写法治。

182

　　总而言之，司法官员和行政官员的中立性和解释能力对于大写法治的繁荣发展而言是必不可少的。若中立性屡屡被违反，或者解释能力屡屡运用失当，将会危及法律制度的存在。它们虽然不会危及法律制度的整体运作，但是，在它们的限制之下，这个制度的整体道德名望几乎总是遭受贬低。即便它们在某些方面恰好是有益的，在其他方面也可能是有害的。一般情况下，它们可能只会是有害的。因此，富勒的第八个法治原则确实可以被理解为一种政治道德原则。它为一个法律制度整体上的合理性（decency）设定了一个必要条件，还为法律官员的个案处置方式在道德上的可接受性（propriety）设定了一个通常来说必要的条件。不管是在宽泛的层面上，还是在较为偏狭的层面上，它都详细论述了大写法治的一个主要原则。

三、结　论

本章讨论了小写的法治的法学现象和大写的法治的道德—政治理念。一半的讨论是以富勒的法治原则为结构的，因此可以凸显出法学现象和道德—政治理念之间的许多类似之处和某些差异。当然，类似的地方要比差异的地方数量更多、更明显。其中的一个部分是，它们来源于一个单纯的事实，那就是小写的法治是大写的法治的必要条件。虽然实现前者并非实现后者的充分条件，但却是必要条件。因此，只要危及前者，就会危及后者。尽管这一点很重要，但它并不能完整地把握小写的法治和大写的法治之间的类似程度。

对于每一个富勒原则的法学意义和道德—政治学意义而言，重要的是法律通过向人们提出要求和提供机会来引导人们行为的基本功能。为什么那些原则对小写的法治如此重要，一个关键的理由恰恰是，它们对于法律功能的发挥至关重要。对于维持法律的影响和人们的行为（受到法律影响的那些人）之间的内在联系而言，每一个原则都是相当重要的。它区分了法律的治理和纯粹操纵性的治理模式，后者可能会因为压制人们，将他们变成了不知情的"马前卒"。当法律规范和规范的受众之间的联系出现断裂时，这种断裂就会损害法律的正当性，因为它表明相关的法律官员并没有充分尊重受众。即便某些断裂产生了有益的效果，它们也导致法律无法继续将人们看作是负责任的、有道德的选择者。

当然，法律制度的表述对每个公民来说都很清楚明白，这个事实还不足以证明它的要求具有正当性。毕竟，一个枪手可能会清楚地说明他为被害人提供了什么样的选择，一个绑架犯可能也会生动地表述他为被绑架者的家庭或朋友提供了什么样的选择（Kramer

1999a,59-60)。尽管如此,正如已经强调的,我对富勒的几个原则所具有的道德—政治的意义的表述,是建立在如下假说的基础上的:居于主导地位的法律制度在内容方面是自由民主的。基于这些假定,那些原则提炼出了这种制度的程序道德性。和法律的良善内容相结合,实现那些原则可以证明法律的正当性和道德权威。只要保证法律的良善内容可以作为一些要求和机会向公民们提出,公民们可以理解这些要求和机会,并针对这些要求和机会做出具有实际效果的选择,那么实现那些原则就可以证明法律的正当性和道德权威。换句话说,它可以保证在民主的法律制度的运作范围内,居于管理地位的官员可以对被管理的道德主体表现出恰当的尊重(附带一提,请记得,合理地实现富勒的几个原则,并不意味着完美地实现每个原则。相当现实的是,对于那些原则包含的条件所应发挥的功能,那个功能并不等于某些难以言明的、乌托邦式的原型)。

　　所以,对法律受众的理性主体的关注,是将本章的两个讨论对象结合在一起的线索。这种关注使得我们可以辨别法律得以顺利运作的必要条件,以及法律的正当性和道德权威的必要条件。在这里值得指出的是,富勒的理论框架省略了什么及包含了什么。有人批评富勒(Harris 1997,150),理由是他的原则并没有包含小写法治或大写法治的法学面相的某些内在的、关键的特征。但这样的批评恐怕并不妥当。一方面,某些事物没有被明确地包含在他的原则当中,这一点确实是许多自由民主的法律制度的重要特征。一个例子是,法院内部在体制上是严格分离的;另一个例子是,人们有权针对下级法院的不当裁判向上级法院提起上诉。另一方面,一般来说,诸如此类的特征对于法律的存在或者法律的正当性或道德权威而言,并不是不可或缺的。在自由民主的法律制度当中,保障富勒的原则(特别是第八个原则)当中所表述的条件的制度安排在某种程度上可能会各有不同。上文提到的这类特征对于某些社会的制度安排来说可能很重要,但是在其他社会中这些制度可能会有所不同,可即便如此这种

184

制度安排仍然很好地遵守着富勒的原则。当某些程序性的或者制度性的保障存在于某些社会 X 当中，却不存在于某些社会 Y 中，它们可能会在 X 中避免采取某些存在于 Y 中的程序性或制度性保障。因此，富勒很明智地没有把一些诸如此类的保障作为实现小写法治或大写法治的重要因素。他承认，尽管某种制度或惯例可能深深地植根于一个自由民主的治理制度中，另一些自由民主的治理制度当中的不同制度或惯例也可以发挥上述制度或惯例的有益功能。例如，虽然在严重刑事案件中，有权得到陪审团的审判一直以来是英美法实现大写法治的做法，但是在其他一些民主国家所表现出来的大写法治中却未必有这种做法。所以，陪审团的审判是法治的基本原则之一，这只是一种相当偏狭的看法。富勒列举的基本原则排除了这些具体的制度问题，这种做法是相当明智的。

因此，富勒的理论框架简明扼要地总结了小写法治的所有关键属性。应该承认的是，他并没有为大写法治的理念的重要组成部分提供一份完整的大纲，因为他的目的并不是要完整地阐述那个理念中的自由民主的内容（比如和经济正义、民事权利和自由有关的内容）。尽管如此，虽然大写法治的基本的、内容性的特征仅仅得到了部分阐释，但是富勒的法治原则却很好地掌握了形式的或程序的基本内容。我在第一章里对客观性的主要方面进行了讨论，本章对富勒的法治原则的重新解释——这种解释经常超越富勒自己的论述——可以和第一章的讨论放在一起。在许多地方，我已经提到了这两章的关联。第三章将更加详细地讨论其中的某些关联。

185

186

第三章
客观性与法律的道德权威

在最后一章中，我们将更深入地思考，客观性的一些主要方面如何影响小写的法治与大写的法治。客观性和法律（一般意义上的法律或者特指民主国家的法律）之间的许多联系在前面两章中已经显露无遗，在此无须赘述。例如，我们已经用相当长的篇幅讨论过作为中立性的客观性（objectivity-qua-impartiality）在促进特定司法管辖区的书本上的法律与实践中的法律的一致性方面所发挥的重要作用。然而，就客观性与小写法治或大写法治之间的关系而言，一些方面依旧需要更深入的讨论。本书迄今提出的分析将为末章的反思（reflection）提供必要的框架。

一、有关"观察上与心智的无关性"问题的初步评论

正如我在开篇所主张的，法律规范在观察上与心智的无关性经常是强意义的，而不仅仅是弱意义的。也就是说，在任何一个法律制度中，每一条法律规范的性质（nature），都不取决于作为个人或**集体**

的观察者（例如该制度的官员）怎么看。我还主张，强意义的观察上
与心智的无关性是一种不可以量化的属性。它的适用方式是全有或
全无（all-or-nothing），而非不同程度。虽然强和弱通常是可以量化
的属性，但是在这个语境中的"强"和"弱"是在技术性意义上使用的，
这个意义在"作为独立于心智的客观性"一节中有明确提及。在上述
意义上，这些术语表示的是不可以量化的属性。进而，作为观察上与
心智无关性的客观性，和客观性的其他绝大多数方面是不同的。例
如，法律官员的中立性和法律上的"真"在个体间的可辨识性，会因为
法律制度的不同而在内容上有所差别。相反，在任何法律制度当中，
或者不同的法律制度之间，法律规范强意义的观察上与心智的无关
性并无差别。如果一个法律制度要想存在，它的规范就必须在强意
义的观察上与心智无关。在这个方面，它的规范与所有其他法律制
度的规范是一样的。

由于法律官员的中立性和法律上的"真"在个体间的可辨识性是
可以量化的，所以法律制度的运作在不同程度上展现出了这些属性。
在很大程度上，任何法律制度——哪怕是一个邪恶的法律制度——
的效率和活力将取决于该制度中两种客观性的水平。事实上，如果
没有维持在相当高的水平，法律制度的存在本身将危在旦夕。在这
样的困境中，富勒的法治原则当中有一些（如一致性原则和明晰性原
则）将无法得到实现。因此，如果法律官员希望维持体制的活力及其
存续，就必须要努力维持客观性的这些方面。他们的努力对体制的
效率与寿命至关重要。

观察上与心智的无关性则是另一回事了。就客观性的这个方
面而言，较为有效的法律制度和较为无效的法律制度是无法区分
的。法律制度越有活力，并不意味着该体制的法律更大程度（或更
小程度）在观察上与心智无关。就法律在观察上与心智的无关性
而言，在一个极端良善的法律制度和一个极端邪恶的法律制度之

间,也是没有任何区别的。每种情况下,该体制的法律在观察上与心智的无关性是强意义上的。如果官员们努力确保体制的规范内容良善、运作有效,他们就不会做任何有可能会增加(或减少)这些规范在观察上与心智的无关性或其运作效率的事情。只要法律制度能够持续存在,其法律和运作就是在强的意义上观察与心智无关的。

显然,我们不应该基于上述观点得出如下结论:作为观察上与心智无关的客观性,和小写的法治或大写的法治之间并无关系。相反,显而易见的是,小写的法治或大写的法治不可避免会具有这种客观性。尽管如此,正是由于观察上与心智的无关性与小写法治或大写法治之间的关系的恒定性(unvaryingness),提及那种与心智的无关性并不会有任何实际意义。无论一个法律制度的性质如何——无论其是否拥有或缺乏道德权威——它的规范都具备强意义上观察与心智的无关性。即便官员们的决定是邪恶的或错误的,强意义上观察与心智的无关性也将继续存在。对法律制度所面临的所有实际问题而言,法律规范在强的意义上观察与心智的无关性是给定的,无须烦忧或追求。

二、权威性原则

下面这种提法是相当枯燥且极端误导人的。

权威性原则:任何法律制度都不可能是道德上权威的,除非处在该制度中的规范在强的意义上观察与心智无关。

这样的命题是枯燥乏味的,因为它实际上并未超越如下近乎废话的(uninformative)主张:一个法律制度不可能是道德上权威的,除非它作为一种法律制度而存在。更确切地说,它实际上并未超越如下主张:一个法律制度不可能是道德上权威的,除非它具备任何一个

189

法律制度都具备的某种基础的、无可避免的(unavoidable)特征。我们或许也被告知,一个法律制度不可能是道德上权威的,除非它的运作发生在特定的空间和时间。而且,权威性原则是极端误导人的,因为它理所当然地认为,对于任何法律制度的道德权威性而言,法律在强意义上观察与心智的无关性都是必要条件,但是与心智的无关性对于法律制度的邪恶来说却未必是必要条件。然而,由于缺少了与心智的无关性,任何法律制度都不可能存在,由于法律制度的存在对于一个邪恶的法律制度是必要条件,法律规范在强意义上观察与心智的无关性对于法律制度的邪恶是必要条件。缺少这种与心智的无关性的法律制度都是不可能存在的,进而,缺少这种与心智的无关性的邪恶法律制度也是不可能存在的。

　　法律规范在强意义上观察与心智的无关性,对于良善的法律制度和邪恶的法律制度来说都是一个必要条件。乍一看,这个事实或许不会让权威性命题变得空洞乏味。毕竟,我在其他地方已经主张,任何良善的体制要想获取道德上重要的愿景之物(desiderata),或者任何邪恶的体制要想在长时间里大规模地实现穷凶极恶的目的,遵守富勒的所有法治原则都是必要条件(Kramer 1999a,62-77;2004a,172-222;2004b)。我的主张并非空洞乏味、无关痛痒(trivial),而是要以长篇论述证明小写的法治——不像大写的法治——并不具有一种内在的道德地位(moral status),来回击关于该问题的主流看法。但是,那些主张也许非常接近权威性命题,或许和该命题一样容易受到批评。鉴于从富勒的原则当中所提取出来的特征是所有法律制度的重要属性,我对小写法治的主张似乎是在提出一个无关痛痒的主张,如果法律制度要想实现好的或邪恶的目标,并且这些目标只能经由该制度的存在而实现,那么一个法律制度就必须是法律制度。如果事实上我的主张并非不值一提(trivially jejune),那么它们和权威性命题之间的类似性或许就表明,该原则的内涵同样比我所主张的还要丰富。至少,权威性命题的支持者有可能会这样主张。

190

让我们暂时不考虑如下事实：只有少数法理家否认，对于许多邪恶目标的实现而言，小写的法治是不可或缺的（因此也就否认，一心总想强化自己的剥削性影响的邪恶统治者有强的理由在实质上遵从富勒的每一条原则）。即便我们默认上述重要观点，权威性命题和我关于遵守富勒的原则的主张之间依旧存在决定性的差异。富勒的每一个原则都包含着一种可以量化的属性，法律官员们可以在不同的程度上追求乃至实现该属性。虽然上述每一种属性至少必须在某种最低标准上得到实现（instantiate），法律制度方可作为法律制度顺利运作，但是上述每个相关的最低标准的水平或许取决于官员们的努力程度。因此，如果一个哲学家主张，在实质程度上遵守富勒的法治原则乃是实现形形色色的目标——不管是好的还是坏的——的必要条件，那么他并不是在提出某种和下述主张类似的、无聊透顶的命题，即这些形形色色的目标绝无可能实现，除非一个法律制度（或任何治理制度）的运作发生在特定的空间和时间。也就是说，这位哲学家的主张并不是在针对完全无法回避的属性，这些主张不是在针对某种不会被任何人的努力所改变的属性。这些主张所关心的是某种可以量化的属性，这些属性或许可以（或许不可以）在足够高的水平上呈现出来，从而实现上述效果。

相反，当权威性命题的主张者认定，任何法律体制的道德权威部分取决于它的要求和授权在强的意义上观察与心智无关，那么他们所关注的就是一种不可量化的属性。强意义上观察与心智的无关性这个属性是给定的，因此并非可以刻意追求的。不管官员们怎么努力，都无法对该属性在适用于他们所在体制的规范做出哪怕最轻微的改变，因为这个属性的适用总是全有或全无的，而非不同程度的。它是任何治理制度都绝对无法避免的特征，就好像处在空间和时间中这一属性一样。因此，虽然权威性命题是真的，但它是无趣的、引人误解的。我们同样也可以认为，一个法律制度 191

的不公正(iniquity)、无效率有一部分的原因是该制度的要求或授权在强意义上观察与心智无关。上述每一个主张都可能是真的，并且每个主张都是无趣、极容易引人误解的。因为一个法律体制的(或者任何治理制度的)规范总是在强的意义上观察与心智无关，任何一种法律制度的性质，都部分取决于其规范在强的意义上观察与心智无关。除非法律制度存在，否则其性质就无从谈起；除非规范在强意义上观察与心智无关，否则法律制度就无从存在。凸显道德的权威性之类的某些性质是专断的做法。

虽然权威性原则认为自己洞悉了法律的道德权威，但是它唯一有意义的(informative)信息不过是在重申第一章有关法律的观察上与心智的无关性的结论而已，而且这种重申还是一种曲解。换言之，权威性原则并没有告诉我们任何与法律制度的可能的道德权威特别相关的东西，只是——如果不论它的误导性——在重复第一章的判断，即法律不可避免具有强意义上观察与心智的无关性，它并未对这个判断增加任何有用的东西。

和前面几个段落所说的略有不同的是，许多非常成熟老练的(sophisticated)法哲学家大致上也是按照权威性原则的思路来阐述他们的观点的。在这些法哲学家看来，对于任何法律制度有无可能具备道德权威而言，法律规范是否在观察上与心智无关这个问题确实是非常重要的。其中一些哲学家在表述他们的立场时，特别提到了道德原则(他们认为，道德原则属于一些或全部法律制度的规范)在观察上与心智的无关性，但是他们和权威性原则的支持者一样，都认为法律的道德权威尤其依赖于法律规范在观察上与心智的无关性。其他杰出的法律哲学家——最著名的是杰里米·沃尔德伦(Jeremy Waldron)——并不赞成权威性原则，而是提出了一个和此处大相径庭的论点。他们虽然没有批评权威性原则是无启发性的(unilluminating)、有倾向性的(tendentious)(虽然这是真的)，却认为这个原则是错误的。他们相信，它对法律的道德权威的断言虽然重

192

要,但却是站不住脚的。①

这些哲学家都弄错了吗？鉴于他们所有人都认为,关于法律的道德权威及其观察上与心智的无关性的联系的论辩真的是一场有意思的论辩,并认为自己正在这场论辩当中难分难解地鏖战,那么他们其实不过是因为误解而白费功夫而已。但是,他们的主张和反对主张(counterclaim)并不全然是出于误解。相反,他们是在参与一场重要的、成果颇丰的争论——但是这场争论的对象,是法律的道德权威性和作为决断上的正确性的客观性(objectivity qua determinate correctness)之间的关联,而不是法律的道德权威性和作为观察上与心智无关的客观性(objectivity qua observational mind-independence)之间的关联。尽管他们的争论对象看上去是权威性原则,但实际上却是:若法律制度是道德上权威的,是否需要高度的法律确定性(determinacy in the law)？他们的分歧在于以下命题。

权威性和确定性原则:任何法律制度都不可能是道德上权威的,除非它的规范所产生的绝大多数问题都存在决断上正确的答案。

换句话说,这些哲学家关注的不是一种恒定的、给定的属性(观察上与心智的无关性),他们实际上关心的是一种可以量化的属性(确定性)。在一个法律制度中,经由法律官员的努力,后一种属性可能会增加或减少。②

本书不能详加阐述上述论辩的各方参与者的立场。为了避免不

---

① 关于本段落粗略提到的、对这场论辩的一些主要的贡献,请参见 Coleman 1995,46-47,60-61;Coleman and Leiter 1995,244-247;Moore 1982,1063-1071;1992,2447-2491;Rosati 2004,309-313;Waldron 1992。

② 关于法律可能的道德权威性和它的确定性之间的关系,一个重要的讨论,参见 Coleman and Leiter 1995,228-241。虽然我对这个问题的处理思路和科尔曼及莱特都有重大差别,但我从他们的分析中获益良多。他们对心智依赖性(mind-dependence)和多数类型的不确定性之间的区分的讨论尤为相关。我将在本章末尾进一步讨论他们的主张。

停地说明和解释,我在这里的评论将会采取写意的笔法(paint with
quite a broad brush),重点讨论否认法律规范在强意义上观察与心
智无关的两种主要思路。正如我们将会看到的,任何一种否认都无
助于化解涉及以下二者关系的有趣争论,即法律的道德权威及其在
观察上与心智的无关性之间的关系。这样的争论或许实际关心的是
法律的道德权威及法律的确定性之间的关联。

三、弱意义上观察与心智无关?

正如已经指出的,权威性原则断言,法律规范在强的意义上观
察与心智的无关性,对于任何法律制度的道德权威性而言都是必
要的。有人或许会试图反对法律规范在强意义上与心智无关这一
看法,一种反对观点主张,那种观察上与心智的无关性是弱意义上
而言的,而不是强意义上而言的。这就是安德雷·马默所采取的
策略,我们在第一章("作为独立于心智的客观性"一节)已经看到
了。虽然我一直想证明,马默对这个问题的看法是错误的,但是他
的观点仍然值得严肃对待。包括马默本人在内的许多精明的哲学
家对这个观点趋之若鹜。不管怎么说,我在这里讨论的目标,并不
是要抛弃或再次反驳他的立场。相反,在这里,我们需要确认的
是,选择马默的立场或我自己的立场——也就是说,法律究竟是强
意义上还是弱意义上观察与心智无关——是否会影响到法律制度
的道德权威性。

为了符合马默的观点,权威性原则可以修改为如下命题。

弱意义上的权威性原则:法律规范在弱的意义上观察与心
智无关,对于任何法律制度的道德权威来说,都是必要的。

很显然,权威性原则的这种修正版本为法律的道德性设定了
一个条件,在某种意义上,这个条件比我的版本(前一个段落已经提过)

所设定的条件还要严苛。但是,此处的问题并不是该原则的两种表现形式是否等价,而是它们之间的差异是否会影响法律的道德权威 194 性。对后一种问题的否定回答或许是对的,因为,虽然两种表现形式的对比具有哲学意义,但却不具有实际意义。它对任何特定法律制度的状态(status)的寓意——是否在道德上是权威的——是零。

对道德权威性这个问题具有重要影响的乃是这样一种观点,不管是我的权威性原则还是马默的权威性原则对此都不否认。不管是马默还是我,都反对如下说法:法律规范是在强意义上观察与心智无关。换言之,我们都反对如下说法:每一种法律规范的内容和寓意,必然就是任何一位观察者对它们的看法。我们都反对强意义上观察与心智的无关性,权威性命题的另一种表述方式可以表现出以下这一点。

混合的权威性命题(Hybrid Authoritativeness Doctrine):任何一种法律制度都不可能是道德上权威的,除非它的命令(mandates)和其他规范在强意义或弱意义上观察与心智无关。

如果法律规范不具有观察上与心智的无关性,每个人关于它们的看法都会决定其内容和寓意是什么。这些看法或许相当于人们对花椰菜味道的看法,或者某人对左脚疼痛感的判断。这种奇怪的、碎片化的事态完全无法成为道德上权威的法律制度的理据。和左脚上的疼痛感不同,法律规范的内容和寓意并非全然主观的。那些规范无法令人满意地发挥它们的作用——特别是为人类互动行为设定权威标准方面的作用,这些标准可以成为官员们依此解决争议或授权施加处罚的证成理由(justificatory bases)——如果它们的内容和寓意是由每个人关于它们的信念所决定的。无论一些特定的法律规范是否像"作为普遍适用性的客观性"一节所讨论过的那样具有普遍的适用性,它的内容和寓意在强意义上的观察与心智的无关性,在实际中可能会损害其作为法律规范正常运作的能力。其权威运作(function authoritatively)的能力或许会受到彻底的破坏。 195

现在我们将会进一步考虑如下命题,即法律规范的内容和寓意是在强的意义上观察与心智有关的。具体言之,我们将会明确讨论,若该命题为假,对于法律体制的可能的道德权威性而言是否具有重要的影响。就目前而言,我们应该简单提醒大家注意,马默和我都反对这个命题。马默和我都对法律在观察上与心智的无关性做出了解释,他的解释对应的是弱的权威性原则,而我的解释对应的是权威性原则。如果说这两种权威性原则之间具有任何道德—政治上有意义的差异,那么这些差异肯定无关乎强意义上观察与心智的相关性。具体言之,它肯定和以下二者的差别有关,即强意义上观察与心智的无关性和弱意义上观察与心智的无关性。但是,和强意义上观察与心智的相关性问题不同的是,上述差异纯粹是在哲学意义上而言的,而不是在道德的—政治的意义上而言的。它主要影响的是如下目标,即对法律规范的本体论状态及法律规范的内容提出一种正确的哲学解释,但是它并不会影响任何体制实际的或可能的道德权威性。

我对法律的观察上与心智的无关性的讨论已经指出,如果法律官员们试图理解法律的内容和寓意,而且他们集体认为法律的内容和寓意就是如此,那么他们集体都犯错了。如果他们在得出某种决定的时候,集体误解了任何一条法律规范的内容和寓意,那么他们可能在不知情的情况下违反法律的规定,而非实施法律的规定。除非这样一种集体错误得到快速纠正,否则这种错误就会进入法律当中,进而改变已有的法律。这样一种改变或许只发生在极端有限的领域,但是,如果错误决定或其决定理由(rationale)的先例效果影响到足够多的领域,这种改变将会辐射到某些法律领域中相当重要的部分。

毫无疑问,马默的看法与此不同。他断言,如果法律的—政府的官员真诚地解释法律制度的规范的内容和寓意,那么他们是不可能集体犯错的,因此他并没有为上文所描述的那种不知情的改变留下任何空间。他当然承认,在某些情况下官员们可能会集体故意歪曲法律的要求或授权,但是他明确地否认,他们诚实探寻其体制的法律内容和寓意的集体努力会让他们陷入错误之中。马默承认,个别官员在解释法律时可能会犯错,但是作为一个组织化群体的官员却不可能会集体犯错。因此,他觉得没有必要去解释,为什么官员们关于法律规范的意义和应用的集体错误会被吸纳进法律当中。在他的眼中,并不存在这种错误。如果官员们集体相信,某种法律规范要求某种结论,那么事实上(*ipso facto*)这个规范确实就规定了(require)这个结论。

总而言之,马默的解释和我的解释之间的差别主要在于,在一些情境中,法律官员们作为一个集体对法律的解释,按照我的看法是错误的。按照马默的看法,法律解释及基于这些法律解释的判决,是在适用法律而不是改变法律。很显然,马默的解释和我的解释之间的差别,在哲学上是很重要的。正如"作为独立于心智的客观性"一节所主张的,对一阶信念和二阶信念之间的区分的适当关注,可以表明马默的观点是站不住脚的。但是,我们在此关心的是道德的—政治的考量,而不是哲学上的意义。道德的—政治的考量是否会影响官员们在上述情况中的所作所为的不同描述呢?这些描述之间的差异是否会对法律制度的道德权威性构成一定的(nontrivial)影响呢?

略加思考就可以发现,上述两个问题的答案都是否定的。首先,让我们注意两个微小但并非不重要的观点。正如第一章对这个问题的讨论所断言的(avouch),有可靠的理由可以认为法律官员们在法律解释方面所犯下的集体错误是非常罕见的。虽然法律官员们作为一个集体并非没有犯错的可能,但是因为他们非常熟悉其努力的成果,所以他们在解释时不会经常犯错。在涉及可以直接归类的(straightforwardly classifiable)行为模式的简单案件中——也就是说,在一个运作正常的法律制度中,司法和行政官员们处理的大多数案件——官员们作为一个集体相互之间都会照章办事。只有在少数疑难案件中(这些案件虽然偶尔很显眼,但是在数量上远远比简单案件要少得多),官员们在理解其体制的法律内容和寓意时,才有可能会集体犯错。而且,即便是在不常见的场合中,如果官员们在法律解释方面确实集体犯错了,他们的错误也并不总是会带来更加糟糕的结果。因为这些错误发生在疑难案件当中,它们对合理预期的破坏效果经常是微不足道的。毕竟,这些案件关注的是有争议的问题,而且这些问题不会导致牵涉其中的各色人等产生许多意见上的分歧或大量的不确定性,因此在一般情况下并不会影响坚实的预期的形成。就官员们可能会犯错的问题内涵而言,至少他们的一些错误解释可能会改善法律,而不会曲解法律。没有理由可以事先假定,他们对法律规范的内容和寓意的集体误读,一定会降低其体制的法律的道德水准。

更加重要的是,没有任何一种道德的一政治的考量会关心如下问题:法律官员们的集体错误解释是否可以被任何法学理论归类为错误解释。正如前文所述,集体错误解释将会变成相关司法管辖区的法律,除非它们很快被认为是错误的并且被推翻(disowned)。"它们是不准确的"这个事实并不一定意味着,它们一定能够被注意到并被纠正过来。尽管如此,在之后的某个时间点上,它们或许确实会被推翻。尽管人们最终可能会认识到这些解释是错误的,但更有可能发生的情形是,人们基于其他理由而认为这些解释是可疑的。在后一种情况中,对某些法律规范的理解虽然实际上是错误的,但却被认为是解释上正确的,只不过基于其他理由而被认为不恰当。官员们可能会认为,将这种误解从法律当中清除出去,构成了对被误解的规范的有意变动。换言之,法律官员们在法律适用活动中犯下的解释上的集体错误会被推翻,即便永远没有人注意到这种解释是错误的(当然,如果被误解的法律规范是一部制定法或一条宪法条款,司法者和执法者无论是作为个体还是作为集体都不会被授权改变该规范表述的措辞方式。但是，他们可以借助规范的精神，以便革新其表述的寓意。这种策略不会——或者并不必然会——承认过去对法律规范的解释是错的）。

假定马默的如下观点是对的，也就是法律官员们作为一个集体不可能会犯错。官员们的决定易被推翻或修订，和前一个段落的描述是否有什么不同呢？出于两个理由，这个问题的答案是否定的。进而前文两个问题的答案也是否定的，因为只有官员们的决定的可替代性（displaceability）这个问题，才能够将我自己对法律的观察上与心智的无关性和马默的解释区分开来，而且这种区分方式还会影响到法律制度的道德权威性。

首先，正如前文已经评论过的，官员们的集体决定在之后会被推翻（dislodge），即便它们从来就没有被当作错误的解释。如果法律官员们集体得出了如下观点，即一部法律的某些解释应该被修正或抛弃，即便它们一开始提出的时候是正确的，他们放弃过去立场的做法也不代表过去的立场就是错误的。因此，即便马默所说的"官员们作为一个集体不会犯错"是对的，官员们自己也相信这一点，他们依然可以继续舍弃过去对许多法律规范内容和寓意的理解。偏离过去理解的做法无须被当作对错误的纠正而被提出来和正当化。它们完全可以作为对新情况的适应而被提出和正当化。过去的理解依旧可以被看作是正确的，只不过就它们当时居于主流地位而言，即便官员们如今或许都承认过去的理解已经是明日黄花了。

其次，即便马默所说的"官员们作为一个集体不会犯错"确实是对的，在任何一个特定的法律制度中，官员们可能不会明确接受他的观点。法官们和其他法律官员一般情况下几乎不会太关心——而且也不那么精通——哲学上的论辩。不管他们作为一个集体在处理法律解释问题时是否会犯错，他们在处理哲学问题上的专业能力肯定

是不完美的。因此,他们是否可能赞同马默,基本上和马默的主张为

真或为假没有关系。在任何特定的法律制度中,官员们很可能倾向于做出如下结论:对一条法律规范的某些过去的解释是错误的,尽管这个解释当时得到了他们或前辈的集体支持。对马默或其他试图证明官员们的解释行为实际上不可能出错的哲学家来说,他们的上述倾向是经得起这些哲学家所提出的任何质疑的。法官们和其他法律官员完全可以无视那些论辩,就好像他们可以完全无视哲学上的争议一样。虽然在某些体制中,官员们或许会认为他们作为一个集体不可能在法律解释问题上犯错,但这种看法可以说完全来源于骄傲自满——或者来源于一种虚假哲学的教条(pseudo-philosophical dogmas)——而不是来源于哲学上的敏锐洞察力(acumen)。如果官员们经过反思认为他们作为集体不会犯错,就好像他们也可能会将某些过去的解释看作错误的一样,那么这种反思和成熟的哲学家提出的论辩的说服力大小是无关的。

因此,即便马默的论辩是切中肯綮的,这些论辩本身也不足以论证,法律官员们不会将某些过去的裁决看作集体的错误(collective blunders)进而加以推翻。马默和我之间的哲学争议并非如下问题,即法律官员们是否相信他们作为一个集体会犯错。尽管一个法律制度的道德权威或许取决于该制度的官员是否愿意将某些过去的裁决看作应该承认、纠正的错误,但是不管前述哲学争议点是否被解决,这种意愿都是可能存在的。正如第一章已经附带指出的,马默不能够融贯地解释如下情形:法律官员在某个时间点 t_2 确实集体地认为他们在之前的时间点 t_1 犯错了。如果他坚持认为他们在时间点 t_1 作为一个集体不可能犯错,那么他实际上就是在承认,他们在时间点

t_2 在法律解释问题上犯错了。反之,如果他坚持认为他们在时间点 t_2 作为一个集体不可能犯错,那么他实际上就是在承认,他们在时间点 t_1 在法律解释问题上犯错了。虽然"官员们在法律解释活动中是否可能集体犯错"这个一般化的问题是一个哲学上的难题,"时间点

t_1 的某些法律解释是否正确"及"时间点 t_2 该法所产生的后果"这类特定的问题属于法律解释问题——按照马默的观点,相关的官员作为一个集体在后一个问题上是不可能犯错的。因此,他没有办法处理时间点 t_1 和 t_2 相互冲突的解释的情境给他带来的悖论。

总而言之,正如已经说过的,在法律的观察上与心智的无关性方面,我和马默的解释之间的诸多哲学分歧,对法律制度潜在的道德权威性的影响是微不足道的。就算他的解释是对的,就算与他的解释相关联的弱权威性原则比与我的解释相关联的权威性原则更好,关于许多法律制度的道德权威性的妥当判断依然不会受到影响。换言之,我的权威性原则和混合权威性原则之间并不存在任何实际差别——前一种原则断言,除非法律体制的规范在观察上与心智的无关性是强意义上的,否则该体制不可能是道德上权威的;后一种原则断言,除非法律体制的规范在观察上与心智的无关性是强意义上的或弱意义上的,否则该体制不可能是道德上权威的。不管是我的版本还是权威性原则的混合版本都没有什么启发意义,但是每个版本都是真实的。

四、强意义上观察与心智的相关性和不确定性

如果我们想要找到任何实际差别,我们就必须再次看看马默和我都反对的如下命题:法律规范在观察上与心智的相关性是强意义的。正如我已经指出的,这个命题为假,对于任何法律制度的道德权威性来说至关重要。强意义上观察与心智的相关性,或许和法律制度的道德权威性并不吻合。但是,当我们稍微深入地检讨这个问题时,我们就会发现,对法律的道德权威性而言,真正的威胁是无处不在的不确定性。正是因为法律规范强意义上观察与心智的相关性会涉及这种不确定性,我们才应该基于道德的—政治的立场认为它是成问题的。如果我们将注意力放在与心智的相关性而非不确定性上,权威性原则才是不准确的、引人误解的。它虽然让我们注意这个

问题,但是它并没有准确描述这个问题。

正如之前已经评论的,法律规范在强意义上观察与心智的相关性,会构成一种非常碎片化的(fractionated)事态,在这种事态中,每个人对法律内容和寓意的认知都会决定其内容和寓意。请想象一下这样一种极度主观主义的事态会是什么样子。如果杰夫相信,某条法律规范意味着在某些情况下会产生后果 X,那么这条规范在那些情况下实际上就会产生该后果(对他而言)。类似的,如果简相信这条规范在上述情况中会产生相反的后果 Y,那么这条规范在那些情况下就会产生相反的后果(对她而言)。如此类推,如果每个人关于法律内容和寓意的信念的正确性判断标准,只需要每个人心怀那些信念就能得到满足,那么任何法律的内容必定是杂乱无章的(incoherently multifarious and fragmented)。或许大家都一致同意此类或彼类法律适用于某些情境会产生何种后果,但是这种一致意见却是相当罕见的——任何一个大型的社会至少都会包含一些狂热的反对派——而且永远都无法得到保障。在数之不尽的各种解释问题上,可能总是伴随各种不协调的声音。事实上,在其中一些解释问题上,这种不协调的声音可能会表现为相互交织的对立意见。因此,法律规范的内容不可能以单一的意义存在。相反,每一个法律规范的内容实际或可能会分裂成各种派系(divided against itself),有的时候会表现为令人眼花缭乱的各种派系、无法相互调和的解读。

要理解为什么我们要讨论的主要问题是不确定性,我们首先必须要注意它和缺乏个体间的可辨识性之间的差异,然后我们应该考虑在什么情况下可能会出现不确定性,哪怕法律规范在强的意义上观察与心智无关。和确定性相同,而和观察上与心智的无关性不同,个体间的可辨识性是一个可以量化的属性。法律规范的内容和寓意可以在不同程度上被不同个体所辨识,就好像它们在更高程度或更低程度上是确定的。虽然这种类似性很重要，但是上一个段落中所描述的情形并不等于法律规范的内容和寓意的个体间可辨识性并不存在的情形。一方面，虽然在一个大型的社会中，法律规范的解释很少能够形成一致意见，但是对于大多数法律规范的诸多解释而言，程度非常高的个体间可辨识性通常还是存在的。在一个运作正常的法律制度中，大多数案件都是简单案件。简单案件不需要每个人都同意它们所提出的问题的答案，只需要大多数人同意即可。前一个段落并不是在说，必要程度的一致意见在一般情况下并不存在。在任何体制中，一些法律解释问题是非常棘手且富有争议的，但是大多数问题的答案都很简单，甚至很常规。虽然这些问题（即便是常规的问题）的实际回答或可能回答一般无法形成**完全的**一致意见，但是对于大多数法律解释问题的回答而言，充分程度的一致意见完全是有可能的。前一个段落已经指出，法律规范的内容在强意义上观察与心智的相关性，可能会肢解那些内容并导致其众说纷纭，但这并不是在暗示，这种碎片化是因为人们对那些内容无法形成普遍的一致意见。这种碎片化可能是本体论意义上的，而不是认识论意义上的；也就是说，它可能与法律规范的内容是否存在有关，和人们的知识情况无关。不管人们对于法律解释问题的一致程度或分歧程度如何，如果法律规范的内容在观察上与心智的相关性是强意义上的，那么法律规范的内容——也就是一致意见或分歧意见所指向的——或许是相当主观的。因为法律规范的内容与每个观察者的看法息息相关，所以即便大多数人在描述那些内容是什么时可以达成一致意见，任何一个内容本身也并不具备绝对的影响力。

　　强意义上的观察与心智的相关性，和缺少个体间的可辨识性，各自对应着不同的失序情形（disjointedness of a situation）。前一种情况是本体论意义上的，而后一种情况却是认识论意义上的。稍后我们会回到如下事实：就算没有后一种失序情况，前一种失序情况也可能会发生。让我们在这里暂停一下,提醒读者们注意,就算没有前一种失序情况,后一种失序情况同样有可能发生。事实上,第一章对个

体间的可辨识性的讨论就已经提出这个观点了。作为个体间的可辨识性的客观性,取决于人们是否有可能形成一致的信念和确信。对于一些问题而言,观察上与心智的无关性无疑是强意义上而言的,在这种情况下,上述可能性并不存在或可能性很小。我之前的讨论提到了宇宙哲学的问题,它们关注的现象通常都是在强意义上观察与心智无关的。而在许多地方,宇宙哲学的问题引起的分歧要远远多过一致意见。因此,从认识论上而言,上述诸多问题目前正处在碎片化的状态。个体间的可辨识性并不存在。但是,从本体论上而言,并不存在碎片化状态。任何宇宙哲学现象的性质当然并不是极端主观的。

就我们当前的讨论而言,更加重要的是,高度的个体间可辨识性可以和本体论意义上的碎片化共同存在,而本体论意义上的碎片化来源于强意义上观察与心智的相关性。如果说,法律规范的内容具备这种与心智的相关性,那么它们就是彻底主观的,不管人们对那些内容的看法是否能够达成一致。因此,法律规范在强意义上与心智的相关性,以及法律制度的道德权威,两者之间的不一致并非源于认识论因素。而且,这种与心智的相关性虽然必定会影响人们对法律规范的解释形成一致意见的能力,但这种消极的影响却不会导致二者的不一致。一方面,对于大多数法律解释问题而言,法律官员和其他法律专家之间可以取得实质程度的一致意见,这对于一个法律制度的正常运作而言至关重要,如果没有这种程度的一致意见,那么法律就无法发挥引导和调整人们行为的功能。因此,对于任何法律制度的道德权威性而言,这种解释上的一致性显然是极为重要的。一个运作不良的法律制度基本上不算是道德上权威的制度。因此,如果法律规范在强意义上与心智的相关性和必要程度的解释一致性并不兼容,那么这种不兼容本身就足以证明,与心智的相关性会危及法

律的道德权威性。但是，另一方面，这种不兼容性却是可以避免的。人们对于任何一条法律规范的解释，有可能会取得实质意义的一致意见——至少对那些拥有话语权的法律官员和其他法律专家而言——即便衡量每个人的解释正确与否的标准不过是如下简单的事实，即每个人都相信该解释是对的。因此，如果我们想要明确说明，为什么法律规范强意义上与心智的相关性会损害每一个法律制度的道德权威性，我们就必须要从其他地方入手。这种与心智的相关性并不等于——或者未必会导致——缺少个体间的可辨识性。因此，关注个体间可辨识性的缺失，并不能让我们如愿以偿地找到想要找的东西。

　　相反，法律强意义上观察与心智的相关性和法律制度的道德权威性之间的不一致性，源于这种与心智的相关性所带来的不确定性。彻底的不确定性或许是缺少本体论意义上的客观性，而不是缺少认识论上的客观性（虽然它可能会和认识论上的客观性的匮乏相伴相生）。人们对每条法律规范的内容和寓意的理解在很大程度上或许是相互吻合的，但是法律规范的内容和寓意本身或许是多义的。对于每个人来说，如下问题可能是没有答案的，除了不断循环、毫无实质的答案：他应该如何解释特定法律规范的内容和寓意？他所得到的任何理解都可能是正确的，理由是他已经得出了这样的理解。换言之，每一部法律的内容并不足以约束某人正确认识该内容的全部方式。相反，对每个人来说，法律的内容或许完全取决于他是如何认识该内容的。因为每一条法律规范的内容都缺少本体论上的独立性，任何人对法律的内容和寓意的解释都是同样好的——就纯粹的解释问题而言。任何人用一种方式而非另一种方式来解释某些法律的内容和寓意，并不见得就是错的。如果一个人决定某些法律在某些语境下会产生某些寓意 X，那么实际上该法律在这种语境下就会产生 X（对那个人来说）。如果这个人随后改变了他的想法，并决定这部法律在上述语境中会产生某些相反的寓意 Y,那么实际上该法律就会产生 Y(对那个人来说)。因此,每条法律规范的内容永远都是不确定的。因为对该内容的任何解释在解释学的意义上都和其他的解释一样好,所以任何一种解释都不是决断上正确的。如果说不存在所谓解释上的误判——如果我们没法说任何解释上的判断是不正确的——那么也就不存在所谓的**决断上**正确的解释了。

总而言之,法律规范强意义上观察与心智的相关性,会导致法律变得完全不确定。但是,这种说法并不是在例证我之前对权威性原则的贬义评价。我们至今尚未明确地看到,为什么由于法律规范强意义上观察与心智的相关性所导致的不确定性会危及法律的道德权威性。现在,让我们开始处理这两点。

五、其他类型的不确定性

我们应该暂时假设,彻底的不确定性实际上与法律的道德权威性是不兼容的(我将会简单地尝试论证这种假设为何是合理的)。因为我们已经发现,法律规范强意义上观察与心智的相关性会涉及彻底的不确定性,我的讨论看上去似乎是在证成权威性原则。然而,权威性原则的真实性毕竟还没有受到任何质疑。相反,受到质疑的是该原则的启发性。它之所以不具有启发性,主要是因为它是非常不准确的。如果将不具有观察上与心智的无关性描述成对法律的道德权威性的威胁,权威性原则有可能会遮蔽如下事实,即真正的威胁是没有确定性(或确定性太少)。当然,正如我们已经看到的,没有观察上与心智的无关性,意味着没有确定性。如果法律规范的内容和寓意是强意义上观察与心智相关的,那么对于"应该如何解释那些规范"这个重要问题而言,就不存在决断上正确的答案。尽管如此,虽然强意义上观察与心智的相关性可以推导出彻底的不确定性,但反过来的推导关系却不成立。就算法律规范在观察上与心智的无关性是强意义上的,不确定性依然可能是普遍存在的。哪怕不确定性是因为法律的强意义上观察与心智的相关性所导致的,不确定性也依然会是一个问题。

假定一个体制违反了富勒的第三个法治原则,即明晰性原则,以至于该体制所有或几乎所有规范的内容和寓意都是不确定的。那些规范的表述或许会成为难以理解的官样文章。当然,正如第二章已经主张过的,大规模地违反明晰性原则的做法将会导致该体制丧失法律体制的地位。更不必说,这会导致该体制无法成为道德上权威的法律体制。尽管如此,此刻的重点只是理解两种不确定性之间的基本相似点,其中一种不确定性出现在这种情况中,而如果法律规范在强意义上观察与心智相关,那就会出现另一种不确定性。

在一个方面,两种不确定性情形存在着一种差异。但是那个差异实际上是不重要的,至少就它与法律的道德权威性的关系而言。如果法律规范是在强的意义上观察与心智相关的,那么衡量任何针对法律规范的解释是否正确的标准就只是如下事实,即一些人已经得出了该解释。相反,衡量此类解释是否**不**正确的标准却不存在。作为一个纯粹的解释问题,对该体制的任何规范的每一种解释,未必会比其他的解释更好或更差。每一个解释都可能是正确的,但"正确"指的不过是"不算不正确"。换言之,这种情况和法律规范在强意义上观察与心智的相关性所指向的那个情况,在后果上是相同的。尽管后一种事态可能会涉及极端主观主义的正确性判断标准,而前者或许根本就不涉及正确性或不正确性的判断标准,但是每一种情形的结果都是一样的:没有理由可以认为任何人对一个体制的规范的解释是不正确的。也就是说,结果可能是对那些规范的所有解释在解释学上都是相似的。任何解释都不能被说成是不准确的,或者较为拙劣的解释,因为没有理由可以支持这种说法。

进而,在实际操作中,当规范的解释被评估和采纳时,两种不确定性的害处是不相伯仲的。其中一种不确定性来源于法律规范在强

意义上观察与心智的相关性,而另一种不确定性则来源于法律规范
在表述上的不明确。每一种不确定性都是因为解释上的无差别
(indiscriminateness)所导致的;每一种类型都忽视了对规范的合理
理解和不合理理解之间的差异。正是因为两种类型的不确定性之间
的这种重要的相似性,每一种不确定性都会危及法律体制的道德权
威性。因此,由于权威性原则仅仅关心心智相关性问题,它也就混淆
了它所要处理的问题的性质。

如果我们考虑到另一种普遍存在的(sweeping)、可能会影响甚
至颠覆法律制度的不确定性,那么权威性原则的缺点将会变得更加
明显:一个体制大量地违反富勒的第五项法治原则,也就是禁止自相
矛盾(和自相冲突),将会导致普遍存在的不确定性。正如第二章所
讨论的,某种治理制度的规范体系若是存在大量的自相矛盾,就可能
给这个制度带来不确定性。对于"任何一种特定的行为模式是否可
以允许"这样的问题而言,并不存在决断上正确的答案。作为对法律
的一种解释,对这个问题的回答,不管是承认该行为模式是可以允许
的,还是拒绝承认该行为模式是可以允许的,都并无优劣之分。类似
的,对于"作为某种法律权利的实施,某种行为是否具有法律效力"这
样的问题而言,也不存在决断上正确的答案。对这个问题的回答,不
管是承认还是否认该行为作为法律权利的实施具有法律效力,同样
没有优劣之分。对任何此类问题的回答,不管是"是"还是"否"都不
是不正确的,因此任何一种回答都不是决断上正确的。

在一个值得注意的方面,最后一种不确定性和此处阐述的其他
两种不确定性有所不同。造成其他两种不确定性的原因在于,在法
律规范的准确解释和不准确解释之间,不存在客观的区分标准。如
果一个治理制度中的权威材料内部存在随处可见的自相矛盾,并由
此产生了不确定性,那么这个制度当中每条规范的内容就是尚未确
定的(settled)。在那个制度当中,授予做 X 的自由的规范在内容和

208

寓意上是完全确定的,施加禁止做 X 的义务的规范也是完全确定的。不确定性来源于两种规范的共存,来源于其他无数对矛盾规范的共存。也就是说,虽然相互矛盾的规范会引起不确定性,但是这种不确定性和其中一条相互矛盾的规范的寓意是无关的,而是和每一对相互矛盾的规范的寓意有关。因为这种虚构的治理制度是由无数对相互矛盾的规范所组成的,同时每一对规范的自相矛盾导致其中每一条规范所要应对的问题不存在决断上正确的答案,所以这个制度并不会产生任何决断上正确的结果。对于它的规范会以哪些方式影响具体的情境,这个制度并没有产生任何决断上正确的答案。对于诸如此类的问题而言,肯定的答案并不会比否定的答案更好或更差,因为规定其中一个答案的法律与规定另一个答案的法律同时存在又相互矛盾。

　　但是,不同种类的不确定性之间的分歧,在重要性上大大超过了它们之间的相似性。虽然一个法律制度的规范体系内部广泛存在的自相矛盾并不会导致解释上的不确定性,但却会在结果层面上产生大量的(wholesale)不确定性。然而,在结果层面上,其他类似的不确定性也会产生消极影响。正是因为解释上的不确定性会导致结果层面上的不确定性——在这个层面上,法律制度不仅仅会影响这个制度的运作本身——它会危及一个法律体制的道德权威性和存在本身。像权威性原则那样,如果我们只关心因为法律规范强意义上观察与心智的相关性所导致的不确定性,那么我们就会忽视这一点。我们应该关心的是,此处所阐述的三种类型的不确定性的共通点。这三种不确定性的共通点,同时也是它们的主要缺陷,乃是它们对于具体决策[这些决策发生在一个法律制度表面上的(ostensible)运作过程中]的"底线"的影响。当然,它们不会妨碍决策的做出,但却会阻止如下决策的做出:如果这些决策可以依据该制度的规范而真诚地(genuinely)、单义地(univocally)证立。

209

六、为什么广泛存在的不确定性
会破坏道德权威性?

我们现在需要更加深入地思考:为什么严重的不确定性——不管造成它的原因是什么——会损害法律制度的道德权威性?当然,一个明显的原因是,这种不确定性会导致一个法律制度丧失其作为制度的地位。如果说在一些地域中不存在法律制度,那么显然在这个地域中就不存在道德上权威的法律制度了。但是,这种观点只是完整分析的起点。应该追问的是,到底在哪些方面,大量存在的不确定性会危及法律制度的存在。这样我们才可以理解,这种不确定性对法律的道德权威性所造成的破坏性影响。

正如第二章通篇强调的,法律的核心功能是引导和调整个体和群体的行为。所以,广泛存在的不确定性的危害的第一个主要方面,就是它可能会影响那一核心功能的实施。在这里,我们必须要区分强意义上观察与心智的相关性所导致的不确定性和另外两种不确定性的差别。暂且假定,法律规范在观察上与心智的相关性是强意义上的。因此,那些规范的内容和寓意完全是由解读这些规范的每个人的解释性判断所决定的。即便如此,在大多数语境中,不同人的判断依旧很有可能会展现出一种极高程度的一致性(读者应该会记得,如果不存在作为与心智的无关性的客观性,也不存在作为决断上正确的客观性,那么作为个体间的可辨识性的客观性会处在主导地位)。而且,解释这些规范的人可能根本就不会考虑到(attuned to)这些规范在强意义上观察与心智的相关性。他们很有可能会认为自己是在确认(ascertain)而不是决定(determine)这些规范的内容和寓意。在大多数语境下,每个人都会希望其他人同样也将法律解释当成发现,而不是创造。在这些语境中,法律制度的引导和协调功能将不会总是迟迟得不到实施。而且,这些情况完全是有可能发生的(倘若有人临时性地承认——出于论辩的目的——如下不靠谱的观点，即法律规范缺少任何观察上与心智的无关性）。因此，没有融贯的理由可以支持如下看法，即法律规范在强意义上观察与心智的相关性，有可能会损害刚刚提到的引导和协调功能的实现。因此，如果我们仅仅关注这种与心智的相关性所导致的不确定性，那么我们可能就无法看到作为一种普遍现象的不确定性的全貌。权威性原则的诸多缺陷之一，就在于它会让我们的视野受到限制。

因为广泛存在的模糊性所导致的不确定性，以及因为大量存在的自相矛盾所导致的不确定性，更有可能会威胁到法律的主要功能。确实，因为不确定性和不可预见性之间的区分，这两种不确定性和权威规范引导人们行为的能力之间，并不存在绝对无法避免的不一致性。正如我在第二章讨论这个问题时已经指出的，政府官员非常有可能在自相矛盾的规范之间做出选择，而且他们的选择还是能够预见的。在那种情况下，某些治理制度的规范结构里大量存在的自相矛盾虽然会导致广泛存在的不确定性，但是这种不确定性却不会导致该制度无法以固定的方向引导和调整人们的行为。尽管如此，虽然这种状况很有可能发生，但是可能性并不大。更有可能发生的是，该制度的规范结构会让人们迷惑不解，无法找到恰当的行为方式。如果一个治理制度充斥着完全无法理解的规范，那么这种制度显然更有可能和法律的引导功能相冲突。假如人们或者向人们提供建议的专家并不知道这些规范到底是什么意思，那么人们就很难从这些规范当中获得指引。

总而言之，治理制度所建立的规范若是存在大量的模糊性或不融贯性，几乎可以肯定会损害法律的核心功能的实现。因此，广泛存在的模糊性或不融贯性所导致的不确定性，几乎总是会危及法律制度的正常运作。它肯定会危及美好愿景的实现，因为要充分实现这些美好愿景不能离开法律制度。法律制度保障这些美好的愿景的能力乃是该制度的道德权威性的必要条件,因此刚刚提到的不确定性将会影响这种权威性。虽然因为法律规范在强意义上观察与心智的相关性所导致的不确定性,本身不会威胁法律引导人们行为的能力,但是此处所讨论的其他类型的不确定性事实上却会产生这种效果。因此,我们不应该支持权威性原则,我们应该支持另一种类似的命题——权威性加确定性原则——这个命题关注的是所有形式的不确定性,而不仅仅关心强意义上观察与心智的相关性。

广泛存在的不确定性的第二个危害更加重要,因为所有三种类型的不确定性都会产生这种危害。如果法律规范在内容和寓意上是确定的,那么在根据这些法律规范做出决定时,这些法律规范就构成了决定的理由。如果行为毫无疑义地对应那些决定,那么援引这些法律规范来充当行为的标准就是正确的做法。确实,就算法律规范能够充当证明标准,也不足以令其拥有道德权威性。如果说某些法律 L 的内容是邪恶的,如果 L 的条文所要求的决定也是邪恶的,那么 L 就不具有道德权威性——哪怕它可以作为法律上具有决定性的行为标准,且这种标准在决断上规定在一些情况下必须要发生特定的结果。法律规范的运作可以作为官员的决定的理由,但是它却不是法律规范的道德权威性的充分条件,而是必要条件。如果说一条法律规范遭遇不确定性,并因此无法从法律上证明任何结果,那么它也就不能在道德上证明任何结果。如果一种治理制度充斥着这样的规范,那么它也就无法充当积极的道德杠杆(moral leverage)。当然,如果不确定性源于法律规范之间的自相矛盾,那么在任何一对自相矛盾的规范当中,其中一条规范或许可以充当良性的标准,对抗恶性的标准。例如,一部法律对一个人施加了一项义务,禁止他杀害其他人,另一部法律则授予每个人行使谋杀行为的自由,那么这两部法律就是相互矛盾的。在这样一种情况下,这部良善的法律在内容上是符合一条正确的道德原则的。当然,那个道德原则可以在道德上证明结果。但是,这部良善的法律本身,尽管在内容上令人钦佩,但并

212

未同样拥有道德上的证明能力（moral justificatory power）。毕竟，还有另一部法律与之相矛盾，而这部法律允许谋杀。但是，只有当这部良善的法律所具有的法律上的决断力（legally determinative force），没有完全被另一条要求与之相反的法律规范所抵消时，良善的法律作为一条法律规范才是道德上权威的。一部好的法律规范的道德权威性——如果它具有道德权威性的话——不仅仅来自它的内容，也来自它在所属的法律制度中所具有的决定性的影响力。如果它的影响力被另一条法律的影响力所妨碍，那么它的决定性就丧失了，它的道德权威性也就因此堕落了（vitiate）。

　　如果法律规范无法作为官员决定的证明理由，那么它就不可能是道德上权威的。有鉴于此，我们必须要分析，如果法律规范遭遇广泛存在的不确定性，那么它是否还可以充当上述证明理由。很显然，这个问题的答案——对于所有三种类型的不确定性而言——实际上都是否定的。我们先来看因为法律规范在强意义上观察与心智的相关性所导致的不确定性。正如我们已经看到的，这种不确定性是源于那些规范的内容和寓意的极端主观性。每个人对于影响特定情况的法律的理解都可能是正确的（对那个人来说），理由仅仅是这就是他对这个问题的理解。因此，对于任何官员的决定来说，任何一部法律都无法充当独立的证明理由。除非一个官员针对某些法律规范是否可以适用于特定类型的事实情节得出了一个判断，否则这个规范本身对于那些事实情节来说就是没有意义的（对那个官员来说）。如果说官员们决定，相关规范要求做出某种方向的裁决，那么从结果意义上来说（ipso facto）这条规范实际上就要求这样的裁决。如果说官员们决定，相关规范要求做出相反方向的裁决，那么这条规范实际上就要求相反方向的裁决。反过来说，如果官员们认为，这条规范与他要考虑的事实情节完全无关，那么这条规范实际上就是无关紧要的。总而言之，官员们所援引的任何法律规范的内容，无法充当他的判断的证明理由，而是他的判断的结果。这条规范的表述，仅仅只是 213

官员们用什么样的措辞方式来表达自己的观点而已。它无法表达出能够支撑他的决定的、任何独立的规定内容(prescriptive content)。

因此,如果法律规范丧失了观察上与心智的无关性,那么小写法治和人治之间的区分就无法经得起任何最轻微的审查。法律规范就会变成空壳,每个人的意见都可以往里塞。而且,既然那些意见几乎总是会因人而异——在简单的案件中是一小部分固执己见的人,在疑难案件中则是更多的人——法律规范几乎不可避免地会对某些人产生不利的后果,哪怕法律规范可能规定了对他们有利的后果。在任何此类情形中,对于实施一部法律 L 的官员来说,这部法律可能要求的是一种结果。但是对于作为 L 的管辖对象的人来说,这部法律要求的却是相反的结果。这种结局或许表明法律规范是非常不融贯的,这种不融贯来源于这些规范内容的极端主观性。在这里应该强调的是,这种不融贯对于法律的道德权威性造成了破坏性效果。既然任何一条法律规范的内容都不可能包罗万象(overarching),超脱于每个人的意见,如果说一些人对法律规范的解释不允许这些规范对他们产生不利的后果,那么任何法律规范都不可能有拘束力地适用于他们。

总而言之,与法律的强意义上观察与心智的相关性有关的不确定性,很可能会损害每一个法律制度的道德权威性。它可能会导致法律规范无法真诚地充当官员们的裁判性决定和行政性决定的证明理由,因为它可能认为那些规范的内容完全来自这些决定。换言之,正是因为这种与心智的相关性,法律制度的运作才需要官员们强制性地主张他们的意见,而不是适用那些内容先在于并且决定了那些裁决的法律规范。如果说对法律的解释可能会导致这部法律对某些人产生不利后果,而这些人又反对这种解释,那么将法律适用于这些人的做法就会丧失一切道德权威性。

刚刚所阐述的危害并非如下不确定性所独有,这种不确定性可能和法律规范在强意义上观察与心智的相关性有关。如果一种治理制度的每一条规范都极端模糊不清的话（即便是对专家而言），或者每一条规范都能够找到另一条与之相矛盾的规范，那么这些制度同样也有可能会遭遇这些危害。若一个体制充满着彻底无法理解的规范，那么客观的实情或许是，那些规范缺少任何独立来看是有意义的（independently meaningful）内容。因为每条规范都可能缺少这种有意义的内容，所以它的内容是需要由每位解释者的创造性理解来填补的。既然规范本身（没有内容可言）无法对每个人的理解构成限制，任何一种解释都无法真诚地依据该规范来证立。作为一个解释问题，每一种解释都未必会比另一种解释更好或更差。因此，如果某条难以理解的规范会对某些人产生不利后果，而这些人又不赞成对该规范所做的、能够支撑这种适用方式的解释，那么这种做法可能会缺少道德权威性。因此，我们绝不相信如下观点，即法律是强意义上观察与心智相关的。相反，我们认为，证明难题不仅仅来源于强意义上观察与心智的相关性，同时还和一个体制的规范的严重模糊性有关。就证明难题而言，因为与心智的相关性所导致的不确定性和因为模糊性所导致的不确定性，其实是一回事。

虽然在本质上类似，但是稍微有点不同的是，一个治理制度的规范结构所存在的大量自相矛盾而导致的不确定性问题。在这里，造成证明难题的原因，并不是该制度的每一条规范缺少任何独立的内容。每条规范都被赋予了一种确定的内容。相反，造成证明难题的原因在于，在其中一条规范及与之相反的另一条规范之间，任何一种选择都是专断的。虽然这种选择或许就是一种道德性问题——一部邪恶的法律可能和良善的法律相矛盾——但是在适用这一治理制度所认可的规范方面，却是完全专断的。如果我们假设，每一条规范 N 都会伴随另一条规范，而后一条规范的内容与 N 的内容相反。这两条规范都属于这个制度，并且该制度认为

214

它们是行为的决定性标准之一。如此一来,这个制度本身就不存

215 在任何理由偏爱其中一条规范而非另一条规范。因为那种不确定
性,任何一条规范都无法真诚地作为具体决定的证明理由。这两
条规范本身在一些情形下都会要求特定的结果,但是因为这两条
规范是相互矛盾的,所以它们会产生逻辑上的不融贯,并且这种不
融贯并不会要求任何特定的结果而排除其他的结果。在那种不融
贯性的影响下,每一种决定和其他的决定一样都是经得起辩护的,
因此这些决定虽然是依据该制度的规范做出的,但是这些决定无
法依据这些规范在决断意义上得到证明。因此,在这里,如果我们
走一条稍微不同的路线(route),那么我们就会遇到证明难题,并且
这个证明难题在本质上和其他类型的不确定性所关联的证明难题
是相似的。任何一种表面上的(ostensible)法律制度,如果它的规
范结构充满了自相矛盾,那么这个制度就无法在决断意义上证明
任何决定。

　　权威性原则关心的是观察上与心智的相关性,如果我们将关注
点从这一点转向不确定性(当然,包括法律规范在强意义上观察与心
智的相关性所导致的不确定性),那么我们就会发现,过于普遍的
(blanket)的不确定性和任何法律制度的道德权威性并不兼容。事实
上,它与法律制度的存在本身也是不兼容的。任何一种体制的规范
结构如果充满三种不确定性的其中一个,那么这个体制就没有办法
为具体的决定提供法律证明。进而,在充斥着不确定性的情况中,如
下问题从来就不会出现:一个体制所提供的法律上的证明理由是否
同时也是道德上权威的证明理由;如果说不存在法律上的证明理由,
那么也就不存在任何道德上权威的证明理由了。

七、一些明显的反对观点

　　其他哲学家曾经论述过这些话题,我的结论可能和他们当中的

某些人有别。就一些明显的冲突来说,我们可以简要地讨论如下问题作为收尾,即其他哲学家是否真的采取过与此处的论述相矛盾的立场。我们先看下布莱恩·莱特和朱尔斯·科尔曼合写的论文,然后再看杰里米·沃尔德伦的论文。

1. 科尔曼和莱特论不确定性

在对法律客观性和确定性的复杂的、富有启发意义的解释中,莱特和科尔曼宣称:"我们并没有发现自由主义有一种要求确定性的深厚情结。"他们是这样总结他们的主张的:"自由主义的政治理由追求许多的理想,这些理想可能会和追求确定性相混淆。但是,自由主义其实并不追求'唯一可以允许的结果'这层意义上的确定性。因此,裁判过程中不确定性的存在并未对正当的(legitimate)法律治理的可能性提出任何实质性的威胁。"(Coleman and Leiter 1995, 240-241)这些宣称乍看之下和我主张的不确定性格格不入。但是,如果更加深入地检讨的话,这些不一致性就会消失无踪。

我关心的情形是广泛存在的不确定性。与法律规范强意义上观察与心智的相关性有关联的不确定性必定是广泛存在的,因为与心智的相关性如果存在的话,必定是广泛存在的。如果法律规范的特点就是强意义上观察与心智的相关性,那么对于任何一种法律规范的解释是否正确而言,必要且充分的条件就是如下单纯的事实,即某些人赞同那种解释。这样的正确性标准可能适用于每一条法律规范的每一种解释。因此,从那种解释所衍生的每个决定,都会遭遇因为那个标准的影响力所导致的不确定性。那种不确定性是一个不可量化的属性,它的适用是全有或全无。相反,这里所讨论的另外两种不确定性——因为难以理解所导致的不确定性和因为自相矛盾所导致的不确定性——是可以量化的属性。这两种不确定性都可以在不同的程度上出现在法律制度当中。在这一章中,我的讨论关注的情况是,这两种可以量化的不确定性当中,哪一种是囊括全部的(all-encompassing)或者几乎囊括全部的。如果说,在一个表面的法律制度当中,所有或几乎所有的规范实际上都受到不确定性的影响,那么这个制度就不是一个真正的法律制度,而且它也不具备任何道德权威性。

在一种情况中,不确定性可能尚且可以接受,而且问题也没那么大。虽然一个法律制度的规范体系当中的自相矛盾总归不是一件好事,但是,在许多成文规范(formulated norms)中存在自相矛盾,并不会明显降低由这些规范组成的制度的道德水准。对于那些过于模糊而无法理解的法律规范来说,同样也是如此。在一个庞大的法律制度当中,一些规范过于模糊而无法理解,并不会对这个制度的道德权威性造成多大的影响。当然,随着自相矛盾或模糊性影响一个法律制度中越来越多的规范,它对这个制度的道德水平的损害将会变得越来越严重。如果说自相矛盾和模糊性变得很广泛,那么它将会导致这个制度无法再继续作为一个法律制度维系下去。尽管如此,如果自相矛盾和模糊性被控制在有限的范围内,那么那些严重的后果就不会出现。

小规模的不确定性无伤大雅,但是大规模的不确定性问题就严重了。我的讨论之所以关注大规模的不确定性,并不是因为广泛存在的不确定性是一个普遍的问题,而是因为这种关注能够让我们发现此处所讨论的三种不确定性之间的共通点。因为与法律规范的强意义上观察与心智的相关性有关的不确定性可能是囊括全部的,而且那种不确定对权威性的破坏效果或许是因为它是普遍存在的,而非仅仅存在于有限情形中,因此我们必须在大规模的(sweeping)范围而非中度范围上讨论它和其他两种不确定性,才有可能在它们之间做出富有启发意义的比较。如果我们将另外两种不确定性理解成不受限制的现象,那么我们就会发现,这两种不确定性和另一种不确定性(与法律规范在强意义上与心智相关性有关的不确定性)同样都会损害法律的道德权威性。当然,严格来说,权威性原则并没有否认这三种不确定之间的重要相似点,但是因为权威性原则关注的是与心智的相关性,所以它可能忽视了这一相似点。为了强调这一相似点,以及为了证明强意义上与心智的相关性对法律的道德权威性提出的威胁不过是许多更加广泛的威胁当中的其中一个,我的讨论才会采取上文提到的那种方式。

相反,科尔曼和莱特并未将不确定性当作一种不受限制的现象。他们并没有考虑到一种虚构的情节,在这种情节中,不确定性困扰着某个治理制度的官员们,对于必须要做出的每个决定或几乎每个决定,他们考虑的是一种现实主义的假设,即不确定性可能会影响任何一种制度的官员做出某些决定。虽然他们似乎相信,在一个正常的法律制度中,不确定性的程度可能比我主张的还要严重,但是他们坚决地反对批判法学派的怀疑论。例如,他们宣称,"鼓吹不确定性的主张,经常是不具有说服力的并且一般会夸大它的范围"(Coleman and Leiter 1995,218)。因此,当科尔曼和莱特宣称,不确定性并不会危及法律制度的道德权威性时,他们的主张和我关于不确定性的主张并非不兼容。中度水平的不确定性现象,实际上与一个法律制度的正常运作和道德权威性是兼容的。

附带一提,当我们试图理解,为什么中度水平的不确定性基本上不会构成问题的时候,我们或许应该注意前一章对如下话题的讨论,也就是未得到实施的法律命令的法律效力。正如在那里已经指出的,像禁止横穿马路这类总是未能得到实施的法律命令,依旧是具有法律效力的,因为这些法律和其他数量更多的法律命令共同存在,而后者经常能够得到实施。在这里,一个大致相同的观点也是适用的。如果需要有某些道德上恰当的法律制度的官员做出的大多数但不是全部的决定,都可以参考该制度的规范得到决断上的证明,那么那些规范的整体证明能力就可以赋予相对少数的决定以道德上的约束力,哪怕这些决定的做出是专断的。因为这个制度可以为大多数决定提供决断上的证明理由,并且任何一种法律制度都会存在某些程

218

度的不确定性,所以官员们在一些偶然的不确定性领域中所做的决定都可能具备道德上的权威性。如果说在一些情况中,专断是不可避免的,那么一个制度要想维持常规的、警察式的和定分止争的功能,就需要专断的决定。该制度的规范体系可能无法解决一些问题,而这些决定恰好就可以填补漏洞,进而使得该制度能够经由道德上权威的运作过程来解决这些本来应该要解决的问题。通过专断的决定来解决这些问题,也比完全不解决要好得多。因为这样的难题仅仅是法律制度遇到的问题中的一小部分,同时也因为任何法律体制都无法完全回避不确定性,该制度的官员在对这些问题做出决定性的处置时,或许能够以一种道德上正当的并且权威的方式来行动。他们所在的制度整体而言是否具备权威性在很大程度上取决于如下
219 事实,即该制度产生的大多数后果,是否可以参考其规范得到决断意义上的证明,因此也就取决于官员们是否能够基于善意来处理如下问题,即那些答案无法经由前述方式得到决断意义上证明的问题。广泛存在的不确定性可能会损害一个法律制度的道德权威性,但如果不确定性是例外的话,那么它就可以被吸收进法律制度的道德权威运作过程中。

科尔曼和莱特的立场和本章所采取的立场是一致的,其中一个重要的原因是,他们关于无伤大雅的不确定性的评论,关注的是和此处所讨论的三种不确定性不同的另一种不确定性。我在第一章讨论决断意义上的正确性时,其实已经检讨过第四种不确定性了。莱特和科尔曼想到的是如下情况,即因为不可通约性、模糊性或几乎对等的相反理由(countervailing consideration),一些关键的法律问题完全不存在决断上正确的答案。现在,一方面,如果法律制度当中广泛存在着因为上述因素导致的不确定性,那么这种不确定性和本章所强调的其他三种不确定性几乎同样是有问题的。如果说对于"在某些司法管辖区域内的人们的行为会带来何种法律后果"这个问题而言,所有问题或几乎所有问题都无法在决断意义上得到回答,那么由

此产生的专断性可能就会导致这个司法管辖区域内的体制丧失道德权威性。如果说该司法管辖区的官员们所做出的司法裁判或行政裁决总是或几乎总是专断的,而不是偶尔如此,那么这种制度就无法发挥任何能够挽救偶然的专断性的证明作用。另一方面,虽然第四种不确定性和其他三种不确定性存在这种相似性,但也存在一个重要的差别。因为那种差异性,第四种不确定性没有其他类型的不确定性那么令人烦扰。

正如莱特和科尔曼所指出的,因为模糊性、不可通约性或实力均衡的因素所导致的不确定性,并不意味着没有任何因素可以用来支撑一个决定(Coleman and Leiter 1995,238-240)。虽然在这样一种不确定性区域内所做的任何判断都是专断的,它并不应该是毫无理由的(unreasoned)。尽管支撑该判断的因素和支持相反判断的因素实力均等,或不可通约,但这些因素毕竟是存在的,而且或许是有分量的。它们是可以援引的。有能力的、负责任的法律官员在解释他们的决定时,确实会引证那些因素。他们可以举出很多理由,即便就这个问题的另一种处理思路而言,同样也可以举出同等的或不可通约的相关理由。

在这个方面,科尔曼和莱特最为关注的不确定性,和我们已经检讨的其他类型的不确定性是非常不同的。和它的差别最为明显的是两种不确定性,一种是因为法律规范在强意义上观察与心智的相关性所导致的不确定性,一种是因为法律规范难以理解的模糊性所导致的不确定性。如果说法律规范是在强意义上观察与心智相关的,那么在那些规范的内部或许实际上并不存在任何东西,可以支持以某种方式而非其他方式来解释这些规范。一般来说,类似道德原则之类的独立因素可能会支持某种解释、反对其他解释,但是法律规范本身并没有为这些解释的选择提供任何理由。因为根据假设,那些规范的内容或许完全取决于人们怎么看待它们,所以它们也许实际上并不能约束或影响人们的看法。援引一条法律规范来

220

支撑解读它的某种方式,或许是设想错误的(misconceivedly)循环论证。相比科尔曼和莱特所设想的不确定的情形,这种令人遗憾的情形显然更加严重。在他们所设想的语境中,造成不确定性的原因并不是法律规范的极端主观主义的空洞。相反,在上述语境中,造成不确定性是因为存在势均力敌的因素,这些因素各自支持或反对将某些法律规范适用于某些事实情节。我们所讨论的法律规范的内容很难说是空洞的。援引那条规范的表述并不是设想错误的循环论证,而是如下论证的重要组成部分,这一论证主张将该规范适用或不适用于特定事实情节。总而言之,在科尔曼和莱特所考虑的不确定性情形中,关注法律规范的内容的证明性论辩(justificatory argumentation)是完全恰当的,即便不存在任何终局性的证明。反过来说,如果法律规范具有强意义上观察与心智的相关性,那么在这样一个世界中,关注那些规范的内容的证明性论辩可能是迷惑人的或不诚实的。进而,在一个重要的方面,和前文提到的与心智的相关性所导致的不确定性相比,莱特和科尔曼所讨论的不确定性或许没有那么严重。因此,他们对不确定性的前景采取如此放松的态度(虽然,要不是不确定性非常罕见的话,这种态度可能是不恰当的),对此我们不应该感到惊讶。

一个类似的比较也可以和另一种不确定性放在一起,也就是因为法律规范模糊不清、难以理解所导致的不确定性。当不确定性是因为模糊性、不可通约性或同等分量的对立理由而产生的,关注于法律规范的内容的理性争辩实际上仍然是可能发生的。但是即便如此,如果不确定性是因为法律规范模糊不清、难以理解而产生的,上述理性论辩则未必可能了。如果说那些规范的表述是毫无意义的官样文章(即便在法律专家看来),那么参考那些规范的内容来论证司法决定或行政决定的努力,要么是虚假的,要么是过于天真、引人误解的。因为那些内容注定是不存在的,所以援引它们实际上完全无法解释任何决定。进而,这种不确定性,比科尔曼和莱特所关心的那

种不确定性还要更加严重。我们也应该注意,尽管后一种不确定性
是不可避免的,但是因为法律规范的表述无法理解所导致的不确定
性却是完全可以避免的。以可以理解的术语——也就是,在任何情
况下,能够被法律人和其他法律专家所理解的术语——来解释这些
规范,并不是一种非常艰难的、超出法律官员智力的技能。

　　和法律规范无法理解所导致的不确定性类似,因法律制度的权
威材料的自相矛盾而导致的不确定性是可以避免的。同样的,它也
会比莱特和科尔曼讨论的不确定性更加扰人不休。如果要在两种自
相矛盾的法律规范当中做出选择,那么援引其中任何一条规范本身
都不足以证明忽视另一条规范的做法是对的。因此,这样的选择完
全是建立在非法律因素的基础上的。这种情况和下面这种情况是不
同的,即一条正常的(也就是不自相矛盾的)法律是否可以适用于某
些事实情节尚有争议。在后一种情况中,争论者完全可以援引相关
法律规范的措辞和目的。即便可能存在说服力相等或不可通约的因
素可以支持这场争论的另一方,援引法律规范的表述和目的的争论
者还是会注意那些实际上明显支持他的解释的那些因素。相反,如
果两条法律相互矛盾,那么援引其中任何一条法律的措辞和目的本
身并无助于解释为什么另一条法律(还有它的措辞和目的)要被弃之
一旁。在两条法律之间所做的选择很可能是完全基于道德理由或其
他非法律理由的,但是选择其中一条法律而非另一条法律,却没有法
律上的依据可言。如果有人主张某些正常的法律可以适用或者不可
以适用某些情形,且援引的是某条法律的特征,这些特征指向一个方
向或另一个方向,他就是在援引那些实际上支持他的立场的法律因
素。如果某人面对的是两条自相矛盾的法律,那么他并没有机会援
引严格意义上的法律因素——也就是可适用性和相关性因素。其中
一条法律与事实情节的相关性,可能和另一条法律并无大小差别,任
何一条法律对于那些事实的影响程度和另一条法律是完全相同的,
即便它们所指向的结论正好相反。例如,如果一条法律禁止乔在公

222

园里遛狗,而这条法律对于他在公园里遛狗的行为产生了一种明显的影响,那么一条允许乔在公园里遛狗的法律也会对他产生影响。因此,如果法律官员必须要解释为什么要实施其中一条法律而不是另一条法律,证明其中一条法律或另一条法律明显适用于某些事实情节是完全没用的。只要其中一条明显适用,那么两条都明显适用(同样的,如果其中一条明显不适用,那么两条都明显不适用)。如果两条法律相互矛盾,从中选择一条法律而非另一条法律的理性争论,就必须回避相关性或可适用性的法律因素,必须要关注非法律性的因素,比如说两条法律的道德合理性。在这个方面,因为法律制度的规范体系内部的自相矛盾而导致的不确定性,比因为模糊性、不可通约性或实力均衡的相互对立的因素所导致的不确定性,更加让人烦恼。虽然在较为轻微的不确定性在场的情况下所得出的任何结果最终都是专断的,但是这个结果本身却是需要经过法律论辩才能得到拥护或议论的。在自相矛盾所导致的不确定性在场的情况下,这样的论辩却不太可能发生。

总而言之,科尔曼和莱特对不确定性的评论是轻描淡写的,而我的评论则要更加悲观,但是二者其实是不冲突的。关键地方在于,他们的评论——跟我的不同——认为不确定性是一种微不足道的现象,而不是某种充斥在治理制度的规范和运作过程当中的现象。不确定性如果广泛存在可能会造成严重的破坏效果,但如果只是较低程度上的不确定性就没那么严重了。而且,科尔曼和莱特所关注的不确定性,和我在这一章中的分析主要关心的那些不确定性相比更加轻微(debilitating)。进而,当我们谨慎地指出他们的讨论和我的讨论之间的差异时,我们各自对于不确定性的宣称(pronouncements)之间的可兼容性将会变得显而易见。

2.沃尔德伦论分歧和确定性

沃尔德伦对权威性原则的反对意见背后存在着一条强有力的推

理过程,现在我们应该开始讨论这一推理过程。他的论辩基本上关注的是道德的客观性,而不是法律的客观性,但是沃尔德伦本人认为,道德标准有的时候可以充当法律规范(Waldron 1992,160)。虽然那一关于道德标准的主张可能会受到一些法律实证主义者的挑战——所谓的"排他实证主义者"(Exclusive Legal Positivists)——我和其他大多数理论家都接受这个主张(Kramer 2004a,17-140)。而且,即便是排他实证主义者承认,在法律官员的司法活动和行政活动中,道德判断有的时候显然是必要的。而且更加重要的是,沃尔德伦的论辩可以被任何人(只要他愿意)适用于所有的法律规范。因此,如果他的论辩是合理的,并且和我自己关于不确定性的担忧相矛盾,这些论辩可能会表明我的担忧需要重新考虑。

在沃尔德伦的许多著作中,一个核心的主题是政治决策和法律决策中分歧的显著性。他对这个主题的强调启发了他对如下问题的处理思路,即道德(或法律)的客观性是否会影响法律官员针对有争议的事项所做的决定的道德权威性。沃尔德伦是根据作为与心智的无关性的客观性来建构他的绝大多数讨论的,因此他可以被正确地归类为权威性原则的反对者。尽管如此,这还是有助于揭示,该原则 224 的任何一个合理版本实际上都必须要关注作为决断上的正确性的客观性。对他来说,法律官员对于富有争议的问题所做的决定是否具有道德权威性,与这些决定是否专断有关。换言之,他主要处理的问题是:对于疑难的法律问题来说,决断上正确的答案的存在,是否会影响法律官员处理那些问题的努力的道德正当性和权威性。他对那个问题的回答是响亮的"否"。他承认,如果我们恰当地注意到官员和公民对前述法律问题的分歧的话——也就是说,如果我们恰当地考虑到在司法领域中个体间可辨识性的匮乏的话——我们就应该承认,虽然对那些问题而言存在决断上正确的解决方式,但这并不足以防止专断性。不管一个法律体制的官员多么敏锐、善意,在如下事实方面依旧存在一些非常专断的地方,即他们对一些高度争议的问题的看法胜过了其他人的看法。在获取那些问题的决断上正确的解决方式，法律官员也不拥有任何认识上的优势。不管怎么说，他们当然不拥有任何认识上的特殊渠道，能够让所有或大多数同胞都满意。那么，在一个社会应该怎么处理那些影响人们的重要利益的疑难问题方面，为什么那些非民选的官员能够拥有决定性的话语权呢？这就是沃尔德伦提出的疑问。因为他的质疑只是针对法律官员（和其他人）的认识论局限，所以他并不需要攻击如下观点，即对于法官和行政人员遭遇的棘手的法律问题来说，存在决断上正确的答案。不管是否存在这样的答案，法官和行政人员在准备挥舞政府机构的强制性工具来实现他们自己对那些问题的信念时，他们的理由始终是可疑的。

总而言之，沃尔德伦认为，不管法律是否存在不确定性，都不会影响法律制度和法律决定的道德权威性。也就是说，初步来看，我们两个人的观点显然是非常不同的。在我们更加仔细地检讨那种看似明显的差异之前，我们应该思考的是为什么最好把他的主张看作是针对不确定性的。毕竟，正如已经说过的，沃尔德伦自己主要讨论的是与心智的无关性和个体间的可辨识性。尽管如此，出于三个理由，我们最好还是按照前文所建议的那种方式来理解他的主张。

第一，正如我们已经看到的，法律规范在强意义上观察与心智的相关性，或许在于它们的极端主观性和随之而来的不确定性。除非每个人都确定特定法律规范的内容是什么，那个规范是没有内容可言的（对那个人来说）。因此，如果沃尔德伦否认与观察上和心智的无关性有关的问题的实际重要性，他其实就是在否认与刚刚提到的那种不确定性的在场有关的问题的实际重要性。但是，如果他否认那些问题的实际重要性，那么他也就在否认如下问题的重要性，即与本章所讨论的其他类型的不确定性的在场有关的问题。它对于法律官员的认识论局限的主张，同样也可以适用于那些其他类型的不确定性所指向的情形。例如，不管在一个疑难案件中，相互对立的因素是否可以表明一种后果是唯一正确的,对于那个案件应该如何解决来说,人们的观点依旧会有非常严重的分歧。正如前面几章已经强调的,这种或那种后果在决断论意义上的正确性,并不足以推导出它的可验证的正确性(demonstrable correctness)。进而,不管可能涉及的是哪一种不确定性,在任何有争议的案件中,不管它是否在场,人们的观点依旧很有可能存在严重的分歧。法律官员在疑难案件中扮演着决策者的角色,但是,如果那些观点分歧导致这种角色的正当性和权威性受到质疑,那么就算存在决断上正确的解决方式,那种破坏效果也是无法避免的。因此,沃尔德伦的论辩逻辑最后会得出如下结论,即在任何一个疑难案件中,不管是否存在不确定性,都不会影响法律制度的运作过程的道德性状态。

第二,在沃尔德伦的论文的结尾部分,沃尔德伦自己简单地概括了他的推理过程,并明确提到了决断上的正确性。他主张,如果法律决策的道德原则是和心智无关的,"那么不管法官遇到何种原则问题,都存在一个正确的答案。我们倾向于认为这是一种安慰:正确的答案就在那里,所以法官终究还是受到约束的。"然后,他试图解释他所说的安慰的意思:

> 存在一个正确的答案……这当然意味着法官绞尽脑汁地寻找答案的时候不是在自欺欺人。但是它的存在并不能驱使法官去追寻它,更别提断定法官一定能够找到它。不同的法官将会得出不同的结论,即便他们全都认为自己是在寻找正确的答案。正确答案的存在,并不能为他们提供任何理由,认为他们自己的观点比别人的观点更加正确。(Waldron 1992,183-184)

第三,沃尔德伦的如下暗示实际上走得太远了:法律规范在观察上与心智的无关性,可以保证每个关键的法律问题都存在唯一正解。相反,如果法律规范在强的意义上观察与心智无关,并且偶尔会出现一些有关法律规范的内容、寓意或存在的问题,并且这些问题不存在决断上正确的答案——正如第一章所主张的——那么对于上述所有不常见的问题来说,不存在决断意义上正确的答案是一个和心智无关的事实。① 如果正如他的论文的结尾部分想要表明的,沃尔德伦实际上是想证明,对于任何有争议的法律问题来说,不管决断上正确的答案是否存在,都不具有任何实际意义,那么他就应该关注那个问题,而不是与心智的无关性问题。关注后一个问题就是关注客观性的一个方面,这个方面有时和不确定性相关联。如果一个理论家想要主张确定性实际上并不重要,那么他就不应该认为"确定性实际上并不重要"这个问题等同于如下问题,即与心智的无关性实际上是不重要的。

现在,让我们回归到沃尔德伦的观点和我的观点的不可兼容性上来。本章强调的是,不确定性具有对法律的道德权威性的破坏效果,而沃尔德伦主张的是,不确定性的在场不具有实际重要性。要理解为什么这些对立的立场可以部分兼容——虽然只是表现上如此——我们应该注意,沃尔德伦关注的是有争议的案件,在这些案件中,法律官员之间,以及和许多公民之间都存在严重的分歧。仅仅是因为这些激烈的分歧,官员们的决定的道德权威性才会受到质疑。但是,那些确实引发广泛的、激烈的争议的法律问题,不过是运作正常的法律制度所要处理的问题的冰山一角。正如本书几个地方已经指出的,法律制度的正常运作是常态。司法官员和行政官员所做的无数决定基本上是没有争议的,因而基本上不会被法学家们注意到,因为法学家当然更喜欢研读那些有趣的案件。存在严重分歧的决定——许多决定会引起学者和新闻记者浓厚的兴趣——更加罕见。其中有一些是很重要,但不足以代表法律制度的日常运作。它们是

---

① 因为超出本书范围的技术性理由,承认偶然情况下的不确定性,和支持第一章所主张的那种对真的最低限度解释,可能无法很好地兼容。但是,调和二者的工作虽然复杂,但却是可行的。对这个问题的一个相当清楚的讨论,以及解决这个问题的一个非常好的尝试,参见 Holton 2000(我赞同 Holton 在大多数方面的处理方式,尽管在一些细节问题上仍有异议)。

例外,而非常态。正是因为这个理由,在一些富有争议的案件中,真实的不确定性的存在并不会损害法律制度的道德权威性。正如本章已经主张的,如果不确定性仅仅存在于范围有限的案件中,那么它对一个法律制度的正常运作和道德水平只会构成微不足道的影响。法律制度的道德水平并不取决于一个特别疑难的案件的特征是不确定性,还是仅仅是不肯定性。

所以,我们可能会得出和沃尔德伦相同的结论。和他一样,我在这里的讨论仅仅只是认为,在富有争议的案件中,关键的问题是否存在决断意义上正确的答案,并不会影响处理这些案件的制度的道德权威性。该答案存在与否,不会造成实际差别。但是,我的结论和沃尔德伦的宣称之间这种表面上的相似性是其次,更重要的是二者之间的一个主要差异。按照沃尔德伦的观点,在一些争论激烈的案件当中,不确定性之所以并不重要,是因为如下事实:法律官员在决定这些案件方面所扮演的角色在道德上是可疑的,不管这个案件所提出的问题是否存在决断上正确的答案。在我的讨论中,在一些争论激烈的案件中,不确定性之所以实际上并不重要,是因为如下事实:这些案件实际上是例外,因此对于一个良善的法律制度的道德权威性来说,并不构成威胁。沃尔德伦试图攻击的东西,我试图为之做辩护。

228

而且,我的整个重点和沃尔德伦的也有根本性的差别。他主要关心的是,是否存在个体间的可辨识性,以及解决分歧的非民主手段背后的理由为何站不住脚。因为沃尔德伦关心的是分歧,所以他所处理的仅仅是那些受到激烈争论的案件。他对常规案件未置一词,而常规案件在一个运作正常的法律制度中才是主要部分。特别是,他并没有说过,在那些没有争议的、平凡无奇的案件中,不确定性的存在是否会成问题。但是,他的论辩的趋向似乎表明,他并不担心这种不确定性。如果说,对于一个良善的治理制度所遭遇的某些法律问题的答案,几乎所有人都能够达成一致意见,那么哪怕解决这个问题的程序是非民主的，这些程序的非正当性也不会构成问题。面对广泛存在的、棘手的异议，法律官员不能强行采用他们自己所偏爱的解决方式。进而，虽然沃尔德伦自己没有提出这个问题，也没有明确表露过对这个问题的立场，但是他似乎没有很好的理由可以认为，在没有争议的案件中不确定性的在场会成问题。

相反，我主要的关注点在两个方面：法律在引导和调整人们的行为方面的功能，以及法律规范充当法律决定的证明理由的角色，是否能够得到维系。法律规范在强意义上观察与心智的相关性会导致广泛存在的不确定性，这种不确定性虽然可能和法律的引导功能的实现相一致，但和法律规范充当决策的证明理由的角色并不一致（其他种类的广泛存在的不确定性，通常无法和法律的引导功能兼容，一般来说和法律规范充当决策的证明理由的角色也不兼容）。因此，如果法律规范真的在强意义上观察与心智相关，那么每一个法律制度的道德权威性都会受到损害。虽然公民和官员可能不知道这种强意义上观察与心智的相关性，而且他们可能因此认为法律规范的内容可以提供独立的方向并充当决定的具有约束力的理由，但是他们对于那些内容的信念可能是不真实的。在任何一个制度当中，官员们用来支持他们的决定的理由，实际上可能是人为捏造的（ersatz）的理由，不管这些决定和制度的内容多么良善。这些推定的（putative）理由或许没有准确地反映它们所援引的法律的内容。因此，如果说一个良善的法律体制的运作过程是由真诚的解释和证明而不是集体错觉所组成的，那么法律规范就必须具备观察上与心智的无关性。这种与心智的无关性，对于法律的道德权威性而言，是一个必要条件。

总之，尽管沃尔德伦的论辩思路并没有提供任何理由来论证"广泛存在的不确定性具有实际意义"，但我对"不确定性对法律的道德权威性所造成的效果"的讨论却提供了这样的理由。实际上非常重要的是受到严格限制的不确定性和普遍存在的不确定性之间的差别。尽管发生在法律制度所面对的少数情况下的不确定性，和该制度的正常运作和道德权威性是兼容的，但是广泛存在的不确定性却不是这样的。广泛存在的不确定性总是会威胁一个法律体制。它通常会威胁该体制的引导功能，并且总是会危及该体制的证明功能。如果在做出决定之前，无法从法律规范中推导出确定的寓意，那么法律规范基本上就无法支撑法律决定。无论普遍缺少确定的寓意是否是因为法律规范不存在独立的内容，还是因为法律规范自相矛盾或其他原因，它都会破坏法律支撑具体结果的能力。因为那种能力对任何治理制度的道德权威性而言都是一个必要的（虽然不是充分的）条件，广泛存在的不确定性其实是最具实际意义的。和法律客观性的其他五个方面类似，如果没有作为决断上的正确性的客观性，那么不管是法律还是道德上权威的治理都将无法存在。

八、结　论

虽然本书通篇都在讨论客观性和小写法治（同时也包括客观性和大写法治）之间的关系，但是本章试图更加深入地讨论其中的一些关系。我们特别关心观察上与心智的无关性、决断上的正确性和某种更低程度上个体间的可辨识性。当然，本章对法律客观性的这些方面的关注，并不是在暗示法律客观性的其他方面就不重要或不值得检讨了。恰恰相反，我在这里之所以没有那么关注作为中立性的客观性及作为普遍适用性的客观性，主要的理由是，在前面的章节中，它们已经得到相当深入的讨论了。

至于语义上的客观性——作为真值性的客观性——我在这里之所以忽视了它，最重要的理由是，本章对"真"的最低限度的解释，实际上已经省去了决断上的正确性和法律问题的有意义的陈述性答案的真值性之间的区分。一方面，决断上的正确性和真值性并不等价。确定

230

性是一个本体论意义上的属性,和法律事实的确定性(settledness)相关,而法律陈述的真假却是一个语义学的属性,这个属性和那些陈述与法律事实之间的关系有关。另一方面,我对真值性和事实的最低限度的解释(以及我对真理符合论的限缩版本)允许我们说,如果任何有意义的、描述性的(declarative)法律陈述在决断论意义上是正确的,那么它就是真的。只有当任何一种法律陈述都没有意义或者不是陈述性的,从决断上的正确性到真的转换才是站不住脚的。但是,任何法律陈述都不可能是有意义的或者不是陈述性的,这种看法是荒谬的。即便是那些主张陈述的主要功能是表达某种规范性的(prescriptive)的态度的理论家,大多数都会坚决反对这种看法。因此,对于那些确实有意义、描述性的无数法律陈述来说,它们在决断论意义上是正确的,就代表它们是真的,反之就是假的。因此,本章对确定性的关注,其实也包括在哪些条件下法律陈述为真或为假。

所以,和本书前面的部分放在一起,本章试图证明,法律客观性的每一个方面对于小写法治和大写法治来说都是必不可少的。事实上,富勒的每一个法治原则和法律客观性的其中一个或多个方面相互交织在一起。例如,其中几个原则——公布、不溯既往、明确性、不得自相矛盾、稳定性——明显就是在改善法律规定的个体间可辨识性。当然,至少有一种法律客观性(比如说,法律规范在强意义上观察与心智的无关性)肯定是(in a blanket fashion)存在的,只要法律制度存在,然而其他类型的法律客观性(比如说法律规范的个体间可辨识性)却是一种可以量化的属性,在不同法律制度之间存在程度上的差别。在多大程度上实现法律客观性的某个方面需要投入特别的精力? 那种差异很明显会影响这里的程度,却不会影响如下问题,即法律客观性的每个方面是否对小写法治和大写法治很重要? 对于后一个问题,答案肯定是"是"。客观性,也就是本书通篇讨论的六个主要类型,对于每个法律治理制度来说都是重要的。

231

232

关于文献的一些说明

在这里,我想向读者们指出一些与客观性和法治有关的重要著作,这些著作在本书中并未被引用。虽然 Brian Leiter (ed.), Objectivity in Law and Morals. Cambridge: Cambridge University Press, 2001 中的几篇论文已经被引用了,但在这里还是应该指出,对于那些想要进一步讨论法律客观性的复杂性的人来说,整本书可以作为一个相当有帮助的出发点。同样构成一个很好的出发点的还有:

Brian Leiter, "Law and Objectivity," in Jules Coleman and Scott Shapiro (eds.), Oxford Handbook of Jurisprudence & Philosophy of Law. Oxford: Oxford University Press, 2002: 969-989.

在许多方面,我和莱特的观点有相当大的分歧,但是对那些刚刚接触这个话题的人来说,他那条理清晰、雄辩滔滔的文章特别有帮助。

同样的文章有 Jeremy Waldron, "On the Objectivity of Morals", California Law Review 1992(80): 1361.

在论述上条理清晰的文章还有: David Brink, "Legal Theory, Legal Interpretation, and Judicial Review", Philosophy and Public

Affairs 1998(17):105.

虽然不好读，但仍然值得翻阅的，有 Nicos Stavropoulos,
233 Objectivity in Law. Oxford:Oxford University Press,1996.

正如第一章开始提到的，对于客观性的几个方面来说，道德哲学
的讨论比法律哲学更加深入。相关的著作汗牛充栋，在此无法一一
列举。有一本比较好的论文集，其中有几篇文章也被本书引用，参见
Ted Honderich（ed.），Morality and Objectivity. London:Routledge
& Kegan Paul,1985.

其他一些比较重要的论文集包括:David Copp and David
Zimmerman（eds.），Morality, Reason and Truth. Totowa , NJ:Rowman
& Allanheld,1985;

Geoffrey Sayre-McCord （ed.），Essays in Moral Realism. Ithaca,
NY:Cornell University Press,1988;

Walter Sinnott-Armstrong and Mark Timmons（eds.），Moral
Knowledge? Oxford:Oxford University Press,1996;

Ellen Frankel Paul,Fred Miller,and Jeffrey Paul（eds.），Moral
Knowledge. Cambridge:Cambridge University Press,2001.

一个有趣但特别好读的观点，参见 Gilbert Harman and Judith
Jarvis Thomson,Moral Relativism and Moral Objectivity. Oxford:
Blackwell,1996.

托马斯·内格尔关于客观性的许多作品也特别有洞见，且文笔颇
为老辣，参见 The View from Nowhere. Oxford:Oxford University
Press,1986.

有一些讨论小写的法治(the rule of law)和大写的法治(the
Rule of Law)的研究也颇为敏锐，但没有被本书所引用，包括:

T. R. S. Allan,Constitutional Justice:A Liberal Theory of the
Rule of Law. Oxford:Oxford University Press,2001;

John Finnis,Natural Law and Natural Rights. Oxford:Clarendon

Press,1980:260-296;

F. A. Hayek,The Constitution of Liberty. Chicago:University of Chicago Press,1960;

Mark Murphy, Natural Law in Jurisprudence and Politics. Cambridge:Cambridge University Press,2006;

John Rawls, A Theory of Justice. Oxford: Oxford University Press,1999:206-213;

Joseph Raz,"The Rule of Law and Its Virtue",in The Authority of Law. Oxford:Clarendon Press,1979:210-229.

就这个主题而言,还有许多重要的论文集,如:

Richard Bellamy (ed.),The Rule of Law and the Separation of Powers. Aldershot:Ashgate Publishing,2005;

David Dyzenhaus (ed.),Recrafting the Rule of Law. Oxford: Hart Publishing,1999;

Jose Maria Maravall and Adam Przeworski (eds.),Democracy and the Rule of Law. Cambridge:Cambridge University Press,2003;

Ian Shapiro (ed.),The Rule of Law. New York:NYU Press,1994.

在这本书中,我偶尔会对批判法学运动略表怀疑。对批判法学 234 家更加细致的答复,不妨参见:

Andrew Altman, Critical Legal Studies: A Liberal Critique. Princeton:Princeton University Press,1990;

John Finnis,"On 'The Critical Legal Studies Movement'",30 American Journal of Jurisprudence 21 (1985);

Kenneth Kress,"Legal Indeterminacy",California Law Review 1989(77):283;

Lawrence Solum, "On the Indeterminacy Crisis: Critiquing Critical Dogma",University of Chicago Law Review 1987(54):462.

参考文献

Alison Hills, "Is Ethics Rationally Required?" Inquiry 2004 (47):1-19.

Andrei Marmor, Positive Law and Objective Values. Oxford: Oxford University Press, 2001.

Barry Stroud, Hume. London: Routledge & Kegan Paul, 1977.

Bernard Williams, "Ethics and the Fabric of the World" in Ted Honderich(ed.), Morality and Objectivity. London: Routledge & Kegan Paul, 1985:203-214.

Bernard Williams, "From Freedom to Liberty: The Construction of a Political Value", Philosophy and Public Affairs 2001(30):3-26.

Brian Bix, "Cautions and Caveats for the Application of Wittgenstein to Legal Theory" in Joseph Keim Campbell, Michael O'Rourke, and David Shier (eds.), Law and Social Justice. Cambridge, MA: MIT Press, 2005: 217-228.

Brian Leiter, "Introduction" in Brian Leiter (ed.), Objectivity in Law and Morals. Cambridge: Cambridge University Press, 2001:

1-11.

Brian Tamanaha, On the Rule of Law. Cambridge: Cambridge University Press, 2004.

Connie Rosati, "Some Puzzles about the Objectivity of Law", Law and Philosophy 2004(23):273-323.

David Sosa, "Pathetic Ethics" in Brian Leiter (ed.), Objectivity in Law and Morals. Cambridge: Cambridge University Press, 2001: 287-329.

David Wiggins, Values, Needs, Truth. Oxford: Oxford University Press, 1998. Third edition.

Dennis Patterson, "Wittgenstein on Understanding and Interpretation", Philosophical Investigations 2006(29):129-139.

Frederick Schauer, Playing by the Rules. Oxford: Oxford University Press, 1991.

Gerald Paske, "Rationality, Reasonableness and Morality", Logos: Philosophic Issues in Christian Perspective 1989(10):73-88.

Gerald Postema, "Objectivity Fit for Law" in Brian Leiter (ed.), Objectivity in Law and Morals. Cambridge: Cambridge University Press, 2001:99-143.

Glanville Williams, "The Concept of Legal Liberty", Columbia Law Review 1956(56):1129-1150.

H. L. A. Hart, The Concept of Law. Oxford: Clarendon Press, 1961.

H. L. A. Hart, "Lon L. Fuller, The Morality of Law" in Essays in Jurisprudence and Philosophy. Oxford: Clarendon Press, 1983: 343-364.

James Madison, "Federalist Paper No. 10" in Alexander Hamilton, James Madison, and John Jay, The Federalist Papers. New York: New

American Library,1961 (1788):77-84. Edited by Clinton Rossiter.

Jeremy Waldron, "The Irrelevance of Moral Objectivity" in Robert George (ed.), Natural Law Theory. Oxford: Clarendon Press, 1992:158-187.

John Locke,An Essay Concerning Human Understanding. Oxford: Clarendon Press,1975 [1689]. Edited by Peter Nidditch.

John McDowell, "Values and Secondary Qualities" in Ted Honderich (ed.), Objectivity and Morality. London: Routledge & Kegan Paul,1985:110-129.

Joseph Raz, "Intention in Interpretation" in Robert George (ed.), The Autonomy of Law. Oxford: Clarendon Press, 1996: 249-286.

Joseph Raz, "Notes on Value and Objectivity" in Brian Leiter (ed.),Objectivity in Law and Morals. Cambridge:Cambridge University Press,2001:193-233.

Jules Coleman, "Truth and Objectivity in Law", Legal Theory 1995(1):33-68.

Jules Coleman and Brian Leiter, "Determinacy, Objectivity and Authority" in Andrei Marmor (ed.), Law and Interpretation. Oxford:Clarendon Press,1995:203-278.

J. W. Harris,Legal Philosophies. London: Butterworths,1997. Second edition.

Kent Greenawalt,Law and Objectivity. New York: Oxford University Press,1992.

Kit Fine, "The Question of Realism", Philosophers' Imprint 2001(1):1-30.

Lon Fuller,The Morality of Law. New Haven,CT: Yale University Press,1969. Revised edition.

Mark Reiff,Punishment,Compensation,and Law:A Theory of Enforceability. Cambridge:Cambridge University Press,2005.

Matthew Kramer,"Rights without Trimmings" in Matthew H. Kramer,N. E. Simmonds and Hillel Steiner,A Debate over Rights. Oxford:Oxford University Press,1998:7-111.

Matthew Kramer,Defense of Legal Positivism. Oxford:Oxford University Press,1999.

Matthew Kramer,The Realm of Legal and Moral Philosophy. Basingstoke:Macmillan Press,1999.

Matthew Kramer, "Getting Rights Right" in Matthew H. Kramer (ed.),Rights,Wrongs and Responsibilities. Basingstoke: Palgrave Macmillan,2001:28-95.

Matthew Kramer, Where Law and Morality Meet. Oxford: Oxford University Press,2004.

Matthew Kramer,"The Big Bad Wolf:Legal Positivism and Its Detractors",American Journal of Jurisprudence 2004(49):1-10.

Matthew Kramer,"Moral Rights and the Limits of the Ought-Implies-Can Principle:Why Impeccable Precautions Are No Excuse", Inquiry 2005(48):307-355.

Michael Freeman,Lloyd's Introduction to Jurisprudence. London: Sweet & Maxwell,2001.

Michael Green,"Dworkin's Fallacy,or What the Philosophy of Language Can't Teach us about the Law",Virginia Law Review 2003(89):1897-1952.

Michael Moore,"Moral Reality",Wisconsin Law Review 1982 (1982):1061-1156.

Michael Moore,"Moral Reality Revisited",Michigan Law Review 1992(90):2424-2533.

Neil Duxbury, Random Justice. Oxford: Oxford University Press,1999.

N. E. Simmonds, "Straightforwardly False: The Collapse of Kramer's Positivism",Cambridge Law Journal 2004(63):98-131.

Nicos Stavropoulos, "Objectivity" in Martin Golding and William Edmundson(eds.),The Blackwell Guide to the Philosophy of Law and Legal Theory. Oxford:Blackwell,2005:315-323.

Paul Craig,"Formal and Substantive Conceptions of the Rule of Law:An Analytical Framework",Public Law 1997:467-487.

Paul Horwich, Truth. Oxford:Oxford University Press,1998. Second edition.

Philip Pettit,"Embracing Objectivity in Ethics" in Brian Leiter (ed.),Objectivity in Law and Morals. Cambridge:Cambridge University Press,2001:234-286.

Richard Holton,"Minimalism and Truth-Value Gaps",Philosophical Studies 2000(97):137-168.

R. M. Hare, Freedom and Reason. Oxford:Oxford University Press,1963.

R. M. Hare,Moral Thinking. Oxford:Clarendon Press,1981.

R. M. Hare,"Principles" in Essays in Ethical Theory. Oxford: Oxford University Press,1989:49-65.

R. M. Sainsbury,Paradoxes. Cambridge:Cambridge University Press,1988.

Robert Nozick, Invariances: The Structure of the Objective World. Cambridge,MA:Harvard University Press,2001.

Robert Summers, "A Formal Theory of the Rule of Law", Ratio Juris 1993(6):127-142.

Ronald Dworkin,"Philosophy,Morality and Law-Observations

Prompted by Professor Fuller's Novel Claim", University of Pennsylvania Law Review 1965(113):668-690.

Ronald Dworkin, "No Right Answer?" In Peter Hacker and Joseph Raz (eds.), Law, Morality and Society. Oxford: Clarendon Press, 1977:58-84.

Ronald Dworkin, Taking Rights Seriously. Cambridge, MA: Harvard University Press, 1978.

Ronald Dworkin, A Matter of Principle. Cambridge, MA: Harvard University Press, 1985.

Ronald Dworkin, Law's Empire. London: Fontana Press, 1986.

Ronald Dworkin, "On Gaps in the Law". In Paul Amselek and Neil MacCormick (eds.), Controversies about Law's Ontology. Edinburgh: Edinburgh University Press, 1991.

Ronald Dworkin, "Objectivity and Truth: You'd Better Believe It", Philosophy and Public Affairs 1996(25):87-139.

Scott Landers, "Wittgenstein, Realism and CLS: Undermining Rule Skepticism", Law and Philosophy 1990(9):177-203.

Sigrún Svavardóttir, "Objective Values: Does Metaethics Rest on a Mistake?" in Brian Leiter (ed.), Objectivity in Law and Morals. Cambridge: Cambridge University Press, 2001:144-193.

Simon Blackburn, Essays in Quasi-Realism. Oxford: Oxford University Press, 1993.

Timothy Endicott, Vagueness in Law. Oxford: Oxford University Press, 2000.

William Lucy, "The Possibility of Impartiality", Oxford Journal of Legal Studies 2005(25):3-31.

索　引

（条目后的数字为原书页码，即本书边码）

图书在版编目（CIP）数据

客观性与法治 /（美）马修·H.克莱默著；王云清
译. —杭州：浙江大学出版社，2022.1
（文明互鉴 / 张文显主编. 世界法治理论前沿丛书）
书名原文：Objectivity and the Rule of Law
ISBN 978-7-308-19619-2

Ⅰ.①客… Ⅱ.①马… ②王… Ⅲ.①法律体系—研
究—美国 Ⅳ.①D971.2

中国版本图书馆 CIP 数据核字（2021）第 277874 号
浙江省版权局著作权合同登记图字：11-2019-368 号

客观性与法治

[美]马修·H.克莱默 著
王云清 译

出 品 人	褚超孚	
丛书策划	张 琛　吴伟伟	陈佩钰
责任编辑	钱济平　吴伟伟	
责任校对	许艺涛	
封面设计	程 晨	
出版发行	浙江大学出版社	
	（杭州市天目山路 148 号　邮政编码 310007）	
	（网址：http://www.zjupress.com）	
排　　版	杭州青翊图文设计有限公司	
印　　刷	浙江省邮电印刷股份有限公司	
开　　本	710mm×1000mm　1/16	
印　　张	16.5	
字　　数	212 千	
版 印 次	2022 年 1 月第 1 版　2022 年 1 月第 1 次印刷	
书　　号	ISBN 978-7-308-19619-2	
定　　价	58.00 元	

版权所有　翻印必究　　印装差错　负责调换
浙江大学出版社市场运营中心联系方式：0571 - 88925591；http://zjdxcbs.tmall.com